dumont taschenbücher

Andreas Mäckler, 1958 geboren. Studium der Kunstgeschichte, Neueren deutschen Literatur und Geschichte in Marburg. Promotion 1989. Im DuMont Buchverlag bereits erschienen: *Was ist Kunst...? 1080 Zitate geben 1080 Antworten* (DuMont Taschenbücher, Band 197), *Was ist Liebe...? 1001 Zitate geben 1001 Antworten* (DuMont Taschenbücher, Band 215).

Christiane Schäfers, 1958 geboren, freie Graphikerin in Göttingen. Langjährige Zusammenarbeit mit Andreas Mäckler, u. a. an dem Buch *Was ist Liebe...?*

Volker Sommer, 1954 geboren. Studium der Biologie, Chemie und Theologie in Göttingen. Promotion. Langjährige Forschungsaufenthalte in Indien. Tätig am Institut für Anthropologie in Göttingen.

Andreas Mäckler/Christiane Schäfers (Hrsg.)

Was ist der Mensch…?

1111 Zitate geben 1111 Antworten

Mit einem Vorwort und Einführungen
von Volker Sommer

DuMont Buchverlag Köln

Zumeist werden Bücher in der Klausur verfaßt und im Kollektiv vorbereitet, weshalb unser Dank all denjenigen gilt, die an dieser Publikation wesentlichen Anteil haben. Autoren und Verlagen sei herzlich »Merci« gesagt. Dank auch meinem Doktorvater *Wolfgang Kemp* (Marburg) für all die Hilfe, die er mir immer wieder hat zukommen lassen. Ohne die Hilfsbereitschaft der *Göttinger Universitätsbibliothek,* insbesonde der Unterstützung durch Frau *Brigitte Peters* und der Bibliothekare Herrn *Jörg Stolle* sowie Herrn *Michael Reuter* sähe unser Kompendium magerer aus als hier präsentiert. Der Fachbereichsbibliothek des *Anthropologischen Instituts* in Göttingen mit ihrer umfangreichen Präsenz sei ebenfalls gedankt.

Fern von all dem, im *Bibliothekszentrum Haßfurt* (in Ostunterfranken), wurden per Fernleihe dann die Bücher geordert, die noch fehlten: *Cordula Kappner* und ihre Mitarbeiterinnen halfen hier ebenso unermüdlich wie schon bei der Sammlung *Was ist Liebe...?*

Unseren Eltern und Kindern: für *Sarah, Sebastian* und *Christian.*

Aus Gründen der Authentizität wurde die Rechtschreibung einiger Zitate bei älteren Ausgaben bewußt nicht den heute gültigen Regeln angeglichen.

CIP-Titelaufnahme der Deutschen Bibliothek

Was ist der Mensch...? : 1111 Zitate geben 1111 Antworten / Andreas Mäckler ; Christiane Schäfers (Hrsg.). Mit e. Vorw. u. Einf. von Volker Sommer. – Erstveröff. – Köln : DuMont, 1989
 (DuMont-Taschenbücher ; 231)
 ISBN 3-7701-2232-1
NE: Mäckler, Andreas [Hrsg.]; GT

Erstveröffentlichung
© 1989 DuMont Buchverlag, Köln
Alle Rechte vorbehalten
Satz und Druck: Rasch, Bramsche
Buchbinderische Verarbeitung: Bramscher Buchbinder Betriebe

Printed in Germany   ISBN 3-7701-2232-1

Inhalt

Vorwort

»Krummes Holz« — das war für den Philosophen Immanuel Kant (1724–1804) der Stoff, aus dem der Mensch gemacht ist. An diesem Holz haben vor ihm und nach ihm Legionen von Dichtern und Denkern gehobelt, um zu ergründen, was sein Kern wohl sei und was es im Innersten zusammenhält. Für die vorliegende Sammlung von 1111 Zitaten wurden Späne aus den Ecken unterschiedlichster Werkstätten des Denkens zusammengekehrt, die einen didaktischen Filter passiert haben: Nur das kommt zu Wort, das der formalen Figur des »Was ist...?« gehorcht. Daß sich hieraus ein einheitliches Weltbild zimmern ließe, kann niemand erwarten.

Mit all diesen Geistesblitzen wird vielmehr ein furioses Feuerwerk veranstaltet. Zuweilen finden sich Antike und Neuzeit zu parallelen Formationen, zuweilen geraten Mittelalter und Atomzeitalter in imaginäre Dialoge, mitunter prallen Zeitgeist-Genossen unversöhnlich aufeinander und stieben in entgegengesetzte Richtungen. — Auf ein paar auffällige Leuchtspuren sei jedoch hingewiesen, damit sich der Leser anschließend mit um so mehr Lust diesem Denkgewitter aussetze.

Der Mensch ist »...ein nicht festgestelltes Tier...« (Friedrich Nietzsche), »...ein soziales Tier...« (Charles Darwin), »...ein anbetendes Tier...« (Charles Baudelaire) — diese Zitate sind in gewissem Sinne repräsentativ, denn wenn Menschen über sich selbst nachdenken, bemühen sie sich fast übereinstimmend, ihre Verhältnisse in dreierlei Hinsicht zu klären: Der erste Aspekt zielt auf Abgrenzung von anderen Lebensformen. Der zweite Aspekt richtet sich auf menschliches Miteinander, also auf die Erscheinungen des kulturellen und sozialen Lebens. Der dritte Aspekt zielt auf Transzendenz, auf jene Sphäre jenseits unserer Erfahrung und unseres Bewußtseins, in der auch das Göttliche angesiedelt wird.

Die Wissenschaft, die sich mit dem Menschen auseinandersetzt, ist die Anthropologie (aus griech. *anthropos,* Mensch, und *logos,* Lehre). Hier werden die drei oben skizzierten Aspekte insofern berührt, als sie jeweils Schwerpunkte bilden in den Einzeldisziplinen der biologischen Anthropologie, der Kulturanthropologie sowie der theologischen und bestimmter Bereiche der philosophischen Anthropologie.

Die biologische Anthropologie behandelt den Menschen als Organismus, erforscht die menschliche Stammesentwicklung, studiert die Variabilität der Menschenrassen sowie die Veränderung im Körperbau während der Individualentwicklung. Kulturanthropologie ist gleichermaßen Sozial- und Kulturwissenschaft, zu deren Forschungsbereich Völker- und Volkskunde ebenso gehört wie Sprachwissenschaft, Psychologie, Soziologie oder Urgeschichte. Die philosophische Anthropologie beschäftigt sich mit der menschlichen Seinsdeutung, die christlich-theologische Anthropologie reflektiert die Möglichkeiten und Schwierigkeiten der Gotteserkenntnis.

»Der Mensch ist das Maß aller Dinge.« Dieser bekannte Satz des griechischen Philosophen Protagoras (um 481−411 v. Chr.) ist typisch für jene in den verschiedensten Kulturen verbreitete Anschauung, den Menschen zum Maßstab für seine nicht-menschliche Umwelt zu machen. Spielarten sind hier einerseits der Anthropozentrismus (griech. *kentron,* »Mittelpunkt«), der im Menschen das Zentrum der Welt sieht, und andererseits der Anthropomorphismus (griech. *morphe,* Gestalt), der menschliche Eigenschaften Außermenschlichem zuschreibt. Diese Sichtweisen werden häufig dann eingenommen, wenn es um die erwähnten Abgrenzungen von anderen Lebensformen geht.

Ein beredtes Beispiel für anthropozentrische Deutungen liefern die beiden im Buch Genesis aufgezeichneten Berichte über die Erschaffung der Welt. In der ersten der biblischen Schilderungen gehen die Wesen aus dem Nichts hervor »in der Reihenfolge wachsender Würde«, wie ein moderner Bibelkommentar bemerkt. Am sechsten Tag werden die Menschen erschaffen: »Sie sollen herrschen über die Fische des Meeres und über die Vögel des Himmels, über das Vieh und über das Wild des Feldes und über alles Gewürm, das auf dem Erdboden kriecht.« War der Mensch hier »König« oder »Krone« der Schöpfung, so ist er im zweiten Bericht ihr Mittelpunkt, denn die Welt mit ihren Feldern und

Flüssen wird um den Garten Eden herumgruppiert, in den hinein Gott den Menschen setzt. Diesbezüglich meinte Goethe treffend, der Mensch sei »ein wahrer Narziß: er bespiegelt sich überall gern selbst, er legt sich als Folie der ganzen Welt unter.«

Anthropomorphe Vorstellungen tauchen häufig in naiven und anschaulichen Gott-Mensch-Vergleichen auf, die den Göttern Menschengestalt zuschreiben und sie wie Menschen handeln und denken lassen. Viele polytheistische Glaubenssysteme, beispielsweise die Religionen der abendländischen Antike oder der Hinduismus sind davon geprägt, aber auch der Monotheismus des Christentums. Grundlegend ist hier die Aussage der Genesis, Gott habe den Menschen »nach seinem Bilde« geschaffen. In Umkehrung der Bezüge erscheint Gott nicht anthropomorph, sondern der Mensch theomorph (gottgestaltig). Wendungen vom Menschen als »das Prokrustesbett der Gottheit« (Friedrich Hebbel) oder »Gottes Gleichnis« (Angelus Silesius) umschreiben dies ebenfalls. Beeinträchtigt aber wird die Möglichkeit, entsprechend der Ebenbildlichkeit zu leben, durch den Sündenfall. Christlicher Lehre zufolge wendet sich die göttliche Liebe dem gefallenen Menschen (dem »getrübten Bild Gottes«) jedoch in Jesus Christus erneut zu und befreit ihn durch die Sündenübernahme zu einer »neuen Schöpfung«. Die Kirchengeschichte ist über weite Strecken von Auseinandersetzungen gezeichnet, wie das Verhältnis der göttlichen und menschlichen »Naturen« in Jesus Christus zu verstehen sei. Über die Lehre von der »Menschwerdung Gottes« ist die christliche Anthropologie eng mit der »Christologie« verbunden.

Anthropomorphe Gottesvorstellungen stabilisierten auch die mittelalterliche Gesellschaftsordnung, in der Könige oder Kaiser als »Bild Gottes« galten und der Papst als »Stellvertreter Christi« auf Erden. Derlei theologischer Argumente bediente sich der Adel bis in die Neuzeit hinein. Solchen metaphysischen Konzeptionen wurde im Zeitalter der Aufklärung aber eine immer deutlichere Absage erteilt.

Als Legitimation des aufstrebenden Bürgertums galt dann jene Anthropologie, die Freiheit und Gleichheit der Menschen postulierte. Nach Kant kommt es darauf an, der »Vernunft« zum Durchbruch zu verhelfen. Er brachte die Philosophie in ihrer »weltbürgerlichen Bedeutung« auf folgende Fragen: »1. Was kann ich wissen? – 2. Was soll ich tun? – 3. Was darf ich hoffen? – 4. Was ist der Mensch? Die erste Frage beantwortet die Metaphysik, die zweite die Moral, die dritte die Religion, und die vierte die Anthropologie. Im Grunde könnte man aber alles Genannte zur Anthropologie rechnen, weil sich die drei ersten Fragen auf die letzte beziehen.«

Anthropologie wird somit zu einer Handlungswissenschaft, die für das konstruktive »Untereinander« der Menschen fruchtbar gemacht werden soll. Zur Begründung des Begriffes der Egalität gehört, daß Kant dem Menschen Freiheit vom determinierenden Mechanismus der Natur zugesteht. Die Entwicklung der menschlichen Gattung vollziehe sich vielmehr im Übergang vom »Gängelwagen des Instinkts zur Leitung der Vernunft, mit einem Worte: aus der Vormundschaft der Natur in den Stand der Freiheit.« In diesem Sinne wird das »soziale Tier« zugleich ein »nicht festgestelltes Tier«, als das Friedrich Nietzsche den Menschen im ausgehenden 19. Jahrhundert charakterisiert.

Waren Gott-Mensch-Vergleiche in Antike und Mittelalter vorherrschend, so traten sie mit der anti-spekulativen Tendenz der Neuzeit mehr und mehr in den Hintergrund. Analog wurde häufig der Tier-Mensch-Vergleich zum Ausgangspunkt des Denkens. Goethe hat, wie so oft, hierzu ein treffendes Motto formuliert: »...dies kann nur dann am deutlichsten und schönsten eingesehen werden, wenn wir nicht, wie bisher leider nur zu oft geschehen, unsere Betrachtungen von oben herab anstellen und den Menschen im Tiere suchen, sondern wenn wir von unten herauf anfangen und das einfache Tier im zusammengesetzten Menschen endlich wieder entdecken.«

Ein Meilenstein anthropologischer Forschung ist hier die bewußte Eingliederung des Menschen in das Tierreich, wie sie der schwedische Naturforscher Carl von Linné im 18. Jahrhundert in seinem *Systema naturae* vornimmt. Der Gattung *Homo* stellt Linné keine der für andere Genera üblichen morphologisch-anatomischen Beschreibungen voran, sondern das antike Motto *Nosce te ipsum* – Erkenne dich selbst. Ein Jahrhundert später wird der Mensch dann in die von Charles Darwin entwickelten Vorstellungen einer Evolution der gesamten Organismenwelt einbezogen – eine Theorie, die sich heute auf mannigfache Fossilfunde und indirekte Indizien, etwa der vergleichenden Verhaltenswissenschaft und Genetik, stützen kann.

Auch wenn die Abstammung des Menschen von ausgestorbenen affenartigen Vorfahren nur noch in wenigen Zirkeln ernsthaft bezweifelt wird, scheint diese These offenbar mit dem Selbstgefühl, daß der Mensch »mit allen seinen Belangen dem kosmischen Geschehen so absolut gleichgültig ist« (Konrad Lorenz), im Mißverhältnis zu stehen. Auf welch starke Akzeptanzprobleme die konsequente Einordnung in eine – zur Zukunft hin offene – Entwicklungsreihe stößt, belegt die ungebrochen starke Tendenz, eine »Sonderstellung« des Menschen unter den Organismen herauszustreichen. Behauptet wird etwa, der Mensch sei »das einzige Wesen, das imstande ist, sich selber den Daumen zu halten«, »sich im Spiegel zu erkennen«, sei das einzige Tier, »das Ich sagen kann«, das »Kultur und Tradition« kenne.

Die biologische Anthropologie hat solche teilweise spitzfindig wirkenden, aber durchaus ernst zu nehmenden Abgrenzungsbestrebungen in den letzten Jahrzehnten stark relativiert. Sie belegt, daß es sich hierbei nicht um essentielle, sondern um graduelle Abstufungen handelt.

So zeichnen sich nicht-menschliche Primatenspezies ab einer bestimmten Entwicklungsstufe generell durch einen frei beweglichen Daumen und die Fähigkeit zu präzisem Manipulieren aus. Experimente belegen zwar, daß Halbaffen und vermutlich auch Angehörige der meisten Affenarten ihr Spiegelbild tatsächlich als einen fremden Artgenossen deuten, vor dem sie fliehen, sich verbergen oder den sie angreifen – Menschenaffen jedoch sind durchaus in der Lage, »sich selbst« zu erkennen. Wird ihnen z. B. in Narkose eine kleine Stelle oberhalb der Augenbraue kahlrasiert, so betasten sie nach dem Aufwachen und bei Konfrontation mit einem Spiegel gezielt eben diese ungewöhnliche Veränderung. Menschenaffen sind zudem in der Lage, bei entsprechendem Training eine Symbolsprache zu verwenden. Hierbei bedienen sie sich unter anderem einer Zeichensprache für Taubstumme oder einer Art Schreibmaschine mit kombinierbaren Zeichen. Wenngleich umstritten ist, bis zu welcher Komplexität Menschenaffen grammatikalische Regeln verstehen können, gibt es kaum Zweifel daran, daß sie das Symbol für »Ich« gezielt verwenden. Auch beim höher entwickelten Tier lassen sich also zumindest Ansätze einer »Subjekt-Objekt-Spaltung« nachweisen: »Wenn wir uns selbst zum Gegenstand unseres Denkens machen, werden wir selbst gleichsam zum anderen und sind immer zugleich als ein denkendes Ich wieder da« (Karl Jaspers).

Die enorme Ausbreitung des Menschen über alle Kontinente der Erde gründet nicht zuletzt darauf, daß einmal erworbenes Wissen über die

11

Umwelt von Generation zu Generation weitergereicht werden kann. Der biologischen Evolution tritt damit eine kulturelle Evolution zur Seite.

Der amerikanische Verhaltensbiologe John Tyler Bonner hat Kultur kürzlich definiert als die »Weitergabe von Information von einem Individuum zum anderen durch Verhalten via Lehren und Lernen im sozialen Feld«. Hier läßt sich nicht nur der *Homo educandus et educabilis* einordnen, also jener erziehbare und erziehungsbedürftige Mensch, der Gegenstand der pädagogischen Anthropologie ist. Die zitierte Definition schließt auch die Möglichkeit kultureller Evolution unter Tieren ein. So geben bei vielen Vogelarten die Eltern melodische und rhythmische Variationen in Form von »Lokaldialekten« an die Nachkommen weiter, die nicht Ton für Ton starr im Erbgut vorprogrammiert sind. Aufhorchen ließen auch die japanischen Makaken-Affen, von denen ein Tier eine bestimmte Technik der Nahrungszubereitung »erfand« wie das Waschen und »Würzen« von Süßkartoffeln im Meerwasser oder das Ausschwemmen von im Sand verstreutem Weizen. Diese Techniken wurden zunächst von anderen Gruppenmitgliedern übernommen und schließlich über Tradition an die nächste Generation weitergegeben. Auch die Wurzeln des *Homo faber* und *Homo inventor,* des Werkzeug benutzenden und erfindenden Menschen, lassen sich damit bis ins Tierreich zurückverfolgen.

Beim Tier-Mensch-Vergleich wird jedoch nicht nur die sogenannte »Höherentwicklung« des Menschen betont. Häufig beklagt man auch den Verlust eines paradiesischen Urzustands, lamentiert über Dekadenz und Niedergang oder es wird der Ruf »Zurück zur Natur« laut. Der Mensch wird dann als »durch die Zensur gerutschter Affe« apostrophiert. Man bescheinigt ihm gegenüber Mitmenschen die Fähigkeit zur Grausamkeit, die nur ihm zu eigen sein soll: Der Mensch sei »der einzige Primat, der seine Artgenossen . . . tötet« (Erich Fromm).

Freilandforschungen haben jedoch gezeigt, daß – entgegen weitverbreiteter Ansichten aus der Schule der Verhaltensforscher um Konrad Lorenz – Artgenossentötung auch im Tierreich regelmäßig vorkommt. Wenn Löwenmännchen einen Harem übernehmen, beißen sie die von den vorangegangenen Haremshaltern gezeugten Babies tot, um die Löwenweibchen schneller befruchten zu können. Solche Kindestötungen zur Abkürzung der Stillzeit, in der Weibchen unfruchtbar sind, kennt man auch von etlichen Affenarten. Verbündete Schimpansen-männchen beispielsweise können regelrechte Ausrottungskämpfe gegen Nachbargruppen führen, deren Territorien sie mitsamt den Weibchen und Nahrungsquellen auf diese blutige Weise erobern. Daß im bildlichen Sinne nur *Homo homini lupus*, nur der Mensch den Menschen ein Wolf sei, kann mithin ebenfalls nicht als Kriterium menschlicher Einzigartigkeit herhalten.

Somit ist festzuhalten: Den Menschen aufgrund eines Einzelmerkmals wesensmäßig definieren zu wollen, führt grundsätzlich in die Irre. Selbst wenn es gelänge, ein ausschließliches Kriterium zu finden, wäre es nicht gerechtfertigt, von einer »Sonderstellung« des Menschen zu sprechen. Denn mit dem gleichen Recht könnte man von der Sonderstellung der Bienen oder Fledermäuse reden, weil diese – was Menschen nicht vermögen – ultraviolettes Licht sehen bzw. Ultraschall hören können. Wir könnten außerdem aufgrund der Körperdimensionen eine Sonderstellung des Blauwals oder aufgrund ihrer Fortbewegungsart eine Sonderstellung der Amöbe postulieren. In leiserer und angemessenerer Tonart, die sich zudem durch Respekt vor der Mitwelt auszeichnet, sollte besser von den »Eigenarten« aller jeweiligen Kreaturen (einschließlich des Menschen) gesprochen werden.

Das Bemühen, Wesensmäßiges am Menschen zu definieren, gründet auf der »Typologie«. Diese Art des Denkens, das nach der Grundform und Urgestalt einer Reihe ähnlicher oder verwandter Individuen sucht, ist dann nützlich, wenn sie sich bewußt ist, daß es »Idealtypen« in der realen Welt nicht gibt, daß alles »Prägnante« an den Rändern unscharf ist und sich mit einem Nachbartypus überlappt. Trennscharf könnte die typologische Methode ohnehin nur in einem statischen Weltbild sein, nicht aber, wenn Prozesse betrachtet werden. Durch den Stammbaum des Lebendigen kann zwar für einen definierten Zeitpunkt ein Schnitt gelegt werden. Dann sind typologische Klassifikationen sinnvoll, um ko-existierende Formen gegeneinander abzugrenzen. Entwicklungsabläufe können aber über Typen nicht adäquat beschrieben werden, denn irgendwann hat sich ein Fisch graduell in einen Lurch gewandelt, ein Reptil in einen Vogel, ein Affe in einen Menschen. Wann der eine Typus aber aufhört und der andere anfängt, ist nicht entscheidbar.

Selbst diejenigen, die den Entwicklungsgedanken akzeptieren, pflegen häufig eine andere Art von Anthropozentrismus, indem sie den

Menschen zum Sinn und Ziel der Weltentwicklung erklären. Solch »teleologisches« Denken (griech. *telos*, Ziel, Zweck) nimmt oft einen weitsichtig planenden Schöpfer an. Die Evolutionstheorie kommt hingegen explizit ohne die Vorstellung eines planenden Gottes aus und schließt insbesondere eine Vorbestimmtheit des historisch gewordenen Ablaufs der Stammesgeschichte aus. Dennoch wird sie gelegentlich teleologisch mißinterpretiert, etwa wenn es heißt: »Der Mensch ist vom ersten Augenblick des Werdens an das zentrale Leitmotiv der Evolution gewesen« (Johannes Hemleben). In diesem Zusammenhang offenbart sich, wie unglücklich der Begriff »Entwicklung« gewählt ist, impliziert er doch die »Auswicklung« eines vorher »Eingewickelten«, d. h. daß solche Dinge oder Eigenschaften zutage treten, die schon vorgebildet angelegt waren.

Der Standpunkt der modernen Evolutionstheorie ist jedoch genau gegenteilig. Wenn bestimmte Umweltbedingungen die Voraussetzungen für eine organismische Evolution schaffen, bedeutet dies zwar, daß Lebewesen entstehen *können*, nicht jedoch, daß bestimmte Formen entstehen *müssen*. In die historische Einmaligkeit der Stammesgeschichte läßt sich nach naturwissenschaftlichem Verständnis keine lenkende Macht hineindeuten. Der Mensch und alle anderen Arten sind zwar durch Rekonstruktion aus der Retrospektive auf bestimmte Stammformen *zurückführbar*, doch war es zu keinem Zeitpunkt möglich, Zukünftiges aus Bestehendem *abzuleiten*. Vor Millionen Jahren war demnach nicht abzusehen, welche Pflanzen- und Tierarten zum heutigen Zeitabschnitt der Erdgeschichte die Repräsentanten der organismischen Evolution sein würden. Diese Erkenntnisbeschränkung gilt weiterhin. »Der Mensch«, so schrieben im Jahre 1975 die Biophysiker Manfred Eigen und Ruthild Winkler-Oswatitsch, »ist Teilnehmer an einem großen Spiel, dessen Ausgang für ihn offen ist.«

Von weichenstellender Bedeutung für die deutschsprachige philosophische Anthropologie wurden die Ideen Johann Gottfried von Herders (1744–1803). Der Gedanke seiner Thesen vom Menschen als »Mängelwesen« ist folgender: Tiere besitzen wehrhafte Zähne, um Beute zu schlagen oder sich zu verteidigen, können mit Adleraugen ihr Ziel sicher ausmachen und Nahrung oder Gefahr deutlich wittern, können gewandt schwimmen oder fliegen, werden von Schuppen, Federn oder Fell geschützt; Instinkte helfen ihnen zu überleben. Der Mensch jedoch hat keine Waffen an seinem Körper, verfügt über sehr mittelmäßige Sinnesorgane und bewegt sich vergleichsweise unbeholfen fort, nackt den Unbilden der Witterung ausgesetzt. Um sein Überleben zu sichern, geht diese von der Natur mangelhaft ausgestattete Kreatur daran, »aus der Mitte seiner Mängel entstehenden Ersatz« zu finden. Der Mensch beginnt, die Natur durch die Kultur zu meistern: Faustkeile, Speere, Gewehre und andere Werkzeuge gleichen seine körperliche Unterlegenheit aus. Und mehr noch: Er macht die scharfsinnigen Hunde und die galoppierenden Pferde zu seinen Gehilfen, hüllt sich in das Fell seiner Jagdbeute oder fertigt Kleider.

Herders Paradigma vom Menschen als »der erste Freigelassene der Schöpfung« wurde in den zwanziger Jahren dieses Jahrhunderts zu einem zentralen Thema. Max Scheler, Helmut Plessner und Arnold Gehlen – so sehr sich ihre Konzepte im einzelnen unterscheiden – betonen jeweils das Wechselspiel von »Instinktbenachteiligung« des Menschen und »Weltoffenheit« andererseits. Der Erfindergeist und Forscherdrang erwachsener Menschen erfährt eine Deutung als Verlängerung des neugierig-spielerischen Verhaltens junger Primaten. Dieses Beibehalten kindlich-infantiler Merkmale beim Erwachsenen wird als »Neotenie« bezeichnet.

Der Amsterdamer Anatom Louis Bolk entwickelt 1926 in seinem Werk *Das Problem der Menschwerdung* die Auffassung, daß eine ganze Reihe von Organen des Menschen unspezialisiert geblieben seien, genetische Primitivismen wie etwa ein gewölbter Hirnschädel über einem nur wenig vorspringenden Gesicht oder die fehlende Körperbehaarung. Bolk definiert den Menschen – etwas derb – als »einen zur Geschlechtsreife gelangten Primatenfetus«.

Ganz ähnlich sieht der Schweizer Biologe Adolf Portmann im Menschen eine »physiologische Frühgeburt«. Gemessen am Reifezustand seines Zentralnervensystems komme der Mensch ein Jahr zu früh zur Welt, was ihn, der stammesgeschichtlich ein Nestflüchter sei, zum »sekundären Nesthocker« mache. Während des »extrauterinen Frühjahrs« sei der Mensch besonders prägsam und habe so bereits »frühen Kontakt mit dem Reichtum der Welt«.

Der Sozialphilosoph Arnold Gehlen glaubt, daß das Tier mit seinen angeborenen Instinkten »durch die Weisheit der Natur« nur das Lebenswichtige bemerke, während der Mensch mit seiner biologischen

»Unangepaßtheit« einer »Reizüberflutung« ausgesetzt sei, von der er sich durch die Schaffung von »Institutionen« entlasten müsse.

Von seiten der biologischen Anthropologie erfuhr diese elaborierte Mängelwesentheorie deutliche Kritik. So wiesen andere Forscher darauf hin, daß sich der Erwerb der menschlichen Gesamtgestalt keineswegs durch das einheitliche Formprinzip der Neotenie oder beibehaltenen Kindlichkeit erklären ließe, sondern sich aus mannigfachen, unabhängig voneinander und zu unterschiedlichen Zeiten erworbenen Spezialmerkmalen zusammensetze. Auch hinsichtlich der Hirnentwicklung sei der Mensch nicht etwa auf dem von Menschenaffen erworbenen Jugendzustand stehengeblieben, sondern habe sich weit über jenes Stadium hinausentwickelt.

Generell kann der Mängelwesentheorie entgegengehalten werden, daß sie »Unangepaßtheit« mit »Unspezialisiertheit« verwechselt. Die Flexibilität im Umgang mit der Natur, die auf Intelligenz und Kultur gründet, war nämlich nicht der erzwungene Ausgleich eines Nachteils, sondern in ihr lagen gerade entscheidende Vorteile, die dem Menschen halfen, sich über den Erdball zu verbreiten.

»Machet Euch die Erde untertan!« Dieser alttestamentliche Imperativ nähert sich seiner Erfüllung in einer Weise, die künftige Generationen wohl tragisch nennen könnten. Die Wahrscheinlichkeit wächst, daß aus der Frage »Was ist der Mensch...?« eines Tages ein »Was war der Mensch...?« wird.

Zum Abschluß: Die Rede vom Menschen wird beständig in der maskulinen Form »der Mensch« geführt, denn ursprünglich war »Mensch« ein Adjektiv zu »Mann« (im Sinne von »männisch«). Die althochdeutschen Formen »mennisc« und das mittelhochdeutsche »mennisch« mündeten schließlich in »Mensch«. Im sechsten Band des von Jacob und Wilhelm Grimm begründeten *Deutschen Wörterbuches* heißt es jedoch zusätzlich: »Mann: das gemeingermanische wort, auf die wurzel *man*, bewuszt sein, sich besinnen, zurückführend«. Daher sei angemahnt, daß die vorliegende Sammlung zu solcher Rück-Besinnung fraglos männlichen *und* weiblichen Menschen behilflich sein will.

Volker Sommer

I. Homo animal – Das Tier im Menschen

Evolutionsprodukt ∗ *Geschlechtswesen* ∗ *Naturprodukt* ∗ *Mängelwesen*

Was »Leben« bedeutet, ist von Anthropologen seit Jahrhunderten durchdacht und definiert worden. Einer der häufigsten Ansätze geht vom Unterschied zwischen anorganischem und organischem Leben aus und zeigt, daß lebende Strukturen »zweckmäßig« wirken, das heißt: ihrer Umwelt angepaßt sind. Lebensformen, die sich wegen schlechter Anpassung nicht reproduzieren, sterben aus. So fördert der Mechanismus der Auslese (Selektion) die Ausbreitung jener Körper- und Verhaltensmerkmale, welche die Fortpflanzung ihrer Träger wahrscheinlicher machen. Die bedeutende Rolle der Sexualität, auch im Leben der Menschen, wird auf diesem Hintergrund verständlich.

Nach naturwissenschaftlichem Verständnis sind die Arten in ihrer Vielfalt nicht von einem Schöpfer unveränderlich geschaffen worden, sondern haben sich in einem mindestens drei Milliarden Jahre währenden Prozeß aus einfachsten Lebensformen entwickelt. Eines dieser »Evolutionsprodukte« ist der Mensch, wie zum ersten Mal Charles Darwin 1871 in seinem Werk *The descent of man and selection in relation to sex* ausführt. Stammesgeschichtlich gehört der Mensch zu den Säu-

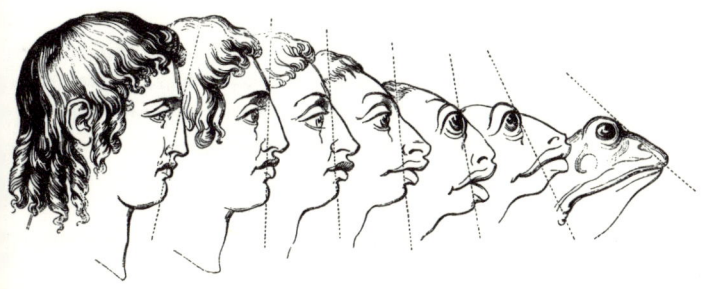

getieren und mit Halbaffen, Affen und Menschenaffen in die Ordnung der Primaten. Intuitiv wurden Ähnlichkeiten zwischen Tieren und Menschen seit alters erkannt, ohne daß hieraus konkret auf eine Abstammung von gemeinsamen Vorfahren geschlossen worden wäre. Im letzten Abschnitt der menschlichen Stammesgeschichte gewann zudem die »kulturelle Evolution« des »Mängelwesens« immer mehr an Bedeutung, was den Blick auf die Vorgaben der »Natur« teilweise verstellte.

Evolutionsprodukt

1   *Johann Gottfried Herder (1744–1803)*   Der Mensch ist der erste *Freigelassene* der Schöpfung; er stehet aufrecht.

2   *Hans Sachs (1494–1576)*   Der mensch ist das armutseligst thier.

3   *Theophrastus Paracelsus (1493–1541)*   So ist der Mensch in seiner viehischen Natur, Eigenschaft und Wesen nichts anderes denn des Viehes eigener Sohn und Kind, und gebraucht die selbige Art, Weisheit, Kunst. Und was das Vieh hat, das lernt der Mensch vom Vieh und hats vom Vieh, und ist ein Vieh, und hats viehisch.

4   *Blaise Pascal (1623–1662)*   Der Mensch ist recht eigentlich omne animal.

5   *Friedrich Schlegel (1772–1829)*   *Mensch* ist was *zugleich* Thier und Pflanze und Stein ist.

6   *Theophrastus Paracelsus (1493–1541)*   Und obwohl da ein Unterschied zwischen den Kreaturen und dem Menschen ist, ist es allein der: weil der Mensch nach dem Bilde Gottes geschaffen ist, folgt daraus, daß er in dem, was er aus der Kreatur gemacht ist, ein Tier ist, und dazu in die göttliche Vernunft gesetzt.

7   *Johann Gottfried Herder (1744–1803)*   Der Mensch ist ein Mittelgeschöpf unter den Tieren der Erde.

8 *Julien Offray de Lamettrie (1709–1751)*   Der Mensch ist nichts als ein Tier oder eine Verbindung von Beziehungen, die sich durch ihren gegenseitigen Einfluß verstärken . . .

9 *Wilhelm von Humboldt (1767–1835)*   Der Mensch, auch als Gattung betrachtet, ist offenbar ein Glied in der Kette der physischen Natur. Er artet, wie die übrigen Thiere, in Rassen aus, diese Rassen pflanzen ihre Eigenthümlichkeiten fort, und erzeugen mit einander halbschlächtige Blendlinge.

10 *Johann Nepomuk Nestroy (1801–1862)*   Der Mensch ist allerdings ein Säugetier, denn er saugt sehr viel Flüssigkeiten in sich . . . Der Mensch ist aber auch ein Fisch, denn er tut Unglaubliches mit kaltem Blut, und hat auch Schuppen, die ihm zwar plötzlich, aber doch – g'wöhnlich zu spät – von den Augen fallen. Der Mensch ist ferner auch ein Wurm, denn er krümmt sich häufig im Staube und kommt auf diese Art vorwärts. Der Mensch ist nicht minder ein Amphibium, welches auf dem Land und im Wasser lebt . . . Der Mensch ist endlich auch ein Federvieh, denn gar mancher zeigt, wie er a Feder in die Hand nimmt, daß er ein Vieh ist.

11 *Deutsches Sprichwort*   Der Mensch ist ein Gewohnheitstier.

12 *Friedrich Schlegel (1772–1829)*   Der Mensch ist ein unendliches Thier.

13 *Friedrich Nietzsche (1844–1900)*   Der Mensch ist das *Unthier* und *Überthier*.

14 *Ulrich Erckenbrecht (*1947)*   Der Mensch, das Unmaß aller Dinge, ist das klügste Tier, aber in mancher Hinsicht eines der dümmsten. Nicht einmal das scheint er zu kapieren.

15 *Theophrastus Paracelsus (1493–1541)*   Darum soll sich der Mensch ob dem nicht verwundern, daß das der Hund auch tut, denn er tut wie der Mensch, aus der Ursach: der Mensch ist aus dem Hund und nit der Hund vom Menschen.

16 *Gottfried Benn (1886–1956)* Der Mensch ist ein Wesen, das selber und dessen Begriffe genau überwacht werden müssen, aber gerade, weil er ein Tier nicht ist.

17 *Michael Landmann (1913–1984)* Der Mensch stellt nicht nur eine eigene höhere Stufe neben den Tieren dar, er ist auch ihr Herrscher.

18 *Matthias Claudius (1740–1815)* Der Mensch ist keine Kuh und kein Pferd, er ist aber unter Kühen und Pferden und muß mit ihnen essen.

19 *George Orwell (1903–1950)* Der Mensch ist das einzige Geschöpf, das verzehrt, ohne zu produzieren. Er gibt keine Milch, er legt keine Eier, er ist zu schwach, um den Pflug zu ziehen, er kann nicht schnell genug laufen, um Hasen zu fangen. Und doch ist er der Herr über alle Tiere.

20 *Deutsches Sprichwort* Der Mensch ißt die Eier, sagt die Henne, und ich habe den Schmerz des Legens.

21 *Georg Simmel (1858–1918)* Der Mensch ist das hungrige Wesen schlechthin. Das Tier ist satt, wenn es gegessen hat.

22 *Deutsches Sprichwort* Der Mensch ist das undankbarste Tier.

23 *Emil Brunner (1889–1966)* Auch der Mensch »ist« ein Säugetier. Er kann nichts dafür. Theologisch heißt das: Der Mensch ist von Gott in der Gestalt einer Säugetierart geschaffen. Das Säugetiersein ist die zoologische Form des Menschseins, von Gottes Schöpfung her.

24 *Martin Heidegger (1889–1976)* Der Mensch ist nicht nur im Wesen wagender als Pflanze und Tier. Der Mensch ist zu Zeiten sogar wagender »als selbst das Leben ist«.

25 *Alfred Döblin (1878–1957)* Der Mensch, wie die meisten Tiere, ist nicht am Boden festgewachsen.

26 *Charles Darwin (1809–1882)* Der Mensch ist zahlreichen geringfügigen und mannigfaltigen Veränderungen ausgesetzt, die durch dieselben allgemeinen Ursachen hervorgerufen und nach denselben allgemeinen Gesetzen geleitet und vererbt werden wie bei den Tieren.

27 *Meyers Konversationslexikon (1897)* Mensch (Homo sapiens L.), das höchst entwickelte irdische Wesen, welches alle verwandten Lebewesen in geistiger Beziehung weit überragt, ohne von ihnen durch tiefer gehende körperliche Unterschiede getrennt zu sein. In der That besitzt der menschliche Körper keinerlei Organe, die nicht auch bei den höheren Tieren mit sehr ähnlichem Bau wiederkehrten, auch dieselben Knochen und Muskeln sind vorhanden, obwohl die Formen derselben vielfach wechseln und in der Zahl (z. B. bei den Rippen und Wirbeln) Abweichungen vorkommen. Ebensowenig bestehen fundamentale Unterschiede der äußeren Gestaltung zwischen ihm und den ihm zunächst stehenden sogen. anthropoiden (d. h. menschenähnlichen) Affen, dem Gorilla, Schimpanse u. Orang-Utan. Mit Recht reiht man daher den Menschen dem Tierreich ein, nur in betreff seiner Abgrenzung von den nächstverwandten Tieren bestehen Meinungsverschiedenheiten.

28 *Wilhelm Keller (*1909)* Der Mensch ist lediglich die höchste Entwicklungsform jenes Geschehens, das sich auch schon im Tier abspielt. Er ist nur dessen Weiterentwicklung durch natürliche Auslese oder auf Grund besonderer Anpassung. Er stammt vom Affen ab.

29 *Anonym* Der Mensch ist ein infantiler Affe mit gestörter innerer Sekretion.

30 *Ilse Schwidetzky (*1907)* Der Mensch ist der »aufrechtgehende, großhirnige, nackte Primat«.

31 *Martin Buber (1878–1965)*   Der Mensch ist kein Zentaur, sondern durchaus Mensch.

32 *El Lissitzkij (1890–1941)*   Der Mensch ist keine Biene, sonst hätte er den Erdball, oder mindestens seine Städte als einen Eisenbetonrahmen konstruiert, mit quadratischen Zellen von, sagen wir 3,5 m Spannweite.

33 *Reiner Kunze (*1933)*   Was ist denn der Mensch? Nicht einmal ein Virus! –.

34 *Michael Landmann (1913–1984)*   Der Mensch ist nicht Tier und noch etwas dazu, sondern die viel weiter gehende Unterschiedenheit zeigt sich darin, daß er in anderer Hinsicht weniger als Tier ist.

35 *Heinrich Schirmbeck (*1915)*   Der Mensch ist die letztentstandene, die jüngste, die zugleich komplexeste, differenzierteste, entwicklungsfähigste und farbenreichste Manifestation einer Evolution, die in ihm zum Bewußtsein ihrer selbst gelangt.

36 *Marc Oraison (*1914)*   Der Mensch ist ein Tier mit überentwikkeltem Gehirn, und damit ist er sofort *etwas anderes*. Er »weiß nicht mehr im voraus«, was er tun und wie man leben muß. Seine »Natur« ist es, immerfort, ohne je befriedigt zu sein, danach zu fragen und zu suchen, was man nicht anders denn schlicht und einfach als das Glück bezeichnen kann, als das Bewußtsein und die Erfahrung einer umfassenden Harmonie. Diese nie endende Unruhe, durch die der Mensch Mensch ist und sich von allen anderen Wesen abhebt, geht aus einem biologischen Fortschritt hervor. Der »Mensch« – ihr, ich, wir, jeder einzeln und alle zusammen.

37 *Alfred Döblin (1878–1957)*   Der Mensch hat sich so differenziert. Er ist in dieser Differenzierung und durch sie Mensch, ein Nervmuskeltier.

38 *Evangelischer Erwachsenenkatechismus* Der Mensch ist von Natur aus daraufhin angelegt, über sich hinauszuwachsen. Er ist nicht wie das Tier an seine Welt gebunden, sondern weltoffen. Er kann immer neue Erfahrungen machen, während das Tier »vorprogrammiert« ist.

39 *Julian Huxley (1887–1975)* Der Mensch ist ein sehr großer Organismus. Während seines Einzeldaseins vermehrt er sein ursprüngliches Gewicht tausend Millionen Mal und enthält schließlich ungefähr hundert Millionen Zellen.

40 *Hermann Schweppenhäuser (*1928)* Der Mensch ist das Leben, das sich entlief, das Tier das Leben, das hinter sich zurückblieb.

41 *Emerich Coreth (*1919)* Der Mensch ist zunächst ein materieller *Körper,* der den Gesetzen der materiellen Wirklichkeit unterworfen ist wie jedes andere Körperding, den Gesetzen des Raumes und der Zeit, der Schwerkraft und anderen physikalischen Gesetzen; er besteht aus denselben chemischen Elementen wie die übrigen Dinge der Welt. Dieser materielle Leib ist jedoch belebt; er ist nicht ein toter Körper, sondern besitzt leibliches *Leben.*

42 *Jürgen Moltmann (*1926)* Der Mensch ist denn doch kein Gattungswesen wie das Tier, auch kein unfertiges.

43 *Gordon Rattray Taylor (*1911)* Der Mensch ist nur eine von Millionen Arten auf dieser Erde.

44 *Wolfgang Heintzeler (*1908)* Der Mensch hat gewissermaßen zwei Komponenten: er ist einerseits Tier, d. h. ein Lebewesen, das aus der chemisch-biologischen Evolution auf dieser Erde hervorgegangen ist; andererseits ist dem Menschen mit der Ausbildung des Großhirns der Zugang zu einer Welt, besser gesagt zu einer Dimension zuteil geworden, die außerhalb oder jenseits des »naturwissenschaftlich faßbaren Universums« *ist,* die dem rationalen Begreifen verschlossen bleibt, aber als Bewußtsein, Geist, Seele zentrales Urerlebnis wird.

45 *Heinrich Schirmbeck (*1915)* Der Mensch aber ist aus dem Stadium der biologischen in das der psychosozialen Evolution eingetreten. Er verwandelt sich aus einem naturhaften in ein künstlich-technisches Wesen, das in einem unaufhörlichen Prozeß der Selbsterschaffung und der Selbstumschaffung steht.

46 *Erich Fromm (1900–1980)* Ich glaube, daß der Mensch das Produkt einer natürlichen Evolution ist; daß er Teil der Natur ist und sie trotzdem transzendiert, weil er mit Vernunft und dem Bewußtsein seiner selbst begabt ist.

47 *Michael Landmann (1913–1984)* Das Tier, könnte man sagen, wird von der Natur selbst bereits vollendet. Sein Leben ist gleichsam nur die Aufführung einer schon vorkomponierten Symphonie. Der Mensch dagegen ist eine von der Natur nur halbvollendete Schöpfung, ist eine unvollendete Symphonie. Dafür machte sie ihm bildlich gesprochen ein größeres Geschenk, als sie es ihm mit der höchsten Vollendung hätte machen können: sie lieh ihm selbst einen Teil ihrer Schöpferkraft, so daß er sich nun selbst vollenden kann.

48 *Der große Brockhaus (1955)* Der M[ensch] ist durch zahlreiche arteigene Sondermerkmale eindeutig von allen Tieren unterschieden und über das Tierreich hinausgehoben. Zu seinen kennzeichnenden Artmerkmalen gehören u. a.: der aufrechte Gang, mit dem viele Eigenheiten des Knochen- und Muskelsystems zusammenhängen (z. B. Körperproportionen, Bau der Gliedmaßen, Form des Brustkorbes, Lage des Hinterhauptsloches an der Schädelunterseite) und die starke Entwicklung des Gehirns (bes. des Großhirnes), die sich ebenfalls in der äußeren Gestaltung seines Körpers ausprägt (z. B. Schädelform, Gesichtsbildung).

49 *Rudolf Steiner (1861–1925)* Der Mensch ist nicht irgendein Zusammenfluß von chemischen Wirkungen; da ändert sich ja alles innerhalb des Menschen.

50 *Johannes Hemleben (*1899)*   Auf die Frage nach dem Wesen des Menschen antwortet der Verstand: Der Mensch ist ein höher entwickeltes Tier. Wirklicher Geist-Erkenntnis ... kann diese Antwort nicht genügen.

51 *Wolfgang Trillhaas (*1903)*   1) Der Mensch ist ein Spätkömmling in der Schöpfung. Die Chronologie des biblischen Schöpfungsberichtes erzählt seine Erschaffung am sechsten Tag, nach der Erschaffung der Tiere. Die Tiere sind also »älter« als der Mensch. 2) Der Mensch ist ohne tierische Genealogie. Was er ist, ist er ohne tierische Vermittlung.

52 *Theodosius Dobzhansky (1900–1975)*   Der Mensch ist das einzige Erzeugnis der Evolution, der die Kenntnis erlangt hat, daß er in dieses Weltall aus dem Tierreich heraus durch die Evolution gekommen ist.

53 *Karlheinz Deschner (*1924)*   Mensch: heruntergekommenes Tier.

54 *Heinrich Schirmbeck (*1915)*   Der Mensch ist ein Kind der Erde.

Geschlechtswesen

55 *Stanisław Jerzy Lec (1909–1966)*   Der Mensch ist das Werk der Literatur (die ihn künstlich von der Tierwelt isoliert hat).

56 *Hans-Eduard Hengstenberg (*1904)*   Der Mensch ist das Wesen, das sein Entwicklungsziel schuldhaft verfehlen kann.

57 *Grimms Wörterbuch (1885)*   Mensch, m. homo. 1) Mensch *ist dasjenige adjectiv* zu mann, *das als* männisch *ausgeführt worden. während es im adjectiven gebrauch über alle deutsche stämme geht (auch goth.* mannisks, *nord.* mennskr), *haben nur nieder- und hochdeutsch es auch zu substantiver verwendung*

ausgebildet, und es dadurch allmählich auch in der form vom adjectiv getrennt. (. . .)

   Die form des wortes, im ahd. durchsichtig und vom oben erwähnten adjectiv nicht geschieden, verdunkelt sich und nimmt die heutige gestalt an im mhd., wo in frühen denkmälern noch menniske, mennische, menesche *begegnet* (LEXER *wb.* 1, 2102), *aber auch schon* mennisk: also scol der mennisk tnon. *fundgr.* 2, 29, 35; *und bald nur noch* mensche *und* mensch:

   des merke und vrôu dich, hôher, werder, wiser mensch,
   dû sigest tiutsch, welsch, windesch, ungersch oder tensch.

minnes. 2.381* Hagen

58   *Grimms Wörterbuch (1885)*
   2) mensch *bezeichnet, wie in der älteren sprache das neutr.* mensch (*s. dasselbe, nr.* 1), *allgemein ein menschliches wesen, somit in jedem von beiden geschlechtern, sowie jedem lebensalter* (*wie das allgemeine* mann, . . .), *und diese allgemeine bedeutung tritt in häufigen fällen, im singular wie im plural, hervor* (. . .) *einschränkung des begriffes auf den erwachsenen männlichen menschen,* (. . .) *auszerdem vermeidet man noch besonders da, wo das weib ausdrücklich durch ein anderes substantiv oder fürwort hervorgehoben wird, das wort in unmittelbare verbindung damit zu bringen, wegen der nahe liegenden beziehung auf das neutr.* mensch *in übler bedeutung; wiewol nicht ohne ausnahme, wo misverständnis ausgeschlossen;* sie mache in der ersten hitze mit dem mörder was sie will, ich verzeihe ihr, sie ist mensch und mutter.   LESSING 7, 212

59   *Aristoteles (384–322 v. Chr.)*   Die Freundschaft zwischen Mann und Frau scheint auf der Natur zu beruhen. Denn der Mensch ist von Natur noch mehr zum Beisammensein zu zweien angelegt als zur staatlichen Gemeinschaft, sofern die Familie ursprünglicher und notwendiger ist als der Staat und das Kinderzeugen allen Lebewesen gemeinsam ist.

60   *Immanuel Hermann von Fichte (1796–1879)*   (Der Mensch ist mit seinem animalischen Fortpflanzungstrieb) dem Naturprozesse verhaftet und damit dem in sich zurückkehrenden Kreislaufe des Erzeugtwerdens und Sterbens.

61   *Friedrich Nietzsche (1844–1900)*   Der Mensch ist dazu bestimmt, entweder Vater oder Mutter zu sein, in irgend welchem Sinne.

62   *Reinhold Niebuhr (1892–1971)*   Der Mensch ist als Geschöpf hetero-sexuell.

63   *Eugen Fink (1905–1975)*   »Der« Mensch ist immer entweder ein Mann oder ein Weib.

64   *Grimms Wörterbuch (1885)*   mensch, *bezogen auf eine weibliche person, kommt im 15. jahrh. auf und ist im 16. schon recht gewöhnlich. anfangs und bis ins 17. jahrh. und wol zum theil noch ins 18. in der form von dem vorigen nicht unterschieden, daher dat. gen.* menschen: fieng die schöne Magelona also an zu reden: edler ritter, wiewol es nicht geziemet einem jungen menschen, als ich bin, allein mit einem mann heimlich zu reden. *b. d. liebe 35**; mit solchem sündlichen wollust brachte ich die nacht vollends zu, bisz es anfing zu tagen und meine gewesene jungfer anhub zu schlafen, welche ich dann in ihrer ruhe ungestört liegen liesze... wie aber diese kürbe dem guten menschen künftig bekommen sei, davon hab ich seither keine nachricht erhalten. Simpl. 3, 416.

65   *Der große Herder (1955)*   Mensch, in der Schöpfung des Kosmos die einzige Kreatur, die als Mann u. Frau »nach dem Bilde Gottes« geschaffen ist.

66   *Jürgen Rausch (*1910)*   Der Mensch ist Ebenbild auf Grund seiner Blöße, er ist Blöße auf Grund seiner Ebenbildlichkeit.

67   *Deutsches Sprichwort*   Der Mensch ist kein Mann, so lange ihn das Weib nicht getauft hat.

68 *Ernest Borneman (*1915)* Aber der Mensch ist das Tier, das sich bei der Partnerwahl hauptsächlich vom Auge leiten läßt.

69 *Julian Huxley (1887–1975)* Der Mensch ist zu jeder Zeit zur Begattung bereit, keineswegs aber die Tiere.

70 *Herbert W. Franke (*1927)* ...der Mensch ist wie Affen und andere Tropentiere nicht an Brunftzeiten gebunden. Weil die Auseinandersetzung mit der Umwelt geringer wurde, kann er sich daher dieser Annehmlichkeit seines Lebens ohne erzwungene Unterbrechung widmen.

71 *Reinhold Ruthe (*1927)* Im Gegensatz zum Tier ist der Mensch in seinem Sexualverhalten *nicht* begrenzt. Er steht unter keinem Zwang biologischer Gegebenheiten. Wir können viele Varianten sexuellen Verhaltens gestalten. Der Mensch ist frei, er kann sich enthalten, ohne Schaden zu nehmen.

72 *Emil Brunner (1889–1966)* Gewiß ist der Mensch zunächst ein Sexualwesen im Sinn der naturhaften Anlage und Funktion. Aber diese sexuelle Anlage ist nicht etwas rein Naturhaftes – wie etwa der Verdauungsapparat. Sie ist für das ganze seelische und sogar das geistige Wesen des Mannes und des Weibes mitbestimmend.

73 *Hermann Keyserling (1880–1946)* Der Mensch ist genau insoweit geistbestimmter Mann im Gegensatz zur naturhaften Frau, als in seiner Psyche die demokratische Republik der Kohäsion einer Hierarchie regierender Geisteskräfte unterworfen ist.

74 *Karl Barth (1886–1968)* Der Mensch ist, indem sein Körper *lebendig* und eben so *Leib* ist. Man muß das aber auch umgekehrt sehen und sagen: er ist, indem sein *Körper* lebendig ist. Er ist weder vor, noch neben, noch nach seinem Körper. Er ist das Leben seines Leibes, kein an sich seiendes, keinen seinen Leib frei überschwebendes oder nur beiläufig in ihm wohnendes Leben.

75   *Martin Luther King (1929–1968)*   Die christliche Lehre erkennt an, daß der Mensch ein biologisches Wesen mit einem physischen Leib ist. In diesem Sinn ist er ein Lebewesen.

76   *Emil Brunner (1889–1966)*   Der Mensch ist, wenn ich mich einmal so zoologisch ausdrücken darf, das eigentliche, *das einzig vollkommene Säugetier,* indem jene Tendenz, die wir im Säugetierstamm, je höher er sich erhebt, als seine biologische Idee erkennen, erst im Menschen unzweideutig zur Auswirkung kommt: das Zusammenbleiben der Zeugungspartner und das Zusammenbleiben der Jungen mit den Alten, die Dauerpaarung und die Dauerfürsorge.

77   *Friedrich Hebbel (1813–1863)* Die Menschheit, oder der Mensch, ist, wie die edle Melusine, nur passabel bis zum Nabel, dann folgt das Ungeheuer.

78   *Hans Burkhardt (*1904)*   Der Mensch ist das Wesen, das seine sinnliche Natur hinter Konstruktionen verbirgt und hinter diesem Bollwerk seiner Konstruktionen die Bereiche seiner sinnlichen Anteilnahme gefangenhält.

79   *Wolfgang Heintzeler (*1908)*   Als Folge seiner forschenden Tätigkeit ist der Mensch heute ferner die einzige *species* Lebewesen, welche die Möglichkeit – ich sage die Möglichkeit – hat, die Vermehrung der eigenen Art bewußt an die Grenzen der Existenzmöglichkeiten anzupassen und damit Hungersnot und Hungertod als Regulatoren zu überwinden.

Naturprodukt

80   *Novalis (1772–1801)*   Der Mensch . . . ist der Messias der Natur.

81   *Friedrich Wilhelm Joseph von Schelling (1775–1854)* Der Mensch ist der Erlöser der Natur.

82 *Theophrastus Paracelsus (1493–1541)*   Ursach: der Mensch ist aus der großen Welt gemacht und hat ihre Natur in sich.

83 *Georg Christoph Lichtenberg (1742–1799)*   Der Mensch ist nicht in den Erdball einorganisiert, sondern blos in seinen Cörper.

84 *Gotthilf Heinrich Schubert (1780–1860)*   Der Mensch ist am wenigsten unter allen lebendigen Wesen unserer Sichtbarkeit auf ein einzelnes Land oder auf eine besondere Höhe des Bodens beschränkt.

85 *Paul Valéry (1871–1945)*   Der Mensch ist nur an seiner Oberfläche Mensch.

86 *Ivan Sviták (*1925)*   Der Mensch ist ein Produkt der Sonne.

87 *Günther Uecker (*1930)*   Der Mensch ist im Licht. Die Gesamtheit des Lichtes ist als Gesamtspektrum weiß. Der Mensch ist bloß ein Teil davon, er wird farbig sichtbar in diesem Weiß, weil er nicht die Totalität des Spektrums ist, sonst würde er unsichtbar.

88 *Bettina von Arnim (1785–1859)*   Der Mensch ist das gewissenentsprungene Geschöpf der Natur, er lebt durch ihre Bewußtheit.

89 *Wladimir S. Solowjew (1853–1900)*   Das Resultat des Naturprozesses ist der Mensch in zweierlei Sinn: erstens, als das schönste und zweitens als das im höchsten Grad bewußte natürliche Wesen.

90 *Friedrich Nietzsche (1844–1900)*   Das ungefähr Sichere, Berechenbare sind wir: der Mensch ist die *Regel,* die Natur die *Regellosigkeit* . . .

91 *Karl Marx (1818–1883)*   Der Mensch ist Natur.

92 *Emil Brunner (1889–1966)*   Der Mensch ist in jedem Fall Produkt der Natur, als Individuum wie als Gattung, in dem, was er ist,

völlig eindeutig bestimmt durch die Kräfte, die ihn gebildet haben, und in seinen Lebensäußerungen, seinen sogenannten Handlungen, ebenso eindeutig determiniert durch die Kräfte, die seine »Konstitution« ausmachen.

93 *Christian Morgenstern (1871–1914)* Jeder Mensch ist ein neuer Versuch der Natur, über sich ins Reine zu kommen.

94 *Eugen Fink (1905–1975)* Nur der Mensch allein *verändert* die Natur. Er ist in gewisser Weise aus ihr entlassen, hat sich ihr entfremdet – und kann deswegen gegen sie handeln.

95 *Max Müller (*1906)* Der Mensch ist einerseits Weltwesen, Dasein: das Ganze, das Umgreifende, das Unbedingte, denn er kann alle Grenzen überschreiten in der absoluten Reflexion. Aber er ist gleichzeitig in diese faktische Entwicklung und Welt hineingeworfen, er ist die Gegenwart der Welt und über der Welt und dennoch in ihr, in und aus ihr geworden, gleichzeitig durch sie bedingt, in sie eingefügt und ihr Bestandteil. So ist er Natur, Naturwesen.

96 *Richard Müller-Freienfels (1882–1949)* Aber der Mensch, das sahen wir, ist stets mehr als er selbst.

97 *Theodor Haecker (1879–1945)* Der Mensch ist im Modus der Freiheit erschaffen und reicht in das Reich des Geistes, schon von Natur aus ...

98 *Mark Twain (1835–1910)* Der Mensch ist eine seltsame und interessante Erfindung.

99 *Michael Landmann (1913–1984)* Der Mensch ist eben der Natur so verwandt, daß auch keine Erkenntnisschranke zwischen ihnen sein kann, und er ist auch nicht so schwach, daß ihm Gott und Gottes Werke ewig unerklärlich bleiben müßten.

100   *Emil Brunner (1889–1966)*   Der Mensch ist zuwenig Naturwesen, um einfach harmlos das sein zu können, was er naturhaft im
Sinn der Gegebenheit ist; denn zu diesem Gegebenen gehört
auch das Menschsein und seine Bestimmung.

101   *Carl Friedrich von Weizsäcker (*1912)*   Die Natur ist älter als der
Mensch. Der Mensch ist älter als die Naturwissenschaft.

102   *Erich Fromm (1900–1980)*   Die ursprüngliche Harmonie zwischen Mensch und Natur ist zerbrochen. Gott erklärt den Krieg
zwischen Mann und Frau, den Krieg zwischen der Natur und dem
Menschen. Der Mensch wird von der Natur abgesondert, er hat
den ersten Schritt getan, dadurch menschlich zu werden, daß er
ein »Individuum« wird. Er hat die erste Tat der Freiheit vollbracht.
Der Mythos betont, daß diese Tat Leiden zur Folge hat. Der
Mensch, der die Natur transzendiert, der sich von ihr und einem
anderen menschlichen Wesen entfremdet, findet sich nackt und
schämt sich. Er ist allein und frei, aber machtlos und voller Angst.
Die neugewonnene Freiheit erscheint ihm als Fluch. Er ist frei *von*
der süßen Knechtschaft des Paradieses, aber er besitzt noch nicht
die Freiheit *zur* Selbstbestimmung, seine Individualität zu reali-
sieren.

Mängelwesen

103   *Al Ghasali (1059–1111)*   Ja, wirklich, so ist es: Der Mensch ist
auf dieser Erde ein gar mangelhaftes, ohnmächtiges und armseliges Geschöpf, sein Markttag aber wird morgen, am Jüngsten Tage
sein.

104   *Theophrastus Paracelsus (1493–1541)*   Nun ist der Mensch auch
im selbigen ein Kind, das ist: er ist die letzte Kreatur und nach
allem geschaffen.

105   *Angelus Silesius (1624–1677)*   Der Mensch ist Gottes Kindbett.

106 *Johann Gottfried Herder (1744–1803)* Und wiederum ist doch der Mensch das einzige Geschöpf, das ... am wenigsten vollendet, am meisten zurückbleibt.

107 *Bettina von Arnim (1785–1859)* Der Mensch ist allzugeneigt, was er als Mangel in sich fühlt, in den äußeren Umständen zu suchen. So tat ich.

108 *Deutsches Sprichwort* Der Mensch ist ein Bettler: die Kappen hat er vom Marder, den Beltz vom Fuchsen, den Rock vom Lämmel, das Hemd vom Flachs der Erden, die Strümpfe vom Seidenwurm, die Schuh vom Ochsen; soll er alles heimgeben, so würd er da stehen, wie eine gerupfte Gans.

109 *Adalbert Stifter (1805–1868)* So arm, so dürftig, so unausgestattet ist der Mensch: und dennoch ist er das erste und herrlichste der sichtbaren Geschöpfe Gottes.

110 *Lew Nikolajewitsch Tolstoj (1828–1910)* Der Mensch ist ein von allen anderen abgesondertes Wesen, das seine Grenzen fühlt.

111 *Erich Fromm (1900–1980)* Der Mensch ist nicht nur unfertig, unvollendet und mit Widersprüchen belastet; man kann ihn auch definieren als *ein Wesen, das aktiv nach seiner optimalen Entwicklung sucht,* wenn auch diese Suche oft scheitern muß, weil die äußeren Bedingungen zu ungünstig sind.

112 *Hans-Eduard Hengstenberg (*1904)* Der Mensch ist eine »physiologische« oder »normalisierte Frühgeburt«.

113 *Michael Landmann (1913–1984)* Der Mensch ist – hart ausgedrückt – ein infantiler Affe, bei dem das höhere Wachstum nicht eintritt und der auf kindlicher oder sogar embryonaler Stufe stehen bleibt.

114 *Arnold Gehlen (1904–1976)* Der Mensch ist ausgezeichnet durch eine abnorm verlängerte Entwicklungszeit, d. h. durch eine, mit dem Tier verglichen, außerordentliche Dauer der Zeit, die bis zu seiner selbständigen Handlungsfreiheit abläuft.

115 *Alfred Adler (1870–1937)* Vom Standpunkt der Natur aus gesehen ist der Mensch ein minderwertiges Wesen. Aber *diese Minderwertigkeit, die ihm anhaftet, die ihm als ein Gefühl des Verkürztseins und der Unsicherheit zum Bewußtsein kommt, wirkt als ein fortwährender Reiz,* einen Weg ausfindig zu machen, um die Anpassung an dieses Leben zu bewerkstelligen, *vorzusorgen,* sich Situationen zu schaffen, wo die Nachteile der menschlichen Stellung in der Natur ausgeglichen erscheinen.

116 *Max Müller (*1906)* Der Mensch ist unspezialisiert, nicht zweckmäßig in diese Welt eingepaßt, und so im Kampf ums Dasein das vernachlässigste, traurigste Exemplar. Seine Augen sehen weniger als die Augen des Adlers, seine Hände greifen weniger gut als die Hände des Affen. Sein Gebiß gehört zum schlechtesten aller Gebisse, seine Instinkte sind unsicher, vielfältig, ratlos.

117 *Fritz März (*1934)* Der Mensch ist ein *nichtfestgelegtes, weltoffenes* Lebewesen, frei von Spezialorganen, dafür mit einem *Spezialgehirn* ausgestattet, das ihn als *Gehirnspezialisten* ausweist.

118 *Jürgen Rausch (*1910)* Der Mensch dagegen ist unfertig. Sein Körper weist denselben Mangel an Spezialisierung auf wie sein Geist. Beide schließen nicht genug aus, denn Spezialisierung ist Ausschließlichkeit. Der Mensch wird nicht in eine ihm bestimmte Umwelt geboren wie das Tier, sondern er ist in die Welt, in der Welt ausgesetzt.

119 *Arnold Gehlen (1904–1976)* Morphologisch ist nämlich der Mensch im Gegensatz zu allen höheren Säugern hauptsächlich durch *Mängel* bestimmt, die jeweils im exakt biologischen Sinne

als Unangepaßtheiten, Unspezialisiertheiten, als Primitivismen, d. h. als Unentwickeltes zu bezeichnen sind: also wesentlich negativ.

120 *Michael Landmann (1913–1984)* Der Mensch ist kein »Ausweg aus einer Sackgasse«, ist nicht ein Mängelwesen, das durch Kreativität seine Mängel kompensiert, sondern er ist das kreative Wesen, das, weil es kreativ ist, Spezialisierung so wenig brauchen kann, daß sie ihm im Gegenteil hinderlich wäre. Durch die Kreativität erwirbt der Mensch, wo das Tier erbt.

121 *Roger Garaudy (*1913)* Der Mensch ist ein unsicheres Lebewesen. Beim Tier sind die Instinkte und die Umwelt, an die es sich anpaßt, eng miteinander verbunden. Das Tier ist ein Bündel von Antworten. Der Mensch ist ein Bündel von Fragen. Seine Aktion paßt sich der Umwelt nicht an: sie verwandelt sie. So sehr, daß der Mensch niemals im vollen Gleichgewicht mit der Natur ist.

122 *Hans-Eduard Hengstenberg (*1904)* Der Mensch ist auch biologisch das stärkste Wesen auf der Welt. Das bestätigen die Erfahrungen der letzten Weltkriege, in denen Menschen Belastungen ausgesetzt waren, die man keinem Tiere hätte zumuten können. Von Mängelwesen zu reden ist absurd.

II. Homo creatus est – Geschöpf und Krone der Schöpfung

Makrokosmos – Mikrokosmos ∗ *Beseelte Materie* ∗ *Kompositum – Ganzheit* ∗ *Mitte der Welt*

Die Auffassung, der Mensch sei Ebenbild Gottes und damit »Krone der Schöpfung«, ist die im christlichen Abendland vorherrschende Spielart des Anthropozentrismus. Seit der Spätantike wurde der Mensch zudem gern als Mikrokosmos (als kleine Welt) bezeichnet und als Spie-

gel und Sinnmittelpunkt dem Makrokosmos (der gesamten Schöpfung) gegenübergestellt. Eine Aufzählung der Einzelteile des Mikrokosmos kann den Menschen aber nicht adäquat beschreiben, denn wie bereits Aristoteles lehrte, ist das Ganze mehr als seine Teile.

Gewöhnlich wird angenommen, daß sich der »ganze« Mensch als vitale Einheit aus Leib und Seele zusammensetzt. Offenbar aufgrund des fehlenden Atemhauchs bei Toten kam es dann zu der uralten Vorstellung, die Seele werde von außen eingehaucht. Die Metaphysik beschäftigte sich mit der Frage, ob die Seele eine »Substanz« sei, während sie der wissenschaftlichen Psychologie von heute eher als Metapher für den gesamten Erlebnisbereich des Menschen gilt, also seine Gefühle und Handlungsantriebe umfaßt.

Der Philosoph Descartes unterscheidet im 17. Jahrhundert zwischen Körper und Geist, wobei er den Menschen allerdings nicht als »Ganzes« sieht, sondern gespalten in eine ausgedehnte Substanz *(res extensa)* und in eine denkende *(res cogitans)*. Tiere sind ihm Automaten ohne Seele. Diese »Cartesianische Spaltung« ist für die nicht sonderlich glückliche Unterscheidung zwischen Natur- und Geisteswissenschaften mitverantwortlich. Von anderen Denkern werden Seele und Geist als verschiedene Einheiten aufgefaßt, wobei der Geist in seiner Polarität zur Natur eher das innerste Wesen der Welt umschreiben soll und – im Unterschied zur Seele – nicht in jeder Person zur Entfaltung kommt.

Makrokosmos-Mikrokosmos

123 *Theophrastus Paracelsus (1493–1541)* Wie ihr im ersten Teil von der Zusammensetzung der Menschen gelesen habt, woraus sie von Gott, dem Schöpfer, gemacht worden sind, nämlich daß vor ihnen und ehe der Mensch gewesen ist, alle Dinge geschaffen gewesen sind, und aus dieser Schöpfung ist der Mensch gemacht; das ist: vom limo terrae; das ist so viel: der Mensch ist aus einer materia gemacht.

124 *Johann Amos Comenius (1592–1670)* Der Mensch ist von den Philosophen ein Mikrokosmos genannt worden, ein Universum

im Kleinen, das im Verborgenen alles enthält, was im Mikrokosmos des langen und breiten aufgedeckt zu sehen ist. Daß dem so ist, wird an anderer Stelle nachgewiesen.

125 *Johann Amos Comenius (1592–1670)* Aber auch der Mensch selbst ist nichts als Harmonie, im Hinblick sowohl auf den Körper als auch auf die Seele. Denn wie das Weltall selbst einem mächtigen Uhrwerk gleicht, das aus vielen Rädern und Glocken so kunstvoll zusammengesetzt ist, daß im ganzen Werk zur Harmonie und zum dauernden Fortgang alle Teile ineinander greifen: so auch der Mensch.

126 *Johann Gottfried Herder (1744–1803)* Der Mensch ist ein Inbegriff der ganzen Welt, der sichtbaren und unsichtbaren, selbst Gottes.

127 *Friedrich Schlegel (1772–1829)* Jeder Mensch ist wohl eine Welt und umgekehrt.

128 *Novalis (1772–1801)* Der Mensch ist eine Analogienquelle für das Weltall.

129 *Novalis (1772–1801)* Der Mensch ist ein Besonderes, ein Allgemeines, und ein schlechthin Gesetztes – eine Sphäre.

130 *Hans-Joachim Iwand (1899–1960)* ... der Mensch ist auch nur ein Teil am Ganzen, ein »Abdruck«, eine »Darstellung« des Unendlichen.

131 *Ronald Steckel (*1945)* Jeder einzelne Mensch ist in seiner physischen und seelischen Gestalt ein lebendiger Kosmos, ein wandelndes Mysterium, eine wirbelnde Konzentration von molekularen Galaxien, durchströmt von der Flamme des Bewußtseins, umgeben von der Unendlichkeit des Universums, in das wir hineingeboren wurden.

132 *Hans-Eduard Hengstenberg (*1904)*   Der Mensch ist Sprachrohr des Kosmos mit allen Seinsformen.

133 *Thorwald Dethlefsen (*1946)*   So wie die Zelle als Individuum Teil des größeren Individuums Organ, das Organ auch nur Teil des Individuums Mensch ist, so ist auch der Mensch nur Teil einer größeren Einheit. Der Mensch ist nur Zelle in einem Organismus, den wir Planet Erde nennen.

134 *Alfred Döblin (1878–1957)*   Der Mensch ist zwar ein einzelnes Gestaltetes. Aber, ohne daß es wirklich zu einem ›Mikrokosmos‹ kommt, beteiligen sich an seinem Aufbau, an seiner Formung dieselben Kräfte, die sich in anderen Zonen, bei Pflanzen, Tieren, Kristallen, Sternen, isoliert auswirken und selbständig darstellen.

135 *Rudolf Steiner (1861–1925)*   Der Mensch ist eine kleine Welt. – Er ist schon eine kleine Welt, und die große Welt ist in ihm, und all das Getier, welches in den Lüften wohnt, und das Getier, welches um die Erde herum in der kreisenden Luft sein hauptsächlichstes Element hat, und das Getier, welches unter dem Erdboden in den Kräften der Schwere sein hauptsächlichstes Element hat, sie wirken im Menschen zu einer harmonischen Ganzheit zusammen. Und der Mensch ist dann die Zusammenfassung von Adler, Löwe, Stier oder Kuh.

136 *Karl Barth (1886–1968)*   Der Mensch ist Gottes Geschöpf, indem er in dem von Gott geschaffenen Kosmos ist.

137 *Georg Simmel (1858–1918)*   Der Mensch ist nicht Mikrokosmos, sondern Makrokosmos – Megistokosmos; denn wenigstens der Idee und Möglichkeit nach ist alles in ihm fertig, reif und zu sich selbst gekommen, was in der ganzen übrigen Natur *notwendig* unvollkommen, fragmentarisch, bloß angefangen, unerlöst ist.

138 *Johann Wolfgang von Goethe (1749–1832)*   Der Mensch ist ein wahrer Narziß: er bespiegelt sich überall gern selbst, er legt sich als Folie der ganzen Welt unter.

139 *Ernst Moritz Arndt (1769–1860)*   Ein Mikrokosmos ist der Mensch, ein Bild aller Bilder, eine Gestalt aller Gestalten, ein großer Spiegel, der den Inhalt vieler kleinen Spiegel in sich versammeln soll. – Der Mensch ist, wie die Welt um ihn, und die Welt wird, wie der Mensch auf ihr.

140 *Christian Morgenstern (1871–1914)*   Der Mensch ist ein in einem Spiegelkerker Gefangener.

Beseelte Materie

141 *Theophrastus Paracelsus (1493–1541)*   Der Mensch ist allein eins, darum nur *ein* Samen.

142 *Jacob Böhme (1575–1624)*   Der Mensch ist aus dem Samen der Erden, aus einer zusammen corporirten Masse gemacht ...

143 *Theophrastus Paracelsus (1493–1541)*   Das ist: der Mensch ist nicht aus nichts gemacht worden, sondern er wurde aus einem Stoff gemacht, – aber alle anderen Geschöpfe sind aus nichts gemacht.

144 *Blaise Pascal (1623–1662)*   Der Mensch ist substantielle Einheit. Zerlegt man ihn aber, ist dann diese Einheit der Kopf? das Herz? der Magen? die Adern? jede Ader? jeder Teil einer Ader? das Blut? jedes Blutkörperchen?

145 *franz. Anonymus (17./18. Jh.?)*   Der Mensch ist ein Thier, das kocht. So wird nach verschiedenen Standpunkten verschieden aufgefaßt und erklärt. Für den Philosophen ist er das Potenzlose als Individuum. Der Chemiker erblickt im Menschen eine Verbindung von ¼ solider Masse, hauptsächlich Kohlenstoff und Nitro-

gen, mit ¾ Wasser. Er bringt einen Menschen von 140 Pfund unter die hydraulische Presse und findet, daß er nichts ist als etwa 35 Pfund Kohlen- und Stickstoff mit 5 Eimern Wasser verdünnt.

146   *Theophrastus Paracelsus (1493–1541)*   Nun aber ist der Mensch von der Erde, und die Erde hat viel seltsame Kinder in ihr . . .

147   *Deutsches Sprichwort*   Der Mensch ist Erde und wird Erde.

148   *Thomas von Aquin (um 1225–1274)*   Der Mensch . . . ist gleichsam der Horizont und die Grenze geistiger und körperlicher Natur, derart daß er, gleichsam die Mitte zwischen beiden, ebenso am Geistigen wie am Körperlichen teilhat.

149   *Theophrastus Paracelsus (1493–1541)*   Der Mensch ist nicht aus einem Nichts entstanden, sondern ist aus einem Stoff gemacht. Die Schrift sagt aus, daß Gott den limus terrae, den Urstoff, wie eine Masse nahm und daraus den Menschen formte. Des weiteren sagt sie auch, daß der Mensch Asche und Pulver, Staub und Erde ist, was schon genugsam beweist, daß er diesem Urstoff entstammt.

Kompositum – Ganzheit

150   *Erasmus von Rotterdam (1469–1536)*   Es ist der Mensch also ein eigenartiges Lebewesen, aus zwei oder drei sehr verschiedenen Teilen zusammengesetzt, der Seele nach göttlich, dem Körper nach wie ein stummes Vieh.

151   *Theophrastus Paracelsus (1493–1541)*   So ist terra anstatt des Wachses die selbige massa gewesen, in welche die ingredientia in Himmel und Erde commiciert, das ist zusammengemischt, und conjungiert, das ist verbunden, worden sind. Aus diesem composito ist der Mensch gemacht.

152 *Ludwig Feuerbach (1804–1872)*   Ich kann ebensogut sagen: der Mensch ist dreifaltig in der Form, aber eins im Wesen – denn er ist nur eine Person, ein Wesen, eine Substanz, nicht drei Substanzen, aber er wird sich dieses einen Wesens auf dreierlei Weise bewußt –, wie ich sagen kann: er ist dreifaltig im Wesen, aber eins in der Form.

153 *Michel de Montaigne (1533–1592)*   Der Mensch ist durchgängig und durchaus ein bunt zusammengesetztes Tafelwerk.

154 *Friedrich Schiller (1759–1805)*   Diß ist die wunderbare und merkwürdige Sympathie, die die heterogenen Principien des Menschen gleichsam zu *Einem* Wesen macht, der Mensch ist nicht Seele und Körper, der Mensch ist die innigste Vermischung dieser beiden Substanzen.

155 *Johann Kaspar Lavater (1741–1801)*   Der Mensch ist im Ganzen, ist in allen seinen Theilen, nach allen seinen Kraeften und Eigenschaften, in so fern er beobachtet werden kann, bloß ein physisches Wesen.

156 *Heimito von Doderer (1896–1966)*   Der Mensch ist auf jeden Fall treu im Tragen einer physiognomischen Grund-Idee, deren Konkret-Werden im Material eines Charakters sein Dasein hervorgerufen hat.

157 *Martin Luther King (1929–1968)*   Der Mensch ist mehr als ein produzierendes Lebewesen, das von ökonomischen Kräften gelenkt wird. Er ist ein geistiges Wesen, gekrönt mit Ehre und Schmuck und beschenkt mit dem Gut der Freiheit.

158 *Jean Mouroux (20. Jahrhundert)*   Der Mensch ist aber mehr als eine Form, die eine Materie beseelt. Er ist ein Geist und daher »eine vollkommen geistige Form«, die in sich und durch sich besteht.

159 *Friedrich Christoph Oetinger (1702–1782)* Der Mensch ist aus einem Zweifachen vereinigt, das in eins zusammengeht, aus einem Geistlichen und einem Körperlichen, wovon das erstere lebendig, in höchstem Maße aktiv und unzerstörbar, das letztere passiv oder doch weniger aktiv, zerstörbar ist und darüber hinaus in die festen und flüssigen Teile, sodann in die animalischen (das Leben enthaltenden und gebenden) Geister unterschieden werden muß, die das Feste und Flüssige in Lebenstätigkeit versetzen – unter Leitung des oberen Lebens. Der Mensch ist deshalb Person, zuletzt nach allem anderen von Gott durch den *logos* (das Wort) geschaffen, und nicht allein mit einem beseelten organischen Körper, sondern auch mit einem vernünftigen Geist begabt, um alles Niedrigere zu lenken ...

160 *Eugen Fink (1905–1975)* Der Mensch hat Geist, aber er *ist nicht* Geist.

161 *Hans-Eduard Hengstenberg (*1904)* Der Mensch ist ja nicht nur je einmalig in Geist und Leib, sondern auch in Geist und Ich konstituiert.

162 *Karl Barth (1886–1968)* Der Mensch ist ja überhaupt nur in seinem Lebensakt, und darin besteht sein Lebensakt: daß er sich selbst belebt und darin *Seele* ist, und daß er durch sich selbst belebt wird und darin *Leib* ist.

163 *Rudolf Steiner (1861–1925)* Der Mensch ist ein Stauapparat für das Geistig-Seelische. Es möchte eigentlich ungehindert durch den Menschen durchströmen, aber er hält es zurück und verlangsamt es. Er läßt es in sich aufstauen.

164 *Emil Brunner (1889–1966)* Der Seele, also dem Menschen, sofern er Seele ist, können wir keinen Platz anweisen, weil die Seele selbst die Platzanweiserin ist. Darum ist der Mensch in anderer Weise als alles andere unergründlich, weil er selbst der Ergründer, der Entdecker des Unergründlichen ist.

165 *Karl Barth (1886–1968)*   Der Mensch ist die *regierende Seele* seines Leibes oder er ist nicht der Mensch.

166 *Julian Huxley (1887–1975)*   Körper und Seele sind nicht trennbare Einheiten, sondern nur zwei Seiten ein und desselben Systems, und der Mensch ist jener Teil des allumfassenden Weltenstoffs, der sich entwickelt hat, bis er vernünftiger und zweckmäßiger Wertung fähig wurde. Seine Stellung im Universum besteht darin, daß er diese Entwicklung fortsetzt und diese Werte erkennt.

167 *Hans von Hattingberg (1879–1944)*   Der Mensch ist nicht von vornherein eine Einheit. Erst die individuelle Entwicklung schließt die Vielheit der oft auseinanderstrebenden Möglichkeiten seiner Anlage zur Einheit der Person zusammen.

168 *Georg Christoph Lichtenberg (1742–1799)*   Der Mensch ist vielleicht halb Geist und halb Materie, so wie der Polype halb Pflanze und halb Thier.

169 *Lew Nikolajewitsch Tolstoj (1828–1910)*   Der Mensch ist die Vereinigung zweier Prinzipien: des animalischen, körperlichen und des vernünftigen, geistigen. Die Bewegung des Lebens vollzieht sich im animalischen Wesen... Das vernünftige, geistige Wesen gibt dieser Bewegung die Richtung.

170 *Thorwald Dethlefsen (*1946)*   Der Mensch ist, solange er noch einen materiellen Körper besitzt, an die Polarität gebunden. Jede Verletzung oder Übertretung der Polarität bringt ihn unweigerlich zu Fall.

171 *Novalis (1772–1801)*   Was ist der Mensch? Ein vollkommener Trope des Geistes.

172 *Martin Luther King (1929–1968)*   Der Mensch ist ein geistiges Wesen.

73 *Bruno Hamann (*1927)*   Der Mensch ist sozusagen das Wesen der Mitte. Wiewohl er an der körperlich-materiellen wie auch an der geistigen Welt teilhat bzw. verschiedene Elemente in sich vereinigt, wird der Geistseele bzw. dem geistigen Leben doch Vorrang zugesprochen. Leib und Geistseele werden zwar in wesensnotwendiger Verbindung gesehen: der Mensch existiert als solcher nur in der Verbindung beider.

74 *Emil Brunner (1889–1966)*   Der Mensch ist, zunächst einmal, etwas für sich, eine *Substanz, ein Seelending oder Leibding.*

75 *Karlfried Graf Dürckheim (*1896)*   Jedes Lebewesen ist eine Erscheinungsform von Yin und Yang, so auch der lebendige Mensch. Aber wahrhaftig lebendig ist er nur im Einklang mit dem großen Gesetz – das heißt im Rhythmus von Yin und Yang.

76 *Evangelischer Erwachsenenkatechismus*   Luther vermittelt uns zwei wichtige Einsichten über den Menschen:
– Der Mensch ist eine Einheit, die von einem Zentrum her bestimmt ist. Dieses Zentrum , »Geist« genannt, ist nicht identisch mit dem Bewußtsein; es wurzelt in einer tieferen Schicht.
– Die Offenheit oder Verschlossenheit des Zentrums des Menschen für Gott bestimmt den ganzen Menschen.

77 *Heinrich Weinstock (1889–1960)*   Denn der Mensch ist eine Zwienatur, gebildet aus dem Widerspruch von göttlicher Vernunft und tierischer Leidenschaft.

78 *Karl Barth (1886–1968)*   Der Mensch ist Einer, indem er Seele und Leib ist. Er kann und darf im Frieden seines in sich einigen Seins beides *zugleich* und *ganz* sein: Seele ohne jene schlechthinige Verantwortlichkeit für den Leib, und Leib ohne jene schlechthinige Abhängigkeit von der Seele.

79 *Michael Landmann (1913–1984)*   Der Mensch ist nicht ein leibseelisches Wesen, das zunächst als solches bestimmt werden muß und das sich sekundär den objektiven Geist zueignet. Es ist

nicht so, daß Leib und Seele sein Eigenes wären, der objektive Geist dagegen ihm von außen kommt. Diese Sonderung ist künstlich und nachträglich. Genau so wie wir ein Naturerbteil in uns tragen, so tragen wir auch ein Erbteil des objektiven Geistes in uns. So wie Natur uns zu dem macht, was wir sind, so und nicht minder auch er. Er übt nicht nur von außen einen Einfluß auf uns aus, sondern zieht lebendig wirkend in uns ein und wird zu einem Teil unseres Wesens. Wo immer wir dem Menschen begegnen, schon auf seinen frühesten Stufen, ist er das Wesen des objektiven Geistes.

180   *Lin Yutang (1895–1976)*   Der Mensch ist gleichermaßen aus Fleisch und Geist gemacht, und die Philosophen müßten sich darum bemühen, daß die beiden Teile harmonisch zusammenleben und eine Versöhnung zwischen ihnen zustande kommt.

181   *Emil Brunner (1889–1966)*   Der Mensch ist kein Zweistockwerkwesen, sondern eine – wenn auch jetzt korrumpierte – Einheit; seine Gottbezogenheit ist nicht etwas zu seinem menschlichen Wesen Hinzukommendes, sondern der Kern und Grund seiner *humanitas.* Das war Luthers revolutionäre Erkenntnis.

182   *Rudolf Steiner (1861–1925)*
In dem Herzen webet Fühlen,
In dem Haupte leuchtet Denken,
In den Gliedern kraftet Wollen.
Webendes Leuchten,
Kraftendes Weben,
Leuchtendes Kraften:
Das ist der Mensch.

183   *Wolfgang Trillhaas (*1903)*   Der Mensch ist eine kleine Hierarchie, das heißt: er ist von oben nach unten und nicht von unten nach oben zu verstehen. Er ist nur dann Mensch, wenn der Geist über alles herrscht, über Seele, Vernunft und Leib.

84   *Emil Brunner (1889–1966)*   Der Mensch ist aber nicht nur das Gott verantwortliche Wesen, er ist auch Staub vom Staube, *zoon,* psychisches und vernünftiges Wesen. Der Mensch ist ein hierarchisches Ganzes.

85   *Alexis Carrel (1873–1944)*   Der Mensch als Lebewesen ist zu vielfältig, um in seiner Ganzheit erfaßt zu werden; wir müssen ihn durch unsere Beobachtungsmethoden erst in kleine Stückchen zerteilen.

86   *Hermann Hesse (1877–1962)*   Der Mensch ist eine aus hundert Schalen bestehende Zwiebel, ein aus vielen Fäden bestehendes Gewebe.

87   *Emil Brunner (1889–1966)*   Ist doch der Mensch wirklich eine Größe, die den verschiedensten Seinsbereichen angehört; dem der anorganischen, der vegetativen, der animalischen, der psychischen, der geistigen und vielleicht irgendeiner transzendenten Wirklichkeit.

88   *Jean Marolleau (*1916)*   Der Mensch: unter diesem Wort verstehe ich den ganzen Menschen mit all seinen Möglichkeiten, mit seinem Trachten, seiner Würde; der Mensch ist für mich nichts anderes als die Kombination von Individuum und Aura.

89   *Hermann Hesse (1877–1962)*   Der Mensch ist ja keine feste und dauernde Gestaltung (dies war, trotz entgegengesetzter Ahnungen ihrer Weisen, das Ideal der Antike), er ist vielmehr ein Versuch und Übergang, er ist nichts andres als die schmale, gefährliche Brücke zwischen Natur und Geist. Nach dem Geiste hin, zu Gott hin treibt ihn die innerste Bestimmung – nach der Natur, zur Mutter zurück zieht ihn die innigste Sehnsucht: zwischen beiden Mächten schwankt angstvoll sein Leben.

190   *Jean Gebser (1905–1973)*   Was ist der Mensch? Es hat wohl noch keinen Menschen gegeben, der diese Frage beantworten konnte. Aber immerhin: der Mensch ist mehr, erstens einmal, als wir alle

glauben oder sehen, und zweitens ist er vielschichtiger, als wir gemeinhin annehmen.

Mitte der Welt

191 *Theophrastus Paracelsus (1493–1541)* So wisse erstens, daß der Mensch, wie genugsam gemeldet wurde, von dem limo terrae erschaffen worden ist, als ein Auszug der ganzen Welt, und dies durch den höchsten Künstler, der Gott selbst ist, – und ausgenommen Gott, der solches aus Kraft der Trinitaet vermocht hat, sonst niemandem möglich.

192 *Angelus Silesius (1624–1677)*
Der Mensch ist eine Kohle
Mensch, du bist eine Kohle, Gott ist dein Feu'r und Licht;
Du bist schwarz, finster, kalt, liegst du in ihme nicht.

193 *Novalis (1772–1801)* Der Mensch ist gleichsam ein Kristall derjenigen Masse – aus der unendliche Kristalle werden konnten.

194 *Friedrich Schlegel (1772–1829)* Der Mensch ist in der irdischen Geschichte die letzte Stufe einer langen Reihe von Produktionen, deren Ziel die Organisation des vollkommnen Körpers ist.

195 *Novalis (1772–1801)* Der Mensch ist ein Fokus des *Äthers*.

196 *Erich Rothacker (1888–1965)* Der Mensch ist also der *Weltidee* fähig. Ohne Idee ... des Überschreitens – kein Grenzbewußtsein, ohne Idee der Freiheit – kein Bewußtsein der Unfreiheit. Erst durch die Idee verwandelt sich der Zufall natürlicher Gegebenheiten in ein Schicksal. Tierische Lebewesen haben kein Schicksal, weil ihnen die Idee der unendlichen Möglichkeit fehlt. Der Mensch aber ist dieser Ideen mächtig.

197 *Johann Gottfried Herder (1744–1803)* Denn auch der Mensch ist ja nur ein Bruch des Ganzen, eine Proportion von Kräften, die

sich in dieser und keiner andern Organisation durch die gemeinschaftliche Beihilfe vieler Glieder zu einem Ganzen bilden sollte.

198 *Friedrich Schlegel (1772–1829)* Der Mensch ist nicht $\sqrt{\frac{x \cdot c}{0}}$, sondern $\sqrt{\frac{x \cdot c}{y}}$.

199 *Theophrastus Paracelsus (1493–1541)* Denn der Mensch ist so gerade und so wohl von Gott gezählt, daß nit ein Härlein ist, das nicht von Gott gezählt worden ist.

200 *Friedrich Schlegel (1772–1829)* Der Mensch selbst ist eine unendl(iche) Zahl, *Verhältniß, Bewegung.*

201 *Angelus Silesius (1624–1677)* Der Mensch ist alle Dinge; ist's, daß ihm eins gebricht,/So kennet er fürwahr sein Reichtum selber nicht.

202 *Friedrich Schlegel (1772–1829)* Der Mensch ist *Geist und Wort* in jeder Potenz. ›Der Mensch ist eine Zahl‹.

203 *Theodor Haecker (1879–1945)* Das Ziel der Schöpfung ist die Rückkehr zu Gott unter Wahrung und göttlicher Sanktionierung ihrer Natur– der Mensch aber ist ihr Maß, ihr Repräsentant, ihr verantwortlicher Herr, als Bild Gottes.

204 *Alexis Carrel (1873–1944)* Vor allem anderen ist der Mensch also ein fortgesetzter Ernährungsprozeß. Er besteht aus einem rastlosen Hin und Her chemischer Stoffe. Man könnte ihn mit einer Kerzenflamme oder einem Springbrunnen in den Gärten von Versailles vergleichen, denn diese Gebilde aus brennenden Gasen und Wasser sind zugleich dauernd und vorübergehend.

205 *Otto Friedrich Bollnow (*1903)* Der Mensch ist inkarniert in seinem Haus. Das Haus wird durch diese enge Verbundenheit zum Ausdruck seines Wesens.

206 *Gottfried Richter (1901–1980)*   Der Innenraum, den der Mensch betritt, ist – er selbst. Er ist selbst das Haus geworden, in dem er wohnt.

207 *Otto Friedrich Bollnow (*1903)*   Der Mensch ist hier mit seinem Raum verschmolzen, in einer unmittelbaren Weise inkarniert.

208 *Martin Buber (1878–1965)*   ... der Mensch ist in der Welt oder kann doch in der Welt sein wie ein Wohngast in einem ungeheuren Bau, der unablässig durch Zubauten erweitert wird, und zu dessen Grenze er nie vorzudringen vermag, den er aber doch weiß, wie man eben ein Haus weiß, in dem man wohnt: weil er die Ganzheit des Baus als solche innezuhaben befähigt ist. Daß er das aber ist, liegt daran, daß er das Wesen ist, durch dessen Sein das Seiende von ihm abgerückt und in sich anerkannt wird.

209 *Theodor Haecker (1879–1945)*   Der Mensch ist »Kreatur«, er ist nicht so etwas Absurdes wie der Schöpfer seiner selbst nach Wesen und Dasein, was auch Gott nicht ist, der da sagte und in allen Äonen sagt: Ich bin, der Ich bin, und nicht: »Ich habe mich erschaffen! Ich bin die Ursache meiner selbst«; der nicht causa sui, sondern a se und damit causa mundi ist, der nicht Sich Selber, sondern die Welt und in ihr den Menschen geschaffen hat.

210 *Erich Rothacker (1888–1965)*   Der Mensch ist durch Seele, Schaukraft, Erlebniskraft definiert.

211 *Erich Rothacker (1888–1965)*   Der Mensch ist in einem unendlichen Erlebnishunger, er braucht Erlebnisse, muß irgend etwas Erlebtes, Anschauliches haben, d. h. seine Aktivität liegt auch in diesem Erleben.

212 *Hugo von Hofmannsthal (1874–1929)*   Der Mensch ist begierig nach vorgestellten Erlebnissen, aber er weigert sich, seine gehabten Erlebnisse zu erkennen.

213 *Lao-Tse (um 600 v. Chr.)* Wahrlich: Groß ist der *Weg,* groß der Himmel, groß die Erde, groß der König! Vier Große gibt es in den Grenzen des Alls. Der Mensch ist einer von ihnen.

214 *Sophokles (um 497/96–407/06 v. Chr.)* Viel Unheimliches birgt die Welt, Allerunheimlichstes ist der Mensch!

215 *Johann Caspar Lavater (1741–1801)* Der Mensch ist das vollkommenste aller, unsern Sinnen bekannten, organischen Wesen; das lebendigste unter allen.

216 *Angelus Silesius (1624–1677)* Der Mensch ist etwas Großes. Der Mensch muß doch was sein! Gott nimmt sein Wesen an. Um aller Engel Willn hätt er solchs nicht getan.

217 *Johann Caspar Lavater (1741–1801)* Groß ist der Mensch, in einer Welt von Großen.

218 *Clemens Brentano (1778–1842)* O wie ist die Natur so groß, und wie ist der Mensch größer!

219 *Ivan Goll (1891–1950)* Die Welt ist groß. Klein ist der Mensch.

220 *Matthias Claudius (1740–1815)* Der Mensch ist gottlob so gebaut, daß er mit anderthalb Zoll recht glücklich sein kann, und wenn das die Leute nur recht wüßten, so würde'n groß Teil Ach und Weh weniger in der Welt sein.

221 *Anatolij W. Lunatscharskij (1875–1933)* Jeder Mensch ist etwas Majestätisches und auf seine Weise Höheres, ist in seinen Möglichkeiten etwas überaus Reiches, in seinem Geist aber ein geringeres Licht.

222 *Sir William Hamilton (1805–1865)* Nur der Mensch ist groß auf Erden, nur der Geist ist groß im Menschen.

223 *Alexis Carrel (1873–1944)* Der Mensch ist ein Riese, verglichen mit einem Elektron, einem Atom, einem Molekül, einer Mikrobe. Verglichen mit einem Berg, verglichen mit der Erde ist er ein Knirps.

224 *Thomas von Aquin (um 1225–1274)* Der Mensch aber ist im Reiche des Seienden nicht das höchste Gut.

225 *Averroes (1126–1198)* Der Mensch ist dasjenige Wesen, das in der sublunarischen Welt der Rangstufe nach den himmlischen Körpern am nächsten steht. Er verhält sich wie ein Mittelding zwischen dem ewig Seienden und den entstehenden und vergehenden Substanzen.

226 *Johann Wolfgang von Goethe (1749–1832)* Der Mensch ist als wirklich in die Mitte einer wirklichen Welt gesetzt und mit solchen Organen begabt, daß er das Wirkliche und nebenbei das Mögliche erkennen und hervorbringen kann.

227 *Emil Brunner (1889–1966)* Der Mensch ist im Mittelpunkt der Welt, unbeschadet dessen, daß Gott ebenso sein Schöpfer und Herr ist, wie er der Welt Schöpfer und Herr ist.

228 *Hans-Joachim Iwand (1899–1960)* Der Mensch – allein fähig zur intelligiblen Anschauung – ist die Mitte der Schöpfung, hier hat diese gleichsam ihr Auge gesetzt bekommen, durch das sie das unsichtbare Wesen Gottes zu schauen vermag.

229 *Emil Brunner (1889–1966)* Der Mensch ist zwar nicht die Mitte, aber *in der* Mitte des Kosmos, darum, weil er in Gottes Wort geschaffen ist.

230 *Maksim Gorkij (1868–1936)* Der Mensch ist die Achse der Welt.

231 *Emil Brunner (1889–1966)* Daß aber der Mensch, der Umfasser des Welthorizontes, zugleich ein Weltpünktlein, ein Objekt von

unendlicher Kleinheit im Raum ist, das vermindert nicht, sondern das steigert noch einmal seine Rätselhaftigkeit.

232 *Friedrich Christoph Oetinger (1702–1782)* Zweitens ist der Mensch die Konzentration aller Kräfte der großen Welt. Das ist schon aus der Schöpfungshistorie klar, denn der *aphar* oder Staub aus *adama* (Erde) war ein Auszug aller zuvor belebten Kräfte der sechs Tagewerke.

233 *Angelus Silesius (1624–1677)* Der Mensch ist's höchste Ding.

234 *Stefan Krenzer (*1921)* Der Mensch ist die Krone, das Ziel der Schöpfung. Gott erschafft ihn nach seinem Bilde. Wir sind zwar als Geschaffene vom Schöpfer durch Welten getrennt, aber wir sind Gott ähnlich in unserem Sein und in unserem Tun.

235 *Stanisław Jerzy Lec (1909–1966)* Der Mensch ist die Dornenkrone der Schöpfung.

236 *Jean Mouroux (20. Jahrhundert)* Der Mensch ist wahrhaft das Wunder der Welt, weil sich in ihm die Epiphanie des Geistes vollzieht: Er bringt im Universum vollkommen neue Werte zur Erscheinung: das Denken und die Liebe, die Wahl und die Verpflichtung, die Gemeinschaft. Mehr noch: Er ist nicht einfach auf den Pol des Hienieden, auf die Materie hin gerichtet, sondern vielmehr auf den Pol des Jenseits, auf den unendlichen Geist zu, auf Gott.

237 *Emil Brunner (1889–1966)* Der Mensch ist, gerade nach biblischer Lehre, in seinem Personsein die Spitze einer hierarchisch geordneten Schöpfungswelt, während sein materielles, sein organisches und sein animalisches Sein ihn mit der ganzen übrigen Kreatur verbindet, ihm an ihrem, sei es materiellen, sei es biologischen Sein Anteil gibt.

238 *Rabindranath Tagore (1861–1941)* Ein wunderbares Wesen ist doch der Mensch!

239 *Johannes Müller (1864–1949)* Der Mensch ist die höchste Steigerung der Natur. Das unbewußte, vegetative Leben der Natur ist in ihm gesteigert zu bewußtem, persönlichem Leben. Diese Steigerung ist es, die uns in Wahrheit erst zu Menschen macht. Solange sie nicht wirklich erreicht ist, sind wir nur Lebewesen.

240 *Michael Landmann (1913–1984)* Der Mensch ist das oberste Geschöpf, das Maximum und das Ziel der sinnlichen Welt, er überragt jeden Grad der körperlichen Natur.

241 *Karl Barth (1886–1968)* Der Gott der heiligen Schrift und des kirchlichen Bekenntnisses ist freilich »der Schöpfer des Himmels und der Erde«. So hat er gewiß nicht nur den Menschen geschaffen. So ist der Mensch nur *ein* und nicht *das* Geschöpf.

242 *Jean Gebser (1905–1973)* Der Mensch ist ein Entwurf zu etwas, das mehr ist als er; aber während des letzten Äons ist es ihm auf eine bestürzende Weise gelungen, weniger zu sein, als was er gemeint ist.

243 *Ernst Cassirer (1874–1945)* Der Mensch ist immer geneigt, den engen Kreis, in dem er lebt, als den Mittelpunkt der Welt anzusehen, und sein besonderes, privates Leben zum Maßstab des Universums zu machen. Aber er muß diesen eitlen Traum, diese kleinliche borniere Art zu denken und zu urteilen aufgeben.

244 *Friedrich Dürrenmatt (*1921)* Der Mensch ist offenbar ein Pechvogel, nicht weil er nicht fliegen könnte – das kann er ja inzwischen –, sondern weil er immer wieder vom Himmel verführt wird, mehr als ein Mensch sein zu wollen: etwas Absolutes.

II. Animal rationale – Vernunft und Selbsterkenntnis

*Selbst-Bewußtsein – Selbst-Erkenntnis * Sinnsucher *
Fragen – Sprechen*

Dem Menschen wird nicht nur Verstand zugebilligt – definiert als
Erkenntnisvermögen von Ursache und Wirkungs-Zusammenhängen –,
sondern auch Vernunft als die geistige Fähigkeit zur Werterkenntnis.
Dabei zeigt der Mensch einerseits starkes Interesse, »sich selbst« zu
erkennen, sieht sich aber andererseits mit dem Problem konfrontiert, als
nach Erkenntnis strebendes Wesen mit dem Gegenstand seiner Erkenntnis identisch zu sein (Subjekt-Objekt-Spaltung).

Unübersehbar ist zudem das Streben des Menschen, nach dem »Sinn« seines Daseins zu fragen. Die Einstellung zum Leben ist dabei abhängig vom Gelingen, seinen Erlebnissen oder dem, was sich in seiner Umwelt abspielt, eine Bedeutung oder einen Wert beizumessen. Selbstverständlich sind die Maßstäbe hierbei schwankend: Was dem einen Menschen sinnvoll ist, mag dem anderen sinnlos scheinen, oder erst zu einem späteren Zeitpunkt Sinn bekommen.

Selbst-Bewußtsein – Selbst-Erkenntnis

245 *Aristoteles (384–322 v. Chr.)* So ist denn die Willensentscheidung entweder strebende Vernunft oder vernünftiges Streben, und das Prinzip von beidem ist der Mensch.

246 *Epiktet (um 50 n. Chr.)* Denn der Mensch ist das Geschöpf, das sich gern mit Betrachten abgibt.

247 *Otto Weber (1902–1966)* Der Mensch ist indessen immer und überall Gegenstand seiner eigenen Betrachtung gewesen. Es ist ihm wesentlich, daß er sich in irgendeiner Weise zur Frage wird.

248 *Friedrich Hebbel (1813–1863)* Der Mensch ist ein Blinder, der vom Sehen träumt.

249 *Claude Adrien Helvétius (1715–1771)* Der Mensch ist gleichsam ein Modell, das den verschiedenen Künstlern zur Betrachtung dargeboten wird. Jeder sieht nur einige Seiten des Modells und keiner hat einen Gang ganz herum gemacht.

250 *Johann Gottfried Herder (1744–1803)* Der Mensch ist ἄνδρωπος, ein über sich, ein weit um sich schauendes Geschöpf.

251 *Georg Christoph Lichtenberg (1742–1799)* Der Mensch ist kein künstlicheres Geschöpf, als die andern, er weiß es nur, daß er ist und daraus läßt sich alles erklären ...

252 *Paul Heinrich D. Baron von Holbach (1723–1789)*   Der Mensch ist ein materielles Wesen; er kann Ideen überhaupt nur von einer Sache haben, die materiell ist wie er selbst, das heißt, die auf seine Organe wirken kann ...

253 *Robert Louis Stevenson (1850–1894)*   Der Mensch ist ein materielles Geschöpf, träge im Denken, schwerfällig im Erkennen der Zusammenhänge.

254 *Thomas von Aquin (um 1225–1274)*   Homo est animal rationale.

255 *Lord Byron (1788–1824)*   Es ist der Mensch ein Phänomen, kein Maß kann seinem wunderbaren Geist genügen.

256 *Thomas von Aquin (um 1225–1274)*   Der Mensch ist aber durch den Verstand als Erkenntniskraft erkennend.

257 *Blaise Pascal (1623–1662)*   Nur ein Schilfrohr, das zerbrechlichste in der Welt, ist der Mensch, aber ein Schilfrohr, das denkt.

258 *Johann Wolfgang von Goethe (1749–1832)*   Der Mensch ist nicht geboren, die Probleme der Welt zu lösen, wohl aber zu suchen, wo das Problem angeht, und sich sodann in der Grenze des Begreiflichen zu halten.

259 *Georg Wilhelm Friedrich Hegel (1770–1831)*   Der Mensch ist nicht nur rein denkend, sondern das Denken selbst manifestiert sich als Anschauen, als Vorstellen; die absolute Wahrheit, die dem Menschen geoffenbart ist, muß also auch für ihn als Vorstellenden, als Anschauenden, für ihn als fühlenden, empfindenden Menschen sein.

260 *Johann Wolfgang von Goethe (1749–1832)*   Der Mensch ist dem Irren unterworfen, und wie er in einer Folge, wie er anhaltend irrt, so wird er sogleich falsch gegen sich und gegen andere; dieser Irrtum mag in Meinungen oder in Neigungen bestehen.

261 *Rudolf Steiner (1861–1925)*
Man sucht nach der Weltenrätsel Lösung;
Der Mensch ist selbst die Lösung;
Darum, wer sich selbst als Mensch
In Wahrheit recht erkennt:
Erkennt der Welt Geheimnis.

262 *Johann Gottfried Herder (1744–1803)* Kurz, der Mensch ist, was er sein soll (und dazu wirken alle Teile), ein aufstrebender Baum, gekrönt mit der schönsten Krone einer *feinern Gedankenbildung.*

263 *Hans Egon Holthusen (*1913)* Der Mensch ist offenbar nicht geschaffen, um schon auf Erden der Fülle der Wahrheit teilhaftig zu werden.

264 *Deutsches Sprichwort* Der Mensch ist ein Tummelplatz: die Empfängnus ist Sämerey, die Geburt Keyerey, das Leben Phantasey, die Kunst Tändlrey, dein Reichthumb Posserey, dein Wandel Fresserey, dein Freund Vopperey und du bist ein Narrethey.

265 *Johann Wolfgang von Goethe (1749–1832)* Der Mensch ist dem Menschen das Interessanteste und sollte ihn vielleicht ganz allein interessieren.

266 *Georg Christoph Lichtenberg (1742–1799)* Der Mensch ist ein Ursachen suchendes Wesen, der Ursachensucher würde er im System der Geister genannt werden können.

267 *Georg Christoph Lichtenberg (1742–1799)* ... und doch ist der Mensch das was denckt und nicht das was sagt.

268 *Blaise Pascal (1623–1662)* Der Mensch ist sich selbst das rätselhafteste Ding der Natur, denn er kann nicht begreifen, was Körper und noch weniger, was Geist ist und am wenigsten von allem, wie ein Körper mit einem Geist vereint sein könne.

269 *Johann Wolfgang von Goethe (1749–1832)*   Der Mensch ist ein beschränktes Wesen, unsere Beschränkung zu überdenken ist der Sonntag gewidmet.

270 *Bettina von Arnim (1785–1859)*   Der Mensch ist ein wunderlich Wesen, das sich nicht begreifen läßt.

271 *Fjodor Michajlowitsch Dostojewskij (1821–1881)*   Der Mensch ist ein Geheimnis. Bist Du Dein Leben lang bemüht, es zu enträtseln, dann sage nie, daß Du es vergeudet hast. Ich beschäftige mich mit diesem, denn ich will ein Mensch sein.

272 *Romano Guardini (1885–1968)*   Der Mensch ist inne geworden, daß er anders sei, als er dachte, sich selbst unbekannt und zur Aufgabe gesetzt.

273 *Eugen Fink (1905–1975)*   Der Mensch, obwohl er den rätselhaften und fast unbegreiflichen Vorzug hat, die lebendige Stätte des Wahrheitsgeschehens zu sein, ist niemals selber »absolut«, ist nie ständig und wandellos wie die Götter, nie selbstgenügsam und vollendet.

274 *Ludwig Feuerbach (1804–1872)*   Nur dadurch ist also der Mensch *Mensch*, daß er nicht wie das Tier ein beschränkter, sondern ein absoluter Sensualist ist ...

275 *Hans-Eduard Hengstenberg (*1904)*   *Der Mensch ist* im Unterschiede zum Tier *das Wesen, das seine Grenzen anerkennen kann und soll,* das in der bewußten Selbstbeschränkung Meister wird.

276 *Johann Wolfgang von Goethe (1749–1832)*   Selbsterkenntnis kann niemand erfüllen und soll es auch nicht wollen, der Mensch ist ein dunkles Wesen, weiß nicht, woher er kommt, wohin er geht.

277 *Ludwig Feuerbach (1804–1872)* Der Mensch *ist* das Selbstbewußtsein.

278 *Hermann Broch (1886–1951)* Das Tier ist nicht bewußtseinsbegabt, der Mensch ist es ...

279 *Eugen Fink (1905–1975)* Der Mensch als Mensch ist seinsmäßig ein Verhältnis. Er gleicht nicht einem Ding, das zuerst in sich selbst und an sich selbst ist und erst dann auch noch in Beziehungen steht. Das kategoriale Modell der »Substanz« trifft nicht auf den Menschen zu. Er ist als Beziehung, als Beziehung zu sich und zu den Dingen und zur Welt, er ist als Selbstverhältnis, Ding-Bezug und Weltverhältnis – er ist im Raum und verhält sich zu Heimat und Fremde, ist in der Zeit und verhält sich zur eigenen Vergänglichkeit, ist gattungshaft-geschlechtlich bedingt und verhält sich zur eigenen Geschlechtlichkeit in Scham und institutionaler Ausprägung (Ehe, Familie). Totenkult, Arbeit, Herrschaft, Liebe – das alles sind Grundweisen des menschlichen Selbstverhaltens.

280 *Friedrich Nietzsche (1844–1900)* Der Mensch ist gegen sich selbst, gegen Auskundschaftung und Belagerung durch sich selber, sehr gut vertheidigt, er vermag gewöhnlich nicht mehr von sich, als seine Aussenwerke wahrzunehmen.

281 *Hans-Eduard Hengstenberg (*1904)* Der Mensch ist jenes Wesen, das nicht anders zur vollen Ausreifung gelangt, als daß es zumindest in einer Durchgangsphase, sich selbst zum Problem geworden ist.

282 *Erich Fromm (1900–1980)* Der Mensch ist eine Laune der Natur. Er ist das einzige Lebewesen, das sich seiner selbst bewußt ist. Es ist das einzige Wesen, das innerhalb der Natur lebt und sie gleichzeitig transzendiert. Der Mensch ist sich seiner selbst, seiner Vergangenheit und seiner Zukunft bewußt. Der Mensch lebt nicht nur instinktiv, so wie es das Tier tut.

283 *Der große Brockhaus (1955)* Der Mensch hat sich und seine Daseinsumstände, so weit die Überlieferung zurückreicht, als ein Rätsel empfunden; er ist sich selbst unausschöpfliches Thema kraft seiner Fähigkeit, sich (als das ›Subjekt‹) der Welt, in der er lebt (den ›Objekten‹) gegenüberzustellen ... Dieses Abstandnehmen zu der Welt ist die Voraussetzung dafür, sich ihrer zu bemächtigen und damit für die Sonderleistung des M.

284 *Friedrich Nietzsche (1844–1900)* Der Mensch ist vor Allem ein *urtheilendes* Thier.

285 *Hermann Hesse (1877–1962)* Der Mensch ist des Denkens nicht in hohem Maße fähig, und auch noch der geistigste und gebildetste Mensch sieht die Welt und sich selbst beständig durch die Brille sehr naiver, vereinfachender und umlügender Formeln an – am meisten aber sich selbst!

286 *Erich Fromm (1900–1980)* Der Mensch ist das einzige Lebewesen, das sich *langweilen* kann, das sich aus dem Paradies vertrieben fühlen kann. Der Mensch ist das einzige Lebewesen, das seine eigene Existenz als ein Problem empfindet, das er lösen muß und dem er nicht entrinnen kann. Er kann nicht in den vormenschlichen Zustand der Harmonie mit der Natur zurückkehren. Er muß seine Vernunft weiterentwickeln, bis er Herr der Natur und seiner selbst wird.

287 *Hermann Broch (1886–1951)* Der Mensch, das Ich, das Erkenntnissubjekt, wundersam-wunderbar ausgestattet mit Seins-Intuition, mit Erkenntniskraft, mit Symbolisierungsfähigkeit, ist imstande, die Data der Erfahrung, die ihm vom Non-Ich (einschließlich gewisser, zum Non-Ich objektivierter Ich-Bestandteile) zu erfassen und an ihrer Hand das Seiende, mag es auch niemals aus der unverbrüchlichen Dunkelheit, in der es sich »an sich« befindet, wahrhaft entlöst werden können, doch so weit zu erahnen, daß es in Wirklichkeits-Modellen symbolisch zur Darstellung gelangt, zu einer Darstellung, die im Alltagsleben sogar als die Wirklichkeit schlechthin genommen werden darf.

288 *Karl Barth (1886–1968)* Der Mensch ist ein Subjekt eigenen Entscheidens. Er bildet ein eigenes *Zentrum* und eine eigene *Peripherie*. Und mehr als das: er ist sich dessen *bewußt,* daß er das tut. Er *setzt* sich selber als solches Zentrum. Er setzt sich selbst in Beziehung zu seiner Umwelt. Auch in seinem Verhältnis zu Gott setzt er sich selber. So ist er die Seele seines Leibes.

289 *Dietrich Bonhoeffer (1906–1945)* Der Mensch existiert, d. h. er ist in der Zeit und ist in der Welt und zwar als ein solcher, der nach sich selbst jeweils fragen muß. Der Mensch weiß also nicht im allgemeinen, was er ist, sondern es gehört zu seinem Wesen, daß er nach sich fragen muß.

290 *David G. Cooper (*1931)* Der Mensch ist nichts Unerkennbares, aber er ist unerkannt.

291 *Hermann Broch (1886–1951)* Der Mensch ist antinomisch geschaffen, denn er wäre nicht ebenbildhaftes Gottesgeschöpf, wenn er nicht um der Erkenntnis willen gegen den Gott aufstünde.

292 *Lin Yutang (1895–1976)* Der Mensch ist wichtig genug: er ist der wichtigste Gegenstand unseres Erkenntnisstrebens – das ist der Kernsatz des Humanismus.

293 *Otto Weber (1902–1966)* Der Mensch ist, in welcher Form auch immer, ein sich selbst »verstehendes« Wesen: er ist bei sich selbst in der Weise, daß er zugleich aus sich heraustritt, sich »entwirft«.

294 *Reinhold Niebuhr (1892–1971)* Der Mensch ist in seiner Stärke und in seiner Schwäche zu zwiegesichtig, als daß er sich selbst verstehen könnte – es sei denn, seine vernünftigen Analysen wurzeln in dem Glauben, daß er jenseits der Zwiegesichtigkeit seines eigenen Selbstverständnisses begriffen werden kann.

295 *Farbiges großes Volkslexikon (1981)* Der Mensch ist das geistig höchstentwickelte Lebewesen auf der Erde.

296 *Ludwig von Bertalanffy (*1901)* Der Mensch ist gekennzeichnet durch die gewaltige Entwicklung seiner Hirnrinde und der erwähnten spezifischen Regionen, während in den tieferen Schichten des Gehirns keine vergleichbare Entwicklung erkennbar ist. Dies ist vermutlich der Grund dafür, daß die menschliche Evolution sich fast ausschließlich nach der intellektuellen Seite vollzog.

297 *Julian Huxley (1887–1975)* Somit ist der Mensch intelligenter als die Tiere, weil sein Gehirnmechanismus beweglicher ist.

298 *Alexis Carrel (1873– 1944)* Der Mensch als Lebewesen ist nicht mit derselben Schnelligkeit gewachsen wie die seinem Hirn entsprungenen Einrichtungen.

299 *Erich Fromm (1900–1980)* Je unvollständiger und schwächer die instinktive Ausstattung des Tieres ist, desto entwickelter ist das Gehirn und demzufolge auch die Lernfähigkeit. Der Mensch tritt an der Stelle im Evolutionsprozeß auf, an der das instinktive Anpassungsvermögen sein Minimum erreichte. Aber der Mensch erscheint mit neuen Eigenschaften, die ihn vom Tier unterscheiden. Er ist sich seiner selbst als eines eigenständigen Wesens bewußt, er hat die Fähigkeit, sich an Vergangenes zu erinnern und kann sich Zukünftiges vorstellen; er kann Gegenstände und Handlungen mit Symbolen belegen, seine Vernunft kann die Welt erfassen und verstehen, und mit seinem Vorstellungsvermögen kann er die Grenze seiner Sinne überschreiten. Der Mensch ist das hilfloseste aller Tiere. Diese biologische Schwäche ist aber zugleich die Basis für seine Stärke, denn sie ist primär die Ursache für die Ausbildung seiner spezifischen menschlichen Qualitäten.

300 *Erich Fromm (1900–1980)* Der Mensch ist das einzige Lebewesen, das nicht nur Objekte kennt, sondern das auch weiß, daß es sie kennt. Der Mensch ist das einzige Lebewesen, das nicht nur eine instrumentale Intelligenz, sondern Vernunft besitzt, die Fähigkeit, seinen Verstand dazu zu benutzen, objektiv zu *verstehen* – das heißt, das Wesen der Dinge, wie sie an und für sich

sind, und nicht nur als Mittel zu seiner Befriedigung zu erkennen. Mit diesem Bewußtsein seiner selbst und mit dieser Vernunft begabt, ist sich der Mensch seiner Getrenntheit von der Natur und von anderen Menschen bewußt; er ist sich seiner Machtlosigkeit und seiner Unwissenheit bewußt; und er ist sich seines Endes bewußt: des Todes.

301 *Rudolf Steiner (1861–1925)* Daß der Mensch auf Erden so borniert ist – verzeihen Sie, es fällt mir halt kein anderes Wort ein –, das rührt davon her, daß er all sein Denken in diese Region des Kopfes einschließt.

302 *Hans-Joachim Iwand (1899–1960)* ... der Mensch ist ein »Werkzeugtier«, und die Denkakte sind nur Dienste, die die menschliche Psyche diesem »Willen zum Leben« leistet. Das Innenleben ist also hier eine Folge, nicht das Primäre; denn dieses ist wie beim Tier der Selbsterhaltungstrieb. Dabei ist freilich der Mensch ein Gehirnwesen, also ein Wesen, das weit mehr Energie für die Gehirnfunktion, insbesondere die Rindenfunktion verbraucht als das Tier.

303 *Martin Buber (1878–1965)* Der Mensch ist das Wesen, das seine Lage in der Welt erkennt und, solang es bei Sinnen ist, diese Erkenntnis fortzusetzen vermag. Das Entscheidende ist nicht, daß diese Kreatur unter allen es wagt, an die Welt heranzutreten und sie zu erkennen – so erstaunlich dies auch an sich ist; das Entscheidende ist, daß sie das Verhältnis zwischen der Welt und ihr selbst erkennt.

304 *Hans-Eduard Hengstenberg (*1904)* Der Mensch ist des zweckentbundenen Interesses fähig. Der Beweggrund seiner Zuwendung zu den Dingen geht über alles hinaus, was sich unter dem Gesichtspunkt einer Dienlichkeit für ein Subjekt formulieren läßt.

305 *Hermann Poppelbaum (1891–1979)* Hier aber liegt der Kern dieses Unterschiedes zwischen der »Welt« des Tieres und der des Menschen: *Nur der Mensch ist imstande, immer neue Bestand-*

stücke der Welt den schon begriffenen einzureihen, von diesen zu anderen überzugehen und so weiter bis ins Unendliche.

306 *Helmut Thielicke (1908–1986)*   Der Mensch ist Vernunftwesen. Das bedeutet, daß er nicht »durch seine Instinkte belehrt wird, sondern daß er seine Instinkte belehrt« (Goethe). Insofern ist er nicht einer determinierten Entwicklung überantwortet, sondern er muß mit Hilfe seiner Vernunft unter gegebenen Möglichkeiten wählen und darin auf Zukunft hin planen ... Er ist Gewissensträger. Das besagt wiederum, daß er sich nicht »gehenlassen« darf, sondern auf sein ihn erwartendes Ziel »zugehen« muß ... Er ist an seine Körperlichkeit gebunden. Darum lebt er aus dem Wissen, daß er eine begrenzte Frist hat und sie auskaufen muß.

307 *Friedrich Nietzsche (1844–1900)*   Der Mensch ist schwer zu entdecken und sich selbst noch am schwersten.

308 *Egon Friedell (1878–1938)*   Denn es stellt sich leider heraus, daß der Mensch ein unheilbar urteilendes Wesen ist. Er ist nicht bloß genötigt, sich gewisser »allgemeiner« Maßstäbe zu bedienen, die gleich schlechten Zollstöcken sich bei jeder Veränderung der öffentlichen Temperatur vergrößern oder verkleinern, sondern er fühlt außerdem den Drang in sich, alle Tatsachen, die in seinen Gesichtskreis treten, zu interpretieren, zu beschönigen, zu verleumden, kurz, durch sein ganz individuelles Urteil zu fälschen und umzulügen, wobei er sich allerdings in der exkulpierenden Lage des unwiderstehlichen Zwanges befindet.

309 *Hans-Georg Drescher (*1929)*   Der Mensch ist nicht mehr dazu verurteilt, der Welt und seinem Tun in der Welt fortwährend einen Sinn zu geben.

310 *Max Müller (*1906)*   Der Mensch ist der, der sich entscheidet, dieses zu denken, jenes zu tun, dieses wert zu halten und jenes zu verachten. Um sich entscheiden zu können, muß er die Entscheidung vor sich haben. Der Mensch ist das Wesen, das sich selbst determiniert, und infolgedessen muß er indeterminiert sein. Die

Folge ist, daß er keine Natur von Natur aus hat außer der, daß er sich jede Gestalt geben kann. Geist ist die wirkliche Möglichkeit schlechthin, nicht *eine* Möglichkeit, sondern *die* wirkliche Möglichkeit, ich kann, und dieses Können ist eine Wirklichkeit, mir jene Gestalt geben, die ich mir gebe. Daher ist der Mensch, obwohl Leben das des Leibes ist, nicht allein bestimmt durch eine besondere Leiblichkeit, sondern er kann selbst angeben, was mit dieser Leiblichkeit geschehen soll; ob er sie achten und pflegen oder verachten soll, ist in seine Hand gegeben.

311 *Paul Johannes Tillich (1886–1965)* Der Mensch ist imstande, sich für oder gegen die Vernunft zu entscheiden; er ist fähig, jenseits der Vernunft schöpferisch tätig zu sein oder unterhalb ihrer zerstörerisch zu wirken.

312 *Michael Landmann (1913–1984)* Der Mensch ist dem Tier gleichsam nur potentiell überlegen: die meisten Menschen machen von ihrer Vernunft nur wenig Gebrauch.

313 *Friedrich Schiller (1759–1805)* Der Wille ist der Geschlechtscharakter des Menschen ... Vernünftig handelt die ganze Natur; *sein* Privilegium ist bloß, daß er mit Bewußtsein und Willen vernünftig handelt. Alle anderen Dinge *müssen;* der Mensch ist das Wesen, welches *will*.

314 *Ulrich Beer (*1932)* Offenbar ist der Mensch noch nicht dadurch zufrieden, daß er tun kann, was er möchte. Die Voraussetzung dafür ist, daß er überhaupt weiß, was er eigentlich will.

315 *Emil Brunner (1889–1966)* Der Mensch ist jetzt »auch ein vernünftiges Wesen«, wie Gott ein vernünftiges Wesen ist, nur mit dem Unterschied, daß Gott eben die unendliche, der Mensch nur endliche Vernunft ist.

316 *Friedrich Heinrich Jacobi (1743–1819)* Der Mensch ist ein mittelbares Geschöpf, sein ganzes Bewußtsein ist ein Begriff, den er konstruiert und fortleitet. Ohne Zusammenhang kann der Mensch sich nicht denken.

317 *Brockhaus Enzyklopädie (1971)* Mensch [ahd. mannisco, ein Adjektiv zu Mann], biologisch die Art *Homo sapiens* der Familie Menschenartige; in der Sicht vieler philosoph. Richtungen das einzige Lebewesen, das in der Lage ist, den Zugang zur Welt des Absoluten zu finden (. . .), und dadurch gegenüber dem Tier einen eigenständigen Bereich einnimmt.

Der M. ist das höchstenwickelte Lebewesen der Erde und gehört im zoologischen System zu den Säugetieren, von denen er sich bes. durch seine spärliche Körperbehaarung, den aufrechten Gang, den Gebrauch der Hände und die lückenlosen Zahnreihen ohne hervorstehende Eckzähne unterscheidet. Gegenüber allen Tieren nimmt er vor allem durch das hochdifferenzierte Gehirn, verbunden mit der Fähigkeit, in Worten zu denken und zu sprechen, eine Sonderstellung ein.

Als Individuum und als gesellschaftl. Wesen ist der M. Gegenstand der allgem. Biologie, der Anthropologie, ferner der Medizin, der Psychologie, der Soziologie und vieler anderer Wissenschaften.

318 *Max Müller (*1906)* Denn der Mensch ist das Wesen, das Wissenschaft *und* Reflexion der Wissenschaft treibt. Er ist also nicht das Objekt eines Wissens, sondern er ist der Wissende, das transzendentale Subjekt selbst, der, in dem alles Wissen zusammenlaufen kann; der, in dem alle Hinsichten zusammengefaßt vorliegen.

319 *Alexis Carrel (1873–1944)* Jeder Mensch ist gleichzeitig durch die Zahl, durch die Beschaffenheit und die Intensität seiner psychologischen Lebensäußerungen bestimmt. Es gibt keine Individuen von genau gleichartiger Geistesform.

320 *Arnold Gehlen (1904–1976)* Der Mensch ist ein Forschungsgebiet, auf dem auch heute noch eine unbestimmte Zahl ungesehener und unbenannter Phänomene sich feststellen lassen.

321 *Alexis Carrel (1873–1944)* Der einzelne Mensch ist viel mehr als die Summe all der von den verschiedenen Wissenschaften beigebrachten Tatsachen. In seiner Ganzheit erfassen wir ihn nie, denn er enthält weite unbekannte Gebiete, und seine Möglichkeiten sind beinahe unerschöpflich.

322 *Theodosius Dobzhansky (*1900)* Der Mensch ist das Geheimnisvollste alles Erfahrbaren. Deshalb wetteifern Kunst und Wissenschaft, ihn begreifbar zu machen.

323 *Jürgen Moltmann (*1926)* Allein, der Mensch ist nicht nur ein stummes Objekt für wissenschaftliche Betrachtung, sondern ist zugleich auch Subjekt seines Lebens, seines Unglücks und seines Glücks.

324 *Paul Hazard (1878–1944)* Der Mensch ist des Fortschritts nur in dem Maße fähig, in dem er aufgeklärt ist; und es gibt viele Menschen, die nicht aufgeklärt sind und nur sehr langsam aufgeklärt werden könnten, solche die dessen vielleicht nicht einmal würdig sind, und solche, die niemals aufgeklärt sein werden.

325 *Ivan Sviták (*1925)* Der Mensch ist nicht durch ein endliches System wissenschaftlicher Gesetze erklärbar / die klar und logisch sind wie eine Rede Stalins oder ein Schlag in die Fresse / und deshalb muß er ein Loch bohren in die unmenschliche Attrappe des harmonischen Gemeinplatzes »Mensch« / um wirklich zu werden und aufzuhören, eine Reklamefigur der Menschheit zu sein.

326 *Hans-Joachim Iwand (1899–1960)* Der Mensch ist immer wieder einer, der sich nach einer Wahrheit streckt, die er nicht erkannt hat.

327 *Alfred Döblin (1878–1957)* Der Mensch ist das flüchtige und erregte Wesen mit schrecklich überwachem Bewußtsein, mit unheimlicher Reizbarkeit.

328 *Karl Jaspers (1883–1969)* Der Mensch ist grundsätzlich mehr, als er von sich wissen kann.

329 *Oswald Spengler (1880–1936)* Der Mensch ist Sklave seines Gedankens geworden.

330 *Theodor Haecker (1879–1945)* Der Mensch ist nach dem Bilde der Pflanze geschaffen, er keimt, blüht, trägt Frucht und vergeht. Wohl, er tut und leidet das, wie er ja auch in sich maßlos komplizierte Maschinen trägt, aber es gehört nicht viel dazu, zu bemerken, daß er mehr und anderes tut und leidet als die Pflanze. Nun gut, so ist er nach dem Bilde des Tieres, er wird geboren, sucht Nahrung, pflanzt sich fort, stirbt und ist als Individuum weniger als die Art, die rücksichtslos sein Opfer verlangt. Wohl, er tut und leidet das auch, benimmt sich sogar, denn nicht völlig kann natürlich Herr Spengler Unrecht haben, manchmal ärger denn ein Raubtier, viehischer als ein Vieh, und ist eben deshalb kein Tier.

331 *Paul Valéry (1871–1945)* Der Mensch ist ans Kreuz seines Körpers geschlagen. Sein schmerzgebeugtes Haupt ist von tiefen Dornen seiner Gedanken durchbohrt.

332 *Heinrich Heine (1797–1856)*
Was ist der Mensch? Ein hohler Begriff,
Nur eine abstrakte Hülle!
Konkreten Inhalt verleiht ihm erst
Des Rheinweins edle Fülle.

Sinnsucher

333 *Lucius Annaeus Seneca (um 55 v. Chr. – um 40 n. Chr.)* Ein vernunftbegabtes Wesen ist der Mensch: vollendet wird daher sein Vorzug, wenn er das erfüllt hat, wozu er geboren wird.

334 *Al Ghasali (1058–1111)* Wisse: Der Mensch ist nicht zum Scherz und für nichts erschaffen, sondern hoch ist sein Wert und groß seine Würde. Wohl ist er nicht von Ewigkeit her, aber für die Ewigkeit ist er bestimmt.

335 *Johann Gottfried Herder (1744–1803)* Jeder Mensch ist für seine Bestimmung gemacht und trägt den Samen zu ihr in sich; er trägt in sich Wehr und Waffen gegen alles Übel, das ihm begegnen soll, und Sinne und Werkzeuge zum Genuß alles Guten, das sein und keines andern zu werden bestimmt ist.

336 *Karl Jaspers (1883–1969)* Der Mensch ist nicht abzuleiten aus einem anderen, sondern ist unmittelbar zum Grund aller Dinge.

337 *Hans-Eduard Hengstenberg (*1904)* Der Mensch ist von Natur aus das sinnerwartende, sinnvernehmende und sinnverpflichtete Wesen.

338 *Martin Heidegger (1889–1976)* Der Mensch »ist« nicht und hat überdies noch ein Seinsverhältnis zur »Welt«, die er sich gelegentlich zulegt.

339 *Martin Heidegger (1889–1976)* Der Mensch ist zu Zeiten wagender als das Wagnis, seiender als das Sein des Seienden.

340 *Ronald D. Laing (1927–1989)* Der Mensch ist nicht mit Entdeckung dessen, was ist, befaßt, nicht mit Produktion, nicht einmal mit Kommunikation oder Invention. Er verhilft dem Sein zur Entstehung aus dem Nichtsein.

341   *Hans-Eduard Hengstenberg (*1904)*   Der Mensch kann in der Realsphäre überhaupt keine Zusammenhänge tätigen, die nicht entweder sinnvoll oder sinnwidrig wären. Zwar kann er gelegentlich Sinnloses tun (Beispiel der Ideenflucht, der leeren Zerstreuung usw.), aber er kann nicht ohne Schuld in der Sinnlosigkeit verharren; dies Verharren ist schon sinnwidrig. Deshalb ist der Mensch das Wesen, das der *Sinnfrage nicht entfliehen kann.*

342   *Emerich Coreth (*1919)*   Nur der Mensch ist imstande, eine Sinngestalt zu erfassen, einen Sinngehalt zu verstehen.

343   *Ivan Sviták (*1925)*   Der Mensch ist ein Wesen mit ekstatischer Gleichgültigkeit gegen die Sinnlosigkeit des Seins / und zugleich ein Wesen, das Sinn schafft.

344   *Bruno Hamann (*1927)*   Immer und überall zeigen die Menschen die Tendenz, sinnvoll zu existieren. Wir sagen daher: der Mensch ist auf Sinn verwiesen.

345   *Ivan Sviták (*1925)*   Der Mensch ist also der Prozeß des Suchens nach seinem Sinn, das Suchen der Wahrheit über sich, die in der Erkenntnis gipfelt, daß wir schließlich nichts sein werden, nichts Menschliches sein werden, dasselbe sein werden, was wir vergeblich mit unserem Bewußtsein geleugnet haben und mit unserer menschlichen Existenz bestätigt. – Dem Untergang zum Trotz ist der Mensch ein offenes Wertsystem, weil er sich selbst, seinen Sinn und mit ihm die Bedeutung der Dinge ändert; er ist sein eigenes Projekt, tätige Wirklichkeit des Gedankens und der Sehnsucht, lebendiger Sinn und Gewissen seiner Zeit.

346   *Eugen Fink (1905–1975)*   Der Mensch ist allerdings auch *in* der Welt, aber niemals so wie die genannten Dinge. Stein, Pflanze und Tier haben keinen Weltbezug, leben nicht in der Offenheit für das Ganze des Seienden.

347 *Emil Brunner (1889–1966)*   Der Mensch ist nicht ein Stück Welt, sondern er steht allem, was Welt ist, als ein Besonderes, als eine neue Dimension kreatürlichen Seins gegenüber.

348 *Max Scheler (1874–1928)*   Mit dem Tiere verglichen, das immer »Ja« zum Wirklichsein sagt – auch da noch, wo es verabscheut und flieht –, ist der Mensch der »Neinsagenkönner«, der »Asket des Lebens«, der ewige Protestant gegen alle bloße Wirklichkeit.

349 *Wilhelm Keller (*1909)*   Der Mensch ist ein solches Wesen, daß das Sein ihm nicht einfach geschenkt ist, dergestalt, daß er dann diesem seinem Sein überlassen wäre und von ihm getragen würde; sondern das Sein des Menschen ist ein solches, daß es selbst ständig sich erst gewinnt, sich vollzieht und zu sich aufspringt: dieses Sein ist gar nichts anderes als das Sich-aus-ihm-her-zu-sich-selbst-Bringen dieses Seins.

350 *Jean Mouroux (20. Jahrhundert)*   Der Mensch ist niemals »an sich« und niemals unbeteiligt. Er kann nicht ein zusammenhangloses Bündel von Strebungen, Erwählungen und Entscheidungen sein.

351 *Norbert Hinske (*1931)*   Denn der Mensch ist in der eigentümlichen Lage, daß er nicht wie das Tier von Natur festgelegt ist; daß er zwischen einer Vielzahl von Möglichkeiten zu wählen hat; daß er den Sinn seines Menschseins im ganzen – um es heutig auszudrücken – selbst entwerfen und übernehmen muß. Er muß selber, (und mit sich selber) ausmachen, was sein »letztes Ziel« (ultimus finis) ist; worin er als Mensch letztlich seine Erfüllung finden, letztlich »glücken« wird...

352 *Michael Landmann (1913–1984)*   Der Mensch ist frei, seine höchste Möglichkeit selbst zu verwirklichen. Dazu muß er freilich diese Möglichkeit, muß er seine »Bestimmung« kennen: ein Bild des wahren Menschen muß vor ihm schweben.

353 *Eugen Fink (1905–1975)*   Der Mensch ist eben nicht nur formell »ein Verhältnis zum Sein als Sein«, er ist dies in der Seinsweise der Liebe und des Kampfes, der Arbeit und des Spiels.

354 *Wilhelm Heinen (*1909)*   Der Mensch ist weder in seinem Sein noch in seiner Liebe a se, sondern ab alio, d. h. er stammt von Gott und hat in ihm sein Ziel.

355 *Gerhart Hauptmann (1862–1946)*   Jeder Mensch, richtig erkannt, ist ein bedeutender Mensch.

356 *David G. Cooper (*1931)*   Der Mensch ist niemals das Bedeutete, nicht einmal das von Gott Bedeutete.

357 *Emil Brunner (1889–1966)*   Der Mensch ist aus dem Sein-in-Gott, aus dem Sein-von-Gott-her, nicht aus dem eigenen Können zu verstehen.

358 *Helmut Thielicke (1908–1986)*   Der Mensch ist kein Seiendes, das durch irgendwelche »Eigenschaften« – wie Vernunft, Gewissen, aufrechter Gang usw. – zu einem privilegierten Wesen würde. Seine Würde und Unantastbarkeit beruht vielmehr darauf, daß es aus den Händen des Schöpfers entlassen wird, daß diese Hände sich über seinem Leben breiten und es geleiten, bis es wieder zu dem gelangt, der es ins Leben entließ.

359 *Emil Brunner (1889–1966)*   Der Mensch ist von Gott so geschaffen, daß der Charakter seines Seins ganz und gar durch das Gottesverhältnis bestimmt ist.

360 *Marcel Légaut (*1900)*   Der Mensch ist größer als das Idol, das er sich geschaffen hat, auch wenn er nicht darum weiß: wenn dieses Idol in ihm auch den Sinn für das Heilige stärkt, so bleibt es doch nur der Gott seiner zeitweiligen Bedürfnisse und nicht der Gott seines Seins.

361 *Emil Brunner (1889–1966)*   Der Mensch allein ist geistiges *Subjekt, wie Gott*. Er steht als Geist der ganzen Welt gegenüber als ein nicht-welthaftes Sein.

362 *Emil Brunner (1889–1966)*   Der Mensch ist das »theo-logische« Wesen, die Kreatur, deren Eigentümliches das Sein-im-Wort-Gottes ist, dessen Größe und dessen Elend, dessen Bestimmung und dessen Schuld, dessen Möglichkeiten und Grenzen, dessen Freiheit und Gebundenheit, dessen Sinn und Sinnwidrigkeit nur von dort her, von jenem Ursprung her richtig gesehen werden kann.

363 *Paul Valéry (1871–1945)*   Der Mensch ist ein Wesen, das verschwendet werden muß: sei's durch die andern, sei's durch sich. Und das ist, was man seinen *Wert* nennt. Sieht man von diesem Wert ab, so ist der Mensch nichts.

364 *Deutsches Sprichwort*   Der Mensch ist (gleicht) ein(em) Pfennig; bald gilt er viel, bald wenig, bald gar nichts.

365 *Erich Kästner (1899–1974)*   Der Mensch ist, ich glaube, 1,87 RM wert. Falls Shakespeare klein und nicht sehr dick gewesen sein sollte, hätte er vielleicht nur 1,78 RM gekostet.

366 *Deutsches Sprichwort*   Der Mensch ist ein Trödelmarkt.

367 *Theodor Bovet (1900–1976)*   Vielmehr ist der Mensch – wir alle – mit der Rettung der Welt beauftragt, indem wir in ihr wirken wie der Sauerteig im Brot.

Fragen – Sprechen

368 *Theophrastus Paracelsus (1493–1541)*   Darum sollen wir nit wie das Vieh reden, sondern wie ein Mensch; der Mensch ist nichts, allein Gott lehre ihn seine Weisheit.

369 *Friedrich Maximilian Klinger (1752–1831)* Der Mensch ist nie natürlich beredter, als wenn er von sich selbst spricht.

370 *Friedrich Christoph Oetinger (1702–1781)* Ein jeder Mensch ist ein Formierer seiner Worte aus einem freien Willen – die kann er aus sich aussprechen, wie er will.

371 *Jürgen Rausch (*1910)* Der Mensch ist nur bestimmt, wenn er sich ausdrückt. In Mitteln drückt er sich aus. Man nehme das so wörtlich, als ob ich von Sekreten spräche.

372 *Robert Musil (1880–1942)* Der Mensch, recht eigentlich das sprechende Tier, ist das einzige, das auch zur Fortpflanzung der Gespräche bedarf.

373 *Albert Schweitzer (1875–1965)* Der Mensch ist ein Organismus, der sich mitteilt. Seine Vollkommenheit besteht in vollkommenster Selbstmitteilung.

374 *Erich Rothacker (1888–1965)* Der Mensch ist wesensnotwendig ein *schauendes Wesen* und wohl betrachtet auch ein sprechendes Wesen, aber noch nicht notwendig ein begrifflich denkendes Wesen.

375 *Hans-Eduard Hengstenberg (*1904)* Der Mensch ist das ansprechbare und ständig angesprochene Wesen, das sich einer Antwort nicht entziehen kann; sein ganzes Sein ist worthafter Struktur.

376 *Hans-Joachim Iwand (1899–1960)* Der Mensch ist im Allerinnersten worthaft.

377 *Jürgen Rausch (*1910)* Der Mensch ist *auch,* aber nicht im Grunde ein mögliches Objekt der Erkenntnis, sondern Sprache des Geheimnisses, Märtyrer, Ebenbild, Darsteller, Vergegenwärtiger. Aber nur, weil er Sprache ist, hat er Sprache; weil er Ebenbild ist, schafft er Bilder.

378 *Evangelischer Erwachsenenkatechismus* Der Mensch ist sprachlich verfaßt. Im Raum der Sprache kann er sich selbst finden, mit anderen Gemeinschaft haben und auch Nichtsprachliches verstehen.

379 *Heinz Zahrnt (*1915)* Der Mensch ist ein sprechendes Wesen, und eben darin erweist er sich als ein geistiges Wesen.

380 *Max Müller (*1906)* Der Mensch ist das Wesen des Versprechens. Warum ist er nicht, was er verspricht?

381 *Walter Strolz (*1927)* Der Mensch ist der Aufzeigende im unbegrenzten Spielraum dessen, was es gibt, weil er allein etwas benennen und rufen und als be-deutungsvoll um sich versammeln kann.

382 *George G. Simpson (*1902)* Mehr als andere Tiere ist der Mensch zu Überlegungen fähig und verbessert rational die adaptive Natur seines Verhaltens.

383 *Ludwig Binswanger (1881–1966)* »Der Mensch« ist kein ens praedicabile, von dem man diese oder jene »Eigenschaften« einfach aussagen kann, und der auch ohne diese Eigenschaften »an und für sich« noch Etwas oder Einer wäre, sondern er ist immer das, als was oder woraufhin er jeweils angesprochen wird.

384 *Walter Strolz (*1927)* Die Natur und den Menschen, der sich *zu* ihr verhalten kann, bewegt der An-ruf *einer* Herkunft und eines *einzigen* Geschicks, dessen Stimme und Botschafter nur der Mensch ist und sein kann.

385 *Heimito von Doderer (1896–1966)* *Der Mensch ist universal gemeint,* wenn auch nicht nach allen Seiten fähig, so doch von allen Seiten *ansprechbar.*

386 *Walter Strolz (*1927)* Und dadurch, daß jeder Mensch *Träger eines Namens* ist, ist jedermann ein Einzig-artiger, obwohl er sich

verwandelt und erst mit den Jahren der Erfahrung seines Geschicks entgegenreift.

387 *Johannes Schwartländer (*1922)*   Der Mensch ist unabweislich von einem Unbedingten her in Anspruch genommen, und diesem gilt notwendig sein Fragen.

388 *Emil Brunner (1889–1966)*   Der Mensch ist nicht nur der, der fragen kann, weil er Subjekt ist, sondern der fragen muß, den das Nochnichtwissen ebenso wie das Nochnichtsein bedrängt. Ob er will oder nicht, er muß irgendwie über sich hinausgreifen, sich selbst transzendieren, er muß sein Denken, Wollen und Schaffen an etwas messen, das ihm überlegen ist.

389 *Heinz Zahrnt (*1915)*   Der Mensch ist getrennt vom Grund und Sinn des Seins, er existiert im Stande der Entfremdung – darum fragt er nach dem wahren Sein.

390 *Georg Simmel (1858–1918)*   Der Mensch ist das suchende Wesen schlechthin. Das ist mehr als »Wille«.

391 *Emil Brunner (1889–1966)*   Der Mensch ist nicht bloß das, was er ist, sondern zu seinem eigentümlichen Sein gehört gerade auch jenes Inwendig-Überlegene, das ihm fordernd oder ihn bedrängend »gegenüber« steht.

392 *Paul Ricœur (*1913)*   Aber der Mensch ist in seinem tieferen Grund einer, der Probleme stellt, der Fragen aufrollt – und wär's, daß er gerade die Stützen dieser Gesellschaft in Frage stellt, die ihn auffordert, sich auf unkritische Weise an ihre Regelung der Arbeit, des Eigentums, des Rechts, der Freiheit, der Kultur anzupassen.

393 *Karlfried Graf Dürckheim (*1896)*   Der Mensch ist dialogisch gebaut. Menschliches Leben vollzieht sich als Anruf und Antwort.

394 *Martin Buber (1878–1965)*   Der Mensch ist um so personhafter, je stärker in der menschlichen Zwiefalt seines Ich das des Grundworts Ich-Du ist.

395 *Hans-Eduard Hengstenberg (*1904)*   Der Mensch ist das ansprechbare Wesen. Er vernimmt den »An-Spruch« der Dinge. Er antwortet.

396 *Emil Brunner (1889–1966)*   Der Mensch muß zuerst theologisch definiert werden, erst nachher mögen der Philosoph, der Psychologe und der Biologe ihren Spruch tun. Das Menschsein des Menschen ist keine bloß humane, sondern eine »theologische« Angelegenheit; der Mensch ist nicht in sich selbst, nicht aus der Vernunft, die in ihm ist, verständlich. Er ist verständlich einzig und allein aus seinem Gegenüber, aus dem Wort seines Schöpfers.

397 *Romano Guardini (1885–1968)*   Der Mensch ist der zum Hörer des Welt-Wortes Bestellte. Er soll auch der Antwortende sein.

398 *Karl Barth (1886–1968)*   Der Mensch ist das von Gott angeredete, angerufene und aufgerufene geschöpfliche Wesen. Er ist unter allen anderen das Wesen, von dem wir wissen, daß Gott sich ihm direkt bekannt macht: sich selbst und seinen Willen mit ihm und eben damit auch den Sinn und die Bestimmung seines eigenen Daseins. Der Mensch *ist* dieses von Gott angeredete Wesen. Er wird es also nicht erst nachträglich.

399 *Zenta Maurina (1897–1978)*   Der Mensch ist nicht der Befehlsempfänger Gottes, sondern Mitschöpfer und daher mitverantwortlich für alles, was geschieht und auch für alles, was nicht geschieht.

400 *Emil Brunner (1889–1966)*   Der Mensch ist und bleibt der, der in Gottes Wort sein Wesen und seinen Bestand hat, darum, und darum allein, verantwortlich.

401 *Friedrich Gogarten (1887–1967)* Der Mensch ist dasjenige Wesen, das nicht anders als in Verantwortung leben kann. Er muß antworten. Darin allein hat er sein Leben.

402 *Emil Brunner (1889–1966)* Der Mensch ist immer und überall die verantwortliche Person, deren Konstitution immer und überall auf die Gottesbeziehung und auf die Gemeinschaft mit den anderen hinweist. Der Mensch schlechthin, welcher Rasse, welchen biologischen Ursprungs auch immer, ist allüberall und zu allen Zeiten, wo er uns entgegentritt, derselbe, mit denselben Grundkonstanten seines Wesens als Humanus, immer überall das Wesen, das der Humanität, der Zivilisation und Kultur fähig ist, das Wesen, das spricht und das ein Gewissen hat.

403 *Emil Brunner (1889–1966)* Der Mensch ist: das verantwortliche Wesen

IV. Homo faciendum – Der Werdende und Weltoffene

*Der Mensch in der Zeit * Geschichte – Kultur * Erziehung*

Wie Sein und Werden sich zueinander verhalten, ist ein klassisches metaphysisches Problem. Während der griechische Philosoph Parmenides das Werden im Sein untergehen läßt, stellt Heraklit das Werden über das Sein und folgert: »Alles fließt«.

In diesen Strom des Werdens und Vergehens findet sich der Mensch unvermittelt hineingestellt. Die Erfahrung, daß etwas »zu früh« oder »zu spät« geschehen kann, gibt ihm dabei oft Anlaß zur »Sorge«. Doch erfährt der Mensch nicht nur passiv, wie sich die Dinge um ihn herum verändern und der Horizont der Zeit sich zur »Geschichte« verdichtet, er befindet sich auch in beständigen Prozessen von der Wirklichkeit zur Möglichkeit. Dies als Person (Ontogenese) wie auch als Gattung (Evolution).

In seinem Werden ist der Mensch zudem beeinflußt durch Anlage und Umfeld. Wie stark durch das Erbgut vorgegebene Programme – etwa die sogenannten »Instinkte« – die Lebensabläufe des einzelnen beeinflussen, und bis zu welchem Grad der Mensch durch Milieu und Erziehung formbar ist, hat unmittelbare Auswirkungen auf die Möglichkeiten, die er in seinem Leben ergreifen kann. Freiheit kann sich deshalb nur in diesem Wechselspiel entfalten.

Der Mensch in der Zeit

404 *Epiktet (um 50 n. Chr.)*   Der Mensch hat außer dem, daß er von Natur aus hochherzig ist und über alles hinwegsehen kann, was nicht von seinem Willen abhängig ist, noch den Vorzug erhalten, daß er nicht festgewurzelt ist, nicht am Boden angewachsen ist, sondern daß er gehen kann, wohin und zu wem ihn entweder gewisse Bedürfnisse drängen, das andere Mal nur zu seinem Vergnügen.

405 *Theophrastus Paracelsus (1493–1541)*   Aber allein der Mensch ist nicht so, der kann aus Nerone ein Pius werden, aus einem Wolf ein Schaf und dergleichen usw.

406 *Jacob Böhme (1575–1624)*   Also ist auch der Mensch aus der Zeit und auch aus der Ewigkeit, und stehet auch in dreyen Dingen, als in Sulphure, Mercurio und Sale; in zweyen Theilen, als eines aus der Zeit, als der aeussere Leib, und das andere in der Ewigkeit, als die Seele.

407 *Friedrich Heinrich Jacobi (1743–1819)*   Der Mensch ist unausgesetzt bemüht, sich vom Stoffe zur Form, von der Wirklichkeit zur Möglichkeit, von der Welt zu Gott zu erheben.

408 *Theophrastus Paracelsus (1493–1541)* So ist der Mensch ebenso inmitten der Welt und ist wie ein Hafen umfangen und umgeben, der mitten in einem Dreifuß steht und unten und oben und im ganzen Zirkel nichts als Feuer ist.

409 *Friedrich Heinrich Jacobi (1743–1819)* Der Mensch ist ein *strebendes* Geschöpf; er empfindet in der Zeit, die nie still steht, keinen eigentlichen Moment.

410 *Ivan Sviták (*1925)* Der Mensch ist der Zeitraum in Bewegung / rotierendes und expandierendes All jetzt und hier.

411 *Dietrich Bonhoeffer (1906–1945)* Der Mensch ist in seinem Wesen Aktbewegung, eben weil er erst durch jeweilige Begrenzung zu seinem Wesen kommt.

412 *Arno Plack (*1930)* Der Mensch lebt nicht einfach in der Zeit; er ist selbst ein so zeitliches Wesen, daß er endgültig Abgeschlossenes schwer erträgt. Er *will* Sisyphos sein.

413 *Max Müller (*1906)* Der Mensch hat eine andere Zeit als das Tier, weil er das Wesen ist, das sich selbst Zeit nimmt und Zeit gibt, das seine Zeit bestimmt und sich nicht einfach die Zeit geben läßt.

414 *Jean Améry (1913–1978)* Ich glaube nur schlichteste Tatsachen festzustellen, wenn ich sage, daß der Mensch als Träger von Zeitlichkeit und der in ihr sich vollziehenden Freiheit eine seltene Erscheinung ist. Ich sage »ist« – und schon werde ich gewahr, daß es heißen muß: bislang eine seltene Erscheinung *war*.

415 *Karl Barth (1886–1968)* Der Mensch ist nur, indem er in seiner Zeit ist. Er wird auch im ewigen Leben in seiner Zeit sein: er wird nämlich der sein, der er dann, wenn keine Zeit, sondern nur noch Gottes Ewigkeit sein wird, endgültig geborgen in Gott, in seiner Zeit gewesen sein wird. Wie er die Seele seines Leibes ist, so ist er in seiner Zeit. Man könnte geradezu sagen: seine Zeit ist er selber in der Folge seiner Lebensakte, und er selbst ist seine in der Folge seiner Lebensakte sich erfüllende Zeit.

416 *Emil Brunner (1889–1966)* Der Mensch ist bei sich nicht zu Hause; er hält es mit sich, so wie er ist, nicht recht aus. Er will der

sein, sich auswirken als der, der er ist, und will doch auch gerade der nicht sein, der er ist. Darum drapiert er sich mit seinen Idealen.

417 *Max Scheler (1874–1928)* Der Mensch ist das X, das sich in unbegrenztem Maße »weltoffen« verhalten kann. Menschwerdung ist Erhebung zur Weltoffenheit kraft des Geistes.

418 *Michael Landmann (1913–1984)* Der Mensch ist das Offene, das sich selbst schließt, das Problem, das sich selbst löst. Aber er hat nicht nur *eine* Lösung, sondern tausende, wie ein Proteus nimmt er bald diese, bald jene Lösungsgestalt an und tritt uns immer nur in der Gestalt einer bereits geschichtlich besonderen Lösung entgegen.

419 *Bettina von Arnim (1785–1859)* Der Mensch ist nicht, er wird erst. Der Mensch ist noch nicht geboren, er keimt erst. Der Mensch ist noch im Mutterleib, und sein Denken ist schlafendes Saugen der unreifen Frucht.

420 *Hermann Keyserling (1880–1946)* Wohl ist der Mensch das problematische, das niemals stillstehende, das auf den Daseinsebenen von Geist und Seele ebenso wandelbare und plastische Tier, wie es die Amöbe, die ihre Organe Mal für Mal ad hoc bildet, auf derjenigen des Körpers ist.

421 *Erich Blechschmidt (*1904)* Ein Mensch wird nicht Mensch, sondern ist ein Mensch, und zwar in jeder Phase seiner Entwicklung.

422 *Jean-Paul Sartre (1905–1980)* Der Mensch ist dauernd außerhalb seiner selbst; indem er sich entwirft und indem er sich außerhalb seiner selbst verliert, macht er, daß der Mensch existiert, und auf der andern Seite, indem er transzendente Ziele verfolgt, kann er existieren; der Mensch ist diese Überschreitung und erfaßt die Gegenstände nur in Beziehung auf diese Überschreitung, und so befindet er sich im Herzen, im Mittelpunkt dieser Überschreitung.

423 *Hans-Joachim Schoeps (1909–1980)*   Der Mensch ist ein Werdender, der stufenweise erst er selber wird – in Qualen des Leides und in Aufschwüngen der Schöpferfreude. Er wird er selber in der Richtung auf die Idee des Menschen hin, und dieses Werden ist sein Sein.

424 *Emil Brunner (1889–1966)*   Der Mensch ist nicht bloß das, was er ist; er ist das Wesen, das sich selbst erst sucht.

425 *Bettina von Arnim (1785–1859)*   Der Mensch ist im Strome des Geistes ein Punkt, den Welle auf Welle dahinrauschend ausfüllt und nur im Augenblick des Vorüberfließens in diesem Punkt die Gestalt annimmt, die das Bette bedingt.

426 *Lew Nikolajewitsch Tolstoj (1828–1910)*   Aber der Mensch ist alles, alle Möglichkeiten zugleich, er ist ein fließender Stoff.

427 *Eugen Fink (1905–1975)*   Der Mensch ist das zeithafteste Wesen, sofern er nicht nur wie die anderen endlichen Dinge *in* der Zeit treibt, in ihrem Fluß verfließt, sondern sich verstehend *zu* diesem Fließen, das alles herbringt und alles wegnimmt, ausdrücklich verhält.

428 *Hermann Hesse (1877–1962)*   Der Mensch, so fühlen wir bei solchen mächtigen Worten, ist nicht Tier, er ist überhaupt nichts Festes, Gewordenes und Fertiges, nichts Einmaliges und Eindeutiges, sondern etwas Werdendes, ein Versuch, eine Ahnung und Zukunft, Wurf und Sehnsucht der Natur nach neuen Formen und Möglichkeiten.

429 *Michael Landmann (1913–1984)*   Der Mensch aber ist, so wie immer das Unspezialisiertere wandelbarer und damit zukunftsvoller bleibt, katastrophenhärter als alle höheren Tiere. Und zwar ist er es vermöge sozusagen einer neuen Methode der Katastrophenbegegnung. Er nämlich untersteht nicht mehr der Tyrannis artgebundener Lebensgewohnheiten: er bestimmt seine Gewohnheiten selbst.

430 *Abraham a Sancta Clara (1644–1709)* Der Mensch ist gleich dem Mondschein, welcher von seiner Erschaffung an niemals in einem Stand und Bestand gestanden, sondern sich alle Minuten verändert.

431 *Günter Altner (20. Jahrhundert)* In Übereinstimmung mit und im Aufbruch von sich selbst ist der Mensch nie das allein, was er immer schon war, sondern in aller Kontinuität des Gewesenen etwas Neues und Besonderes. Die Exzentrizität seines Wesens befähigt den Menschen, sich aus dem Kreislauf organischen und tierischen Seins herauszuschrauben auf jenes Niveau, das die Sonderstellung des Menschen begründet.

432 *Arnold Gehlen (1904–1976)* Der Mensch ist das noch nicht festgestellte Tier, er ist irgendwie nicht »festgerückt«. Er ist, wie wir auch sagten, ein Wesen, welches in sich eine *Aufgabe* vorfindet – und gerade deshalb braucht er eine Deutung seiner selbst, um die es immer gegangen ist und auch hier geht.

433 *Abraham a Sancta Clara (1644–1709)* Der Mensch ist gleich dem Aprilenwetter, welches bald schön, bald wild, bald warm, bald kalt, bald trucken, bald naß, bald Sonnen, bald Regen, bald Hitz und bald Kält, bald Riesel, bald Schnee, bald Blumen, bald Klee.

434 *David Herbert Lawrence (1885–1930)* Der Mensch ist veränderlich, und mit ihm ändert sich auch die Bedeutung der Wörter; die Dinge sind nicht, was sie scheinen; der wirkliche Sachverhalt ändert sich, und wenn wir glauben, wir wüßten, wo wir stehen, dann kommt es nur daher, weil wir so schnell anderswohin versetzt wurden.

435 *David G. Cooper (*1931)* Der Mensch ist fähig, zu tun oder nicht zu tun, was an ihm getan worden ist, selbst wenn er sich in seiner Verdinglichung nicht erkennt.

436 *Heinrich Böll (1917–1985)* Der Mensch, das scheint die Literatur besser zu wissen als die Wissenschaft, ist nie fertig und wird nie fertig; Schmerz und Freude jedes Lebensabschnittes reichen in alle anderen hinein, und die Menschen, die »mit dem Leben fertig werden«, sind eigentlich Unmenschen.

437 *Michael Landmann (1913–1984)* Das Tier, könnte man sagen, wird von der Natur selbst bereits vollendet. Sein Leben ist gleichsam nur die Aufführung einer schon vorkomponierten Symphonie. Der Mensch dagegen ist eine von der Natur nur halbvollendete Schöpfung, ist eine unvollendete Symphonie.

438 *Wolfgang Trillhaas (*1903)* Der Mensch ist der geborene Grenzüberschreiter. Er kann, was kein vergleichbares Lebewesen kann, weinen, lachen und sich schauspielerisch verstellen, bis zum Tier absinken, bis zum Heiligen aufsteigen und vermittels der Technik in Räume vorstoßen, in denen die Fallgesetze nicht mehr gelten.

439 *Martin Buber (1878–1965)* Der Mensch ist die Potentialität in ihrer faktischen Beeinträchtigung.

440 *Dietrich Bonhoeffer (1906–1945)* Der Mensch ist stetig seine Möglichkeit.

441 *Max Müller (*1906)* Der Mensch ist die absolute Möglichkeit, er ist nicht das Absolute. Denn er ist endlich, der dauernd zum absoluten Ursprung Zurückgehende, zur Urtradition und zum absoluten Ende, zum Eschaton, zum Urziel Vorgehende. Er ist zwischen dem Absoluten, dieses »Zwischen« als seinen Raum präsentierend. Er ist die absolute Möglichkeit.

442 *Jürgen Rausch (*1910)* Der Mensch ist weder das Individuum noch ein bloßer Begriff. Er ist der Inbegriff der Möglichkeiten, die sich in den Pendelschlägen der Geschichte durch alle Wandlungen des Selbstbewußtseins verwirklichen.

443 *Alexis Carrel (1873–1944)* Jeder Mensch ist etwas Flüssiges, das fest wird, ein abnehmbarer Schatz, eine werdende Geschichte, eine Persönlichkeit, die langsam erschaffen wird.

444 *Hans-Eduard Hengstenberg (*1904)* Der Mensch ist von der Pflicht zur Sachlichkeit zu keinem Zeitpunkt seines bewußten Verhaltens entbunden.

445 *Lew Nikolajewitsch Tolstoj (1828–1910)* Der Mensch ist ein Wesen außerhalb der Zeit und des Raumes, er sieht sich aber in Bedingungen von Zeit und Raum gestellt.

446 *Adolf Portmann (1897–1982)* Der Mensch ist von jeher – wenn etwas ihn kennzeichnet – immer der Vorausschauende, der um die Zukunft Besorgte, eben: der Planende.

447 *Maksim Gorkij (1868–1936)* Der Mensch – jeder von uns – ist das Ergebnis von Voraussetzungen der Vergangenheit und eine notwendige Voraussetzung für die Zukunft.

448 *Ivan Sviták (*1925)* Der Mensch ist der Schatz der Zeit / blühendes Sein, das sich Zukunft nennt / Wachstum aus dem Innern der Änderung / Flug der Sekunden, Scharen von Augenblicken, die zum Tode streben.

449 *Hans Peter Richter (*1925)* Der Mensch ist nicht nur auf seine nächste Umwelt beschränkt. Im Gegensatz zum Tier hat er Weite: für ihn gibt es eine Vergangenheit und eine Zukunft; er kennt ein Diesseits, aber auch ein Jenseits. Eine ganze Welt bezieht er in sein Ich mit ein. Diese Weite ist das Besondere an ihm, und diese Weite bestimmt auch sein Handeln: Der Mensch schlägt nicht nur zu, wenn ihn eine Mücke ärgert, er hilft auch, wenn er erfährt, daß fern von ihm in einem anderen Erdteil jemand hungert.

450 *Georg Simmel (1858–1918)* Daß der Mensch das Wesen ist, das zu den Problemen schlechthin, aber nicht zu den Lösungen schlechthin kommt, hängt damit zusammen, daß er darauf ange-

wiesen ist, zu handeln, als ob er die Zukunft sicher kennte – und sie doch nicht einen Schritt weit sicher kennt.

451 *Roger Garaudy (*1913)* Der Mensch ist Blick nach vorn, Bewegung nach vorn. Die Welt zu verwandeln: nicht das Kommende vorhersagen, sondern die Zukunft erfinden.

452 *Gudrun Diem (20. Jahrhundert)* Der Mensch ist der Zukünftige, weil er das Wesen der Möglichkeit ist.

453 *Hans-Joachim Iwand (1899–1960)* Der Mensch – ist das nicht doch Name und Begriff einer letzten, einer von uns aus nicht mehr zu fassenden, einer uns selbst hebenden und tragenden Hoffnung?

454 *Joseph Ratzinger (*1929)* Der Mensch ist als ein Ich zwar ein Ende, aber die Richtung der Seinsbewegung und seiner eigenen Existenz erweist ihn zugleich als ein Gebilde, das in ein »Über-Ich« hineingehört, welches ihn nicht auslöscht, aber umgreift; erst in solcher Vereinigung kann die Form des zukünftigen Menschen erscheinen, in der das Menschsein ganz am Ziel seiner selbst sein wird.

455 *Karl Barth (1886–1968)* Der Mensch, über dessen Zeitlichkeit wir uns zu verständigen haben, ist das Geschöpf, dessen Verhältnis zu Gott uns in Gottes Wort offenbar ist: dessen Sein die Geschichte ist, in der er, von Gott selbst erwählt und aufgerufen, in seiner Selbstverantwortung vor ihm begriffen und das dementsprechend ein Sein in der Begegnung ist: der Begegnung des Menschen mit seinem Mitmenschen.

456 *Hans-Joachim Iwand (1899–1960)* Der Mensch ist nicht der in der Endlichkeit befangene, sondern eben der vom Idealismus ausgebildete Wissensbegriff zeigt ihn als den an die Unendlichkeit ausgelieferten.

457 *Hans-Eduard Hengstenberg (*1904)* Der Mensch ist das Wesen, das ein Verhältnis zur Unendlichkeit hat. Er kann eine potentielle Unendlichkeit denken: quantitativ unendliche Größe und quantitativ unendliche Kleinheit; er kann eine unendliche Zahl der Schritte denken in einer unendlichen Dezimalzahl und in der Infinitesimalrechnung. Er vermag das Unbegrenzte in Raum und Zeit zu denken.

458 *Jean Améry (1913–1978)* Der Mensch, und nur er, ist fähig und manchmal willens, den Prozeß seiner Werdung rückgängig zu machen und einzukehren in die Vergangenheit: die Zeit, in der er noch nicht war. Der Selbstmord erscheint mir als Wesensmerkmal des Menschlichen, gleich der Gott-Schöpfung und dem Sein-in-die-Zukunft. Der Mensch ist also temporal nach beiden Richtungen: Er schafft Gott nach seinem Ebenbilde und nach dessen Ebenbild wieder sich selber in einem unendlichen Prozeß, der sich weiter und weiter nach vorn hinaus in die Zeit erstreckt; und er kann rückwärts in die Zeit schreiten, indem er sich auslöscht.

Geschichte – Kultur

459 *Elias Canetti (*1905)* Der Mensch ist so ewig, als es ihm um das Ewige zu tun ist, – wenn er nicht darin ertrinkt.

460 *Eugen Fink (1905–1975)* Der Mensch ist in die Zeit versetzt, nicht wie in ein fremdes Element, er ist das zeithafteste Wesen; wir sind zu Hause hier im Reich des Schwindens, des unablässigen Kommens und Gehens; wir wissen mit dem sichersten Wissen überhaupt, das wir besitzen können, daß wir dem Tod gehören, daß wir ihm entgegengehen, wohin auch immer wir die Schritte wenden. Wir sind die Sterblichen.

461 *Joseph Ratzinger (*1929)* Der Mensch ist zwar einerseits schon ein Ende, das nicht mehr rückgängig gemacht, nicht mehr eingeschmolzen werden darf, und doch ist er im Nebeneinander der einzelnen Menschen noch nicht am Ziel, sondern erweist sich

gleichsam als ein Element, das nach einer Ganzheit verlangt, die es umgreift, ohne es zu zerstören.

462 *Michael Theunissen (*1932)*   Der Mensch ist endliche Unendlichkeit und unendliche Endlichkeit.

463 *Novalis (1772–1801)*   Der Mensch ist ein sich selbst gegebenes historisches Individuum.

464 *Hermann Levin Goldschmidt (*1914)*   Was ist der Mensch? Bei aller Verwandtschaft mit der Pflanze und dem Tier ein in jedem Fall jeweils ganzer Mensch selbständiger Mitwirkung am Geist, das heißt Geschöpf der Natur als Wachstum sowie Schöpfer der Kultur als Werktum. Dort Dasein im Kreislauf der Vergänglichkeit, hier Gestalter der Geschichte: Vergangenheit zu überliefern und sie in der Gegenwart zu bewahren, Zukunft weiterzuführen imstande.

465 *Emil Brunner (1889–1966)*   Der Mensch ist eine der letzten Neuigkeiten der Erdgeschichte.

466 *Hans-Joachim Schoeps (1909–1980)*   Der Mensch ist in aller Geschichte werdend; jeder Mensch vollzieht als Individuum sogar ein Stück der Menschheitsgeschichte in sich nach.

467 *Immanuel Hermann Fichte (1796–1879)*   Der Mensch ist, in wesentlicher Unterscheidung von allen (bloß) lebendigen und eben damit der Natur verhafteten Wesen, geschichtsbildendes Prinzip.

468 *Ludwig Feuerbach (1804–1872)*   Der Mensch ist ein Produkt des Menschen, der Kultur, der Geschichte.

469 *Franz Marc (1880–1916)*   Der Mensch ist nicht Gott genug, Geschichte zu wollen. Aber er macht sie.

470 *Evangelischer Erwachsenenkatechismus* Der Mensch ist ein geschichtliches Wesen. Geschichte gibt es, weil es den Menschen gibt.

471 *Michael Landmann (1913–1984)* Der Mensch ist eine Gleichung mit Variablen, die jeweils erst von der Geschichte konkret vereindeutigt werden.

472 *Alfred Döblin (1878–1957)* Der Mensch ist in seiner unvollständigen Individuation am Weltablauf beteiligt.

473 *Gerhart Hauptmann (1862–1946)* Der Mensch ist des Menschen Zeuge und Zeugnis.

474 *Emerich Coreth (*1919)* Wie der Mensch Gemeinschaftswesen (ens sociale) ist, so ist er auch das geschichtliche Wesen (ens historicum).

475 *Helmut Thielicke (1908–1986)* Der Mensch begegnet sich selbst in der Geschichte nur deshalb, weil er als Vollstrecker der Vorsehung selbst in sie eingebaut ist.

476 *Alexis Carrel (1873–1944)* Jeder Mensch ist an diejenigen gebunden, die vor ihm und nach ihm sind; er vermischt sich gewissermaßen mit ihnen.

477 *Ivan Sviták (*1925)* Der Mensch ist Gefangener der Geschichte, doch sein Aufstand gegen die Geschichte schafft Geschichte.

478 *Alexis Carrel (1873–1944)* Der Mensch ist gelebte Geschichte, und deren Länge, nicht so sehr die Zahl der Jahre, drückt den Reichtum seines inneren Lebens aus.

479 *Michael Landmann (1913–1984)* Der Mensch ist das geschichtlich variable Wesen: von Volk zu Volk, von Kultur zu Kultur, von Zeitalter zu Zeitalter gibt er sich wieder ein anderes Gesicht. Deshalb hat man gesagt: allgemeine, überdauernde, »ontologische«

Strukturen des Menschen als solchen gibt es nicht. Ihn auf solche festlegen zu wollen wäre eine Statisierung, eine Verkennung seiner geschichtlichen Bewegtheit, seiner Offenheit, seiner Möglichkeitsfülle.

480 *Der große Brockhaus (1955)* Daß der M[ensch] ein geschichtl. Wesen ist, bedeutet eine bis ins Innerste gehende Formung durch überlieferte Fertigkeiten, Künste, Wissenschaften, Sitten, Rechtsanschauungen und Werthaltungen, zu denen er sich kritisch verhält, die er ergänzt, anreichert, vereinfacht, kompliziert, umbildet und verändert.

Hinzu kommt die Fähigkeit, sich einen andersartigen Zustand vorzustellen und diesen bewußt zu planen, Ziele und Zwecke zu setzen – die produktive Phantasie und der Wille. Höhere Tiere lassen Hoffnungen und Befürchtungen erkennen, nur der M. ›hat Zukunft‹.

481 *Immanuel Kant (1724–1804)* Alle Fortschritte in der Kultur, wodurch der Mensch seine Schule macht, haben das Ziel, diese erworbenen Kenntnisse und Geschicklichkeiten zum Gebrauch für die Welt anzuwenden; aber der wichtigste Gegenstand in derselben, auf den er jene verwenden kann, ist der *Mensch*; weil er sein eigener letzter Zweck ist.

482 *Friedrich Schlegel (1772–1829)* Der Mensch ist der höchste Versuch des irdischen Elements, zur verlornen Freiheit zurückzukehren, daher ist diese Produktion von der Mutter freigegeben und ihrer eigenen Leitung überlassen.

483 *Emil Brunner (1889–1966)* Der Mensch ist nicht um der Kultur willen da, er ist nicht Mittel zum Zweck, sondern Selbstzweck, eben darum und insofern, als er Person, dubezogenes und dugebundenes Selbst ist.

484 *Maksim Gorkij (1868–1936)* Der Mensch, der Schöpfer der Kultur, ist gleichzeitig auch ihr Sinn.

485 *Immanuel Kant (1724–1804)*   Der Mensch ist durch seine Vernunft bestimmt, in einer Gesellschaft mit Menschen zu sein und in ihr sich durch Kunst und Wissenschaften zu *kultivieren,* zu *zivilisieren* und zu *moralisieren* . . .

486 *Ludwig Feuerbach (1804–1872)*   Die Natur ist das von der *Existenz ununterschiedene,* der Mensch das von der Existenz sich *unterscheidende Wesen.*

487 *Adalbert Stifter (1805–1868)*   Der Mensch ist als Mensch auf der Welt, er hat einen freien Willen, mit dem er sich gut und glücklich machen und mit dem er sich auch zugrunde richten kann, er hat hiezu ein Gewissen, welches ihm ohne Ausnahme vorschreibt, seine reine Menschlichkeit zu entwickeln, das heißt, so gut und so vollkommen zu werden, als es für einen Menschen möglich ist.

488 *Emil Brunner (1889–1966)*   Der Mensch ist von Gott berufen, homo faber und Kulturschöpfer zu sein, wenn auch sein Menschsein sich nicht darin erschöpft.

489 *Igor A. Caruso (*1914)*   Der Mensch ist »von Natur aus« ein *Kulturwesen*; diese Kultur ist in einer nie dagewesenen Revolution begriffen, wodurch sich auch die angebliche »Natur« des Menschen ändert.

490 *Erich Fromm (1900–1980)*   Der Mensch ist kein unbeschriebenes Blatt, auf das erst die Kultur ihren Text schreibt. Er ist ein Wesen, das mit Energien ausgestattet und in besonderer Weise strukturiert ist.

491 *Max Scheler (1874–1928)*   Der Mensch ist das Lebewesen, das kraft seines Geistes sich zu seinem Leben, das heftig es durchschauert, prinzipiell *asketisch* – die eigenen Triebimpulse unterdrückend und verdrängend, d. h. ihnen Nahrung durch Wahrnehmungsbilder und Vorstellungen versagend – verhalten kann.

492 *Ilse Schwidetzky (*1907)* Der Mensch ist aber nicht nur morphologisch definiert, sondern vor allem auch als kulturbesitzendes und kulturschöpferisches Wesen.

493 *Michael Landmann (1913–1984)* Wie das schöpferische Wesen, so ist der Mensch auch das Lern- und Traditionswesen, das früher Geschaffenes übernimmt und sich durch es bestimmen läßt. Sein Geheimnis ist die Rückprägung durch das von ihm selbst geprägte Objektive.

494 *Eugen Fink (1905–1975)* Der Mensch ist an seinem Bestehen – normalerweise – in höchster Intensität interessiert. Und dieses Interesse schließt ein, daß er Gefahren kennt und voraussieht, sie vermeidet, ihnen ausweicht, so gut er kann.

495 *Michael Landmann (1913–1984)* Der Mensch ist nicht erst ein biopsychologisch bereits abgeschlossenes Naturwesen, das dann per accidens die Kultur hervorbringt und sich dadurch zu einem höheren Zustand erhebt, sondern von vornherein und eo ipso steht er bereits in der Kultur.

496 *Helmut Thielicke (1908–1986)* Die Welt ist die Weltlichkeit des Menschen. Und der Mensch ist seine Weltlichkeit.

497 *Michael Landmann (1913–1984)* Der Mensch ist nicht der demütige Nachahmer einer göttlichen Vorzeichnung, sondern der stolz seine eigene Göttlichkeit Ausdrückende, Kultur sein Ausgedrücktes.

498 *Hermann Levin Goldschmidt (*1914)* Daß jeder Mensch – und seit seiner Zeugung – ein Selbst bereits ist, wie die eigene Natur stets schon bei ihrer Entfaltung, sind nur ebenso viele Voraussetzungen dafür, daß er den Verantwortungen seiner eigenen und der allgemeinen Berufung zur Kultur gewachsen sein könnte, falls er sich zur Selbstentfaltung selber in die Hand nimmt: an der Grenze seiner Entfaltung von der Natur her, Schwelle kultureller Entfaltung seiner selbst.

499 *Oswald Spengler (1880–1936)* Der Mensch ist der *Schöpfer* seiner Lebenstaktik geworden. Sie ist seine Größe und sein Verhängnis. Und die innere Form dieses schöpferischen Lebens nennen wir *Kultur,* Kultur besitzen, Kultur schaffen, an der Kultur leiden. Die Schöpfungen des Menschen sind Ausdruck dieses Daseins in persönlicher Form.

Erziehung

500 *Platon (427–347 v. Chr.)* Der Mensch ... ist, wie wir sagten, ein zahmes Geschöpf; dessen ungeachtet pflegt er zwar, wird ihm eine richtige, mit glücklicher Naturanlage verbundene Erziehung zuteil, zu dem gottähnlichsten und zahmsten Geschöpf zu werden, zu dem wildesten aber, was die Erde erzeugt, wenn seine Erziehung keine genügende oder keine passende war.

501 *Johann Amos Comenius (1592–1670)* Im Anfang nämlich ist der Mensch nichts, so wie er von Ewigkeit her nichts war. Erst im Mutterschoße nimmt er seinen Ursprung aus einem Tropfen väterlichen Blutes. Was ist der Mensch also zuerst? Ein gestaltloser, roher Klumpen.

502 *Blaise Pascal (1623–1662)* Der Mensch ist Gottes nicht würdig, aber er ist nicht unfähig, seiner würdig gemacht zu werden.

503 *Claude Adrien Helvétius (1715–1771)* Der Mensch ist, so beweist es die Erfahrung, seinem Wesen nach ein Nachahmer und ein Affe. Lebt er nun unter lauter rechtschaffenden Bürgern, so wird er es auch.

504 *Johann Heinrich Pestalozzi (1746–1827)* Der Mensch ist nur in soweit fähig die Widersprüche die in seiner Natur zu liegen scheinen, in sich selbst aufzuheben, und die Folgen derselben, die ihn im gesellschaftlichen Zustand so vielseitig drücken, zu mildern, als er einsieht, daß dieser Zustand selbst, seiner innern Veredlung wesentlich entgegen steht, und als er seine Ansprüche als blosse

Ansprüche seiner thierischen Natur erkennt, und selbige in soweit verdammt, gegen sich selbst, und gegen sein ganzes Geschlecht.

505 *Evangelischer Erwachsenenkatechismus* Der Mensch ist noch in hohem Alter zur schöpferischen Expansion und zu geistigen Leistungen fähig. Er bleibt lernfähig; denn das menschliche Gedächtnis ist keine Grammophonplatte, die einmal bespielt ist und dann weiteres nicht mehr aufnehmen kann.

V. Zoon politicon –
Der Mensch in der Gesellschaft

*Gesellschaft – Geselligkeit – Einsamkeit * Produkt der Umwelt * Der Einzelne – die Person: Recht – Ethik – Freiheit * Mensch gleich Mensch*

Fisch- oder Vogelschwärme sind »anonyme Verbände«, deren Mitglieder einander nicht kennen. Ganz anders bei den Primaten, die in »individualisierten Verbänden« leben. Die weitaus meiste Zeit ihrer Stammesgeschichte verbrachten auch die Menschen in Gruppen; in ihnen waren alle Mitglieder einander persönlich bekannt.

Anonymität entstand erst wieder, als sich mehrere Gruppen zu vielköpfigen Gesellschaften zusammenschlossen, um zusammen zu leben und zu arbeiten. Während die Glieder einer »Gemeinschaft« sich durch ein tieferes Prinzip geeint fühlen, haben die Mitglieder einer »Gesell-

schaft« – speziell eines Staates – weit schwächere emotionale Bindungen. Sie ordnen ihr Zusammenleben daher durch Vertrag und Konventionen, die mittels Gesetzen einklagbar werden. Durch solche Vorschriften wird die Freiheit des Einzelnen eingeschränkt. Ein relativ oberflächliches Verständnis von Sittlichkeit bewertet gesellschaftskonformes Verhalten als gut, abweichendes als böse. Dennoch lehrt die Geschichte, daß unter Umständen gerade jene Menschen ethisch wertvoll handeln, die gegen herrschende Normen aufbegehren.

Gesellschaft – Geselligkeit – Einsamkeit

506 *Ernst Jünger (*1895)* Das große Thema der Geschichte heißt Auferstehung, denn der Mensch ist nicht nur ein politisches Wesen – er ist auch ein Wesen, das eine Hoffnung, ein Schimmer von Ewigkeit belebt.

507 *Plotin (205–270 n. Chr.)* Denn jeder Mensch ist ein Zwiefacher, einmal ist er das Gesamtwesen *(aus Höherem und Niederem),* einmal ist er sein Selbst.

508 *Aristoteles (384–322 v. Chr.)* Der Mensch ist nämlich auf staatliche Gemeinschaft angelegt und von Natur zum Zusammenleben geschaffen.

509 *Marsilio Ficino (1433–1499)* Der Mensch allein ist so vollkommen, daß er einmal sich selbst regiert, etwas, was die Tiere nicht können, und außerdem die Familie beherrscht, den Staat verwaltet, Völker unterwirft und die ganze Erde regiert.

510 *Günther Küchenhoff (*1907)* Der Mensch ist verpflichtet, den anderen Menschen zu dienen.

511 *Claude Adrien Helvétius (1715–1771)* Der Mensch ist in Gegenwart seines Tyrannen ohne eigene Meinung und ohne Charakter.

512 *Johann Heinrich Pestalozzi (1746–1827)*   Der Mensch ist daher im gesellschaftlichen Zustand, der Beschaffenheit seiner selbst, die der wirklichen Freiheit seiner Natur wesentlich ist, nicht theilhaftig.

513 *Aristoteles (384–322 v. Chr.)*   Der Mensch ist seiner Natur nach ein Lebewesen, das Gemeinschaft konstituiert.

514 *Thomas Hobbes (1588–1679)*   Ich sage daher deutlicher, daß allerdings der Mensch von Natur oder soweit er Mensch ist, d. h. von seiner Geburt an ein Feind fortdauernder Einsamkeit ist; denn die Kinder bedürfen zum bloßen Leben und die Erwachsenen zum Wohlleben der Hilfe anderer.

515 *Johann Gottfried Herder (1744–1803)*   Der Mensch ist also zur Gesellschaft *geboren;* das sagt ihm das Mitgefühl seiner Eltern, das sagen ihm die Jahre seiner langen Kindheit.

516 *Novalis (1772–1801)*   Jeder Mensch ist eine kleine Gesellschaft.

517 *Novalis (1772–1801)*   Der *Mensch* ist so gut Nichtich, als Ich.

518 *Wilhelm von Humboldt (1767–1835)*   Der Mensch ist allein genommen schwach, und vermag durch seine eigne kurzdauernde Kraft nur wenig.

519 *Dieter Duhm (*1942)*   Der Mensch ist eingekreist von einer gesellschaftlichen Übermacht, gegen die er allein nicht viel ausrichten kann. Er braucht Genossen.

520 *Friedrich Schlegel (1772–1829)*   Ein Mensch ist so viel werth wie eine Nation, wie die Menschheit.

521 *Novalis (1772–1801)*   Der Mensch ist unter den Tieren oder in der Natur, was Staat und Philosophie in ihren Verhältnissen sind – das Assoziationswesen.

522 *Friedrich Schlegel (1772–1829)* Der Mensch ist ein sich ins Unendliche classificirendes Ich.

523 *Ludwig Feuerbach (1804–1872)* Der Mensch ist das Grundwesen des Staats.

524 *Martin Luther King (1929–1968)* Der Mensch ist für den Staat, nicht der Staat für den Menschen geschaffen.

525 *Wilhelm Dilthey (1833–1911)* Der Mensch ist nun einmal in die Gesellschaft hineingeboren, es darf nicht zum Konflikt zwischen Individuum und Gesellschaft kommen.

526 *Charles Darwin (1809–1882)* Jedermann wird zugestehen, daß der Mensch ein soziales Wesen ist. Wir sehen es in seiner Abneigung gegen Einsamkeit, sowie in seinem Wunsch nach Gesellschaft auch über den Rahmen seiner Familie hinaus.

527 *Christian Morgenstern (1871–1914)* Der Mensch ist nicht nur Einzelpersönlichkeit, sondern zugleich Volkszelle, wie die Volkspersönlichkeit zugleich wohl wieder in einer höheren Einheit aufgeht usf.

528 *Gudrun Diem (20. Jahrhundert)* Der Mensch ist nicht nur Gemeinschaftswesen – sondern er ist Staatswesen, er ist durch seine Natur bestimmt, im Staat zu leben; nur im Staat, d. h. in einer geistig geformten, gesetzmäßig geordneten menschlichen Gemeinschaft, vermag er seine ihm eigentümliche Existenz als Kultur zur Entfaltung zu bringen.

529 *Ernst Cassirer (1874–1945)* Der Mensch ist aber nicht nur wie das Tier ein in der Gemeinschaft lebendes und handelndes Wesen, sondern er ist mit den Mitmenschen durch Sprache und Gefühl verbunden.

530 *Zenta Maurina (1897–1978)* Trotzdem können wir am Du nicht vorübergehen, denn der Mensch ist ein Mangelwesen; von der

Geburt bis zum Tode ist er auf den Mitmenschen angewiesen. Niemand fällt bei der Geburt als Sternschnuppe vom Himmel, niemand steigt beim Tode als Stern empor.

531 *Philipp Lersch (1898–1972)* Der Mensch ist das, was er ist, immer nur in Auseinandersetzung mit der Welt, die er erlebt und zu der er sich verhält, und er ist es durch den Bezug nicht nur zur natürlichen Umwelt, sondern und gerade auch zur menschlichen Mitwelt, ihren Ordnungen und ihren Werten.

532 *Mahatma Gandhi (1869–1948)* Der Mensch ist ein gesellschaftliches Wesen. Ohne Wechselbeziehung mit der Gesellschaft kann er weder sein Einssein mit dem All verwirklichen noch seine Eigenliebe unterdrücken.

533 *Hans-Eduard Hengstenberg (*1904)* Der Mensch ist mit jedem anderen Menschen schon durch die Tatsache des Menschseins in der Gemeinschaft Menschheit verbunden; und alle anderen Gemeinschaften gründen auf dieser Urgemeinschaft.

534 *Gudrun Diem (20. Jahrhundert)* Der Mensch ist nur Mensch als Glied der Menschheit, nicht schon als einzelner, herausgelöst aus dem gemeinsamen geschichtlichen Zusammenhang, sondern nur indem er sich mit dem, was er selbst war und was andere vor ihm waren und geschaffen haben, auseinandersetzt, es ablehnt oder übernimmt, jedenfalls in irgendeiner Weise daran anknüpft, und selbst wieder durch das, was er wird und was er aus sich hervorbringt, etwas Zukünftiges ermöglicht.

535 *Hans-Eduard Hengstenberg (*1904)* Der Mensch ist das Wesen, das zur Gemeinschaft berufen ist, zur Masse pervertieren kann und sich der Gesellschaft um der Gemeinschaft willen bedienen soll, sich ihrer aber auch um der Masse willen bedienen kann.

536 *Ernst Cassirer (1874–1945)*   Der Mensch ist zwar wie das Tier an die Regel der Gesellschaft, der er angehört, gebunden, darüber hinaus nimmt er aber tätigen Anteil an der Bildung und der Erhaltung sozialer Lebensformen und an ihren Wandlungen.

537 *Johann Wilhelm Ritter (1776–1810)*   Der Mensch ist eine schwingende Saite, das Leben der Ton. Aber erst zwei Töne geben einen Akkord.

538 *Charles Darwin (1809–1882)*   Da der Mensch ein soziales Tier ist, ist es ziemlich sicher, daß er eine Neigung zur Treue gegen seine Gefährten und zum Gehorsam gegen den Führer seines Stammes geerbt hat; denn diese Eigenschaften sind fast allen sozialen Tieren eigen.

539 *Michael Landmann (1913–1984)*   Beim Menschen dagegen muß der Nachgeborene die von Früheren erworbenen Handlungsweisen interiorisieren, er muß sie lernen. Daher ist der Mensch auf Sozietät noch angewiesener als das Tier. Er ist das sozialste Wesen.

540 *Emerich Coreth (*1919)*   Der Mensch ist auf den anderen hingeordnet und findet nur über den anderen sich selbst. Nur im Hinausgehen über sich zum anderen verwirklicht er sein eigenes Wesen.

541 *Helmut Thielicke (1908–1986)*   Der Mensch ist mehr als der unmittelbare Nächste, der mir vor die Füße gelegt ist. Er ist aber auch mehr als ein individuelles Molekül in jenen Großordnungen, die ich zu gestalten oder zu ändern suche.

542 *Kurt Tucholsky (1890–1935)*   Der Mensch ist ein politisches Geschöpf, das am liebsten zu Klumpen geballt sein Leben verbringt.

543 *Friedrich Hebbel (1813–1863)* Ein Mensch, also auch ein Freund, ist nie des andern Universalmixtur, und jeder meint, es zu sein.

544 *Karl Barth (1886–1968)* Der Mensch *ist* mitmenschlich, er *ist* in der Begegnung von Ich und Du, auch wenn und indem er dem praktisch und theoretisch widerspricht, auch wenn er sich als einsamer Mensch gebärdet und dementsprechende Anthropologien auf den Plan stellt.

545 *Georg Simmel (1858–1918)* Weil der Mensch das verbindende Wesen ist, das immer trennen muß und ohne zu trennen nicht verbinden kann – darum müssen wir das bloße indifferente Dasein zweier Ufer erst geistig als eine Getrenntheit auffassen, um sie durch eine Brücke zu verbinden. Und ebenso ist der Mensch das Grenzwesen, das keine Grenze hat.

546 *Huldrych Blanke (*1931)* Der Mensch ist einsam.

547 *Gottfried Benn (1886–1956)* Der Mensch ist nicht einsam, aber Denken ist einsam. Der Mensch ist sicher von Trauervollem dicht umhüllt, aber viele nehmen teil an dieser Trauer und bei allen ist sie populär.

548 *Martin Buber (1878–1965)* Der Mensch ist noch nicht wieder einsam, er hat noch nicht wieder gelernt, die Frage des Einsamen zu fragen.

549 *Conrad Felixmüller (1897–1977)* Der Mensch = Herbst klingt im Goldton, die Einsamkeit zu Zweien . . .

550 *Gottfried Richter (1901–1980)* Der Mensch ist ganz allein auf seiner Erde. Aber er ist bereit, dies Schicksal mit allem, was damit zusammenhängt, auf sich zu nehmen und zu tragen.

551 *Zenta Maurina (1897–1978)* Wie alles Menschliche, so ist auch die Freundschaft ohne Tragik undenkbar, und zwar aus zwei

Gründen: Der Mensch ist dem Menschen intransparent, und in seiner Ganzheit erschauen wir den anderen – wenn überhaupt – erst nach seinem Tode. Auch ist der Mensch wie alles Irdische vergänglich.

552 *Alois Hicklin (*1931)*   Der Mensch ist gerade nicht ein isoliertes psychisches oder physisches Subjekt, dem sich dann sekundär bei Auftauchen von Außenobjekten noch so etwas wie eine Beziehung hinzugestellt. *Vielmehr ist der Mensch gar nicht, es sei denn als ein »in-Beziehung-Stehender«.*

553 *Martin Buber (1878–1965)*   Der Mensch ist nicht in seiner Isolierung, sondern in der Vollständigkeit der Beziehung zwischen dem einen und dem andern anthropologisch existent: erst die Wechselwirkung ermöglicht, das Menschentum zulänglich zu erfassen.

554 *Emil Brunner (1889–1966)*   Der Mensch ist geschaffen im und zum Wort Gottes, darin als das verantwortliche Wesen. Damit ist unmißverständlich der Mensch als Einzelner bestimmt.

555 *Margaret Mead (1901–1978)*   Denn zum erstenmal in der von uns überblickten Geschichte des Menschen trifft die ganze Menschheit dasselbe Schicksal; jeder Mensch ist jetzt tatsächlich der Hüter seines Bruders, und die Notwendigkeit, unsere Feinde zu lieben, braucht einen neuen, faßbaren, wissenschaftlichen und religiösen Sinn.

Produkt der Umwelt

556 *Theophrastus Paracelsus (1493–1541)*   Der Mensch und spiraculum vitae machen den Menschen: der Mensch ist microcosmus und sein spiraculum vitae ist der conditor rerum.

557 *Hugo von Hofmannsthal (1874–1929)*   Der Mensch ist eine Aufnahmestation, als solche qualitativ bestimmt.

558 *Alexis Carrel (1873–1944)*   Der Mensch ist im wahrsten Sinne des Worts aus dem Staub der Erde gemacht; so beruhen auch seine physiologischen und geistigen Energien weitgehend auf den geologischen Bedingungen seines Heimatlandes und der Natur der Tiere und Pflanzen, von denen er sich regelmäßig nährt.

559 *Friedrich Dürrenmatt (*1921)*   Der Mensch ist ein Produkt seiner gesellschaftlichen Organisation, in der er lebt.

560 *Hermann Keyserling (1880–1946)*   Der Mensch ist ebenso selbstverständlich in die menschliche Gemeinschaft hineingeboren, wie in seine physische Umwelt.

561 *Jürgen Moltmann (*1926)*   Der Mensch ist sich und seinesgleichen nicht nur ein Faktum, sondern zugleich auch ein Wert und ein Ideal.

562 *Günter Altner (20. Jahrhundert)*   Der Mensch ist seinem Wesen nach das Ensemble der gesellschaftlichen Verhältnisse.

563 *Christa Meves (*1925)*   Der Mensch ist egoistisch und mitläuferisch, unreflektiert suggerierbar und manipulierbar, solange er so schwach ist und so unmündig, daß er sich ohne die Abwehrmechanismen seines Ich und den Schutz der Gruppe dumpf als in seiner Existenz gefährdet erlebt.

564 *Hermann Broch (1886–1951)*   Der Mensch ist auf jeden Fall der »Logik der Dinge«, möge diese nun gesetzmäßig akzentuiert sein oder nicht, unentrinnbar unterworfen ...

565 *Helmut Thielicke (1908–1986)*   Der Mensch an sich, der »eigentliche« Mensch ist also derjenige, der nicht mehr Objekt der Verhältnisse ist, sondern gesellschaftliche Organe bekommen hat und daraufhin *seine eigene Vergesellschaftung in freier Tat vollzieht.*

566 *Hans-Joachim Schoeps (1909–1980)* Der Mensch ist ein Stimmungswesen aus seiner Tiefe heraus, und die Welt, in der er lebt, stimmt ihn außerdem, indem sie ihn bestimmt.

567 *Gudrun Diem (20. Jahrhundert)* Der Mensch ist nicht allein Natur – sondern vor allem Kunstprodukt, und als solches kann nur die Gesellschaft ihn hervorbringen, denn jeder einzelne für sich wäre nicht stark genug, der Naturkraft zu widerstehen und sich selbst zu formen; dies gelingt ihm nur auf Grund der gesellschaftlichen Bindung.

568 *Paul Lüth (1921–1986)* Der Mensch ist in eine technische Superzivilisation eingepaßt, welche zugleich Ausdruck einer Massengesellschaft ist, die ohne diese Technologien weder verwaltbar noch lebensfähig wäre. In diese absolut neue Situation ist der Mensch mit solcher Geschwindigkeit hineingezogen worden, daß er sich noch immer nicht vollkommen darauf hat einstellen können.

569 *Erich Kästner (1899–1974)* Der Mensch ist nicht nur das Produkt der Um- und Zustände. Das wäre wenig mehr als eine bequeme Ausrede für Faulpelze und Lumpen.

570 *Joseph Beuys (1921–1986)* Ist der Mensch allerdings ein Produkt seiner Umwelt oder ist der Mensch ein Produkt der Produktionsverhältnisse, wie es die marxistische These hinstellt, so könnte es nicht wahr sein, daß der Mensch ein Wesen ist, welches Geschichte verursacht.

571 *Jürgen Rausch (*1910)* Der Mensch ist nicht ausschließlich an die Peripherie einer Umwelt gebunden, sondern im Verhältnis zu sich selbst, das mehr ist als er, an die Mitte zurückgebunden.

572 *Alfred Adler (1870–1937)* Der Mensch ist fähig, seine Berührungen mit der Außenwelt so umzugestalten, wie es von seiner Eigenart verlangt wird. Was also ein Mensch wahrnimmt und *wie* er es tut, darin liegt seine besondere Eigenart.

573 *Wolfgang Trillhaas (*1903)* Aber der Mensch ist nicht allein, und seine Umwelt ist belebt von Tieren und Menschen. Der Mensch ist ein Glied vieler Gemeinschaften.

574 *Hans-Joachim Iwand (1899–1960)* »Der Mensch ist sich selbst entfremdet«, das wissen viele und das spielt heute in Philosophie und Soziologie eine große, ja fast möchte man sagen weltbewegende Rolle.

575 *Rudolf Hagelstange (1912–1984)* Der Mensch ist organisierbar, berechenbar geworden.

576 *Ludwig Eckstein (20. Jahrhundert)* Die Gleichung: Mensch = Summe oder Produkt aus den Milieueinflüssen, geht nicht auf. Der Mensch ist mehr als das.

Der Einzelne – Die Person: Recht – Ethik – Freiheit

577 *Immanuel Kant (1724–1804)* Der Mensch ist zwar unheilig genug, aber die *Menschheit* in seiner Person muß ihm heilig sein.

578 *Johann Heinrich Pestalozzi (1746–1827)* Der Mensch kann und will als tierisches Geschöpf nicht anders als selbstsüchtig handeln; er ist in dem freien Spielraum seiner Naturtriebe allenthalben zur Gesetzlosigkeit geneigt und lebt als Tyrann und Sklave nach den gleichen Grundsätzen seiner tierischen Gefühle.

579 *Gotthilf Heinrich Schubert (1780–1860)* Der Mensch ist mithin kein Wesen, das diesem oder jenem Lande oder Boden, sondern ein Wesen, das der ganzen Erde angehöret . . .

580 *Ludwig Feuerbach (1804–1872)* Der Mensch ist die Existenz der Freiheit, die Existenz der Persönlichkeit, die Existenz des Rechts.

581 *Georg Christoph Lichtenberg (1742–1799)* Der Mensch ist offt eben ein so unpartheyischer Richter als er Thermometer ist. Er

spricht von kalt und kälter und abscheulig kalt wenn gar kein Wort davon wahr ist.

582 *Johann Heinrich Pestalozzi (1746–1827)* Der Mensch ist rechtlos und zerrüttet, weil er sich aus Wahrheit und Recht nichts macht.

583 *Albert Schweitzer (1875–1965)* Alles, was Mensch ist, ist bestimmt, in eigener, denkender Weltanschauung wahrhaftige Persönlichkeit zu werden.

584 *Johannes Schwartländer (*1922)* Der Mensch ist Person.

585 *Martin Buber (1878–1965)* Kein Mensch ist reine Person, keiner reines Eigenwesen, keiner ganz wirklich, keiner ganz unwirklich. Jeder lebt im zwiefältigen Ich.

586 *Emerich Coreth (*1919)* Der Mensch ist schon Person, bevor er sich personal selbst verwirklicht. Wir müssen wie das Wesen des Menschen so auch das Wesen des Personseins dynamisch verstehen. Der Mensch ist schon ursprünglich in seine leiblich-geistige Wesensverfassung gesetzt, durch die er Person ist, aber als Person noch nicht voll verwirklicht ist.

587 *Romano Guardini (1885–1968)* Der Mensch ist wirklich Person. Dann muß aber die Liebe, die Gott ihm gibt, auch so sein, wie sie der Person zukommt. Richtiger gesagt: der Mensch ist nur Person, weil die göttliche Idee zu ihm so ist, wie sie ist.

588 *Emil Brunner (1889–1966)* Der Mensch ist von vornherein Gottes Eigentum, er wird es nicht erst durch seine Selbstbestimmung.

589 *Emerich Coreth (*1919)* Denn der Mensch ist nicht ein »Was« sondern ein »Wer«, nicht ein dinghafter Gegenstand, sondern jeweils einmalig personales Dasein.

590 *Marcel Légaut (*1900)*   Der Mensch ist nicht aus freiem Antrieb treu, denn seine im Entstehen begriffene Liebe ist zu sehr durchtränkt von dem Verlangen nach Besitz, um nicht in allen Formen ihrer Verwirklichung der raschen Abnützung durch die Zeit zu unterliegen.

591 *Lew Nikolajewitsch Tolstoj (1828–1910)*   Jeder Mensch ist – wie alle – unvollkommen in allem, aber dennoch in irgend einer Hinsicht vollkommener als in anderer; und so stellt er diese Vollkommenheiten den anderen Menschen gegenüber als Forderungen auf und richtet die anderen.

592 *Ernesto Cardenal (*1925)*   Der Mensch ist das einzige Wesen des Universums, das ungehorsam sein kann.

593 *Hinrich Knittermeyer (20. Jahrhundert)*   Der Mensch ist nicht bloß ins Leben gerufen, sondern er ist als ein solcher in das Dasein entlassen, der die Ordnung halten soll.

594 *Julian Huxley (1887–1975)*   Der Mensch ist dabei, die dauernde Einheitlichkeit des Kommandos zu erreichen, aber der Kapitän neigt in beunruhigender Weise dazu, sich in ein zankendes Komitee zu verwandeln.

595 *Jürgen Moltmann (*1926)*   Der Mensch ist nicht um des Gesetzes willen da, sondern das Gesetz ist um des Menschen willen da.

596 *Aristoteles (384–322 v. Chr.)*   Denn der Mensch ist nicht das Beste, was es im Kosmos gibt.

597 *Genesis 3,22*   Siehe, der Mensch ist geworden wie unsereiner und weiß, was gut und böse ist.

598 *Lucius Annaeus Seneca (um 55 v. Chr. – um 40 n. Chr.)*   Der Mensch ist nicht gut, aber er wird zum Guten geformt, damit er, seines Ursprungs eingedenk, Gott gleichzuwerden trachtet.

599 *Michel de Montaigne (1533–1592)* Gott ist seiner Natur nach gut; der Mensch ist es seinem Bestreben nach, das ist noch mehr.

600 *Blaise Pascal (1623–1662)* Also ist der Mensch nichts als Verstellung, Lüge und Scheinheiligkeit, und zwar sowohl vor sich selbst, als gegenüber den andern.

601 *Gottfried Wilhelm Leibniz (1646–1716)* Der Mensch ist selbst die Quelle der Übel: so wie er ist, war er in der göttlichen Vorstellung.

602 *Immanuel Kant (1724–1804)* Ob aber der Mensch nun von Natur moralisch gut oder böse ist? Keines von beiden, denn er ist von Natur gar kein moralisches Wesen; er wird dieses nur, wenn seine Vernunft sich bis zu den Begriffen der Pflicht und des Gesetzes erhebt.

603 *Georg Wilhelm Friedrich Hegel (1770–1831)* Der Mensch ist von Natur böse, *sein Ansichsein, sein Natürlichsein ist das Böse*. In diesem seinem Natürlichsein ist sein Mangel sogleich vorhanden: weil er Geist ist, ist er von demselben unterschieden, die Entzweiung; die Einseitigkeit ist in dieser Natürlichkeit unmittelbar vorhanden. Wenn der Mensch nach der Natur nur ist, ist er böse.

604 *Immanuel Kant (1724–1804)* Der Mensch ist sich selbst verachtenswürdig, wenn er lasterhaft ist. Dieses ist in ihm selbst gegründet, und er ist es nicht deswegen erst, weil Gott das Böse verboten hat.

605 *Johann Heinrich Pestalozzi (1746–1827)* Der Mensch ist also durch seinen Willen sehend, aber auch durch seinen Willen blind. Er ist durch seinen Willen frei und durch seinen Willen Sklav. Er ist durch seinen Willen redlich, und durch seinen Willen ein Schurke.

606 *Jean Paul (1763–1825)*   Der Mensch ist gut und will nicht, daß man vor einem andern als ihm selber krieche.

607 *Charles Baudelaire (1821–1867)*   Der Mensch, das heißt ein jeder, ist von einer solchen natürlichen Verderbtheit, daß er weniger unter der allgemeinen Erniedrigung leidet als unter der Aufstellung einer vernunftgemäßen Hierarchie.

608 *Friedrich Nietzsche (1844–1900)*   Nicht an *diess* Marterholz war ich geheftet, dass ich weiss: der Mensch ist böse, – sondern ich schrie, wie noch Niemand geschrien hat: »Ach dass sein Bösestes so gar klein ist! Ach dass sein Bestes so gar klein ist!«

609 *Sigmund Freud (1856–1939)*   Der Mensch ist eindeutig gut, seinem Nächsten wohlgesinnt, aber die Einrichtung des privaten Eigentums hat seine Natur verdorben.

610 *Jürgen Rausch (*1910)*   Der Mensch ist nicht entartet, sondern *nicht aus=geartet.*

611 *Friedrich Nitzsche (1844–1900)*   Der Mensch ist nicht zu allen Stunden gleich moralisch, diess ist bekannt.

612 *Jean Gebser (1905–1973)*   Der Mensch ist nicht prädikatlos.

613 *Bertolt Brecht (1898–1956)*
Die Welt ist arm, der Mensch ist schlecht.
Wir wären gut – anstatt so roh
Doch die Verhältnisse, sie sind nicht so.

614 *Erich Fromm (1900–1980)*   Der Mensch *ist* weder gut noch böse. Glaubt man an die Gutheit des Menschen als an sein einziges Potential, so wird man unausweichlich die Tatsachen in einem irreführenden rosigen Licht sehen und schließlich bitter enttäuscht sein. Glaubt man an das andere Extrem, so wird man als Zyniker enden und für die vielen Möglichkeiten zum Guten in sich und anderen blind werden. Eine realistische Auffassung sieht in beiden Möglichkeiten reale Potentiale und untersucht die Bedingungen, unter denen sie sich jeweils entwickeln.

615 *Emil Brunner (1889–1966)*   Der Mensch ist und bleibt moralische Persönlichkeit; aber er hat die Möglichkeit verloren, sich seiner göttlichen Bestimmung gemäß selbst zu bestimmen.

616 *Kurt Tucholsky (1890–1935)*   Der Mensch ist nicht so böse, wie man manchmal denken sollte. Aber er wird nie so gut werden, wie Idealisten sich das denken.

617 *Michael Landmann (1913–1984)*   Man mag all dies in die anthropologische Potenz erheben: der Mensch ist das Wesen, das sittliche Ideale entwirft, das frei zwischen Gut und Böse wählen darf. Allein die Frage der Ethik lautet nicht: »Was ist der Mensch?«, sondern: »Was ist sittliches Handeln?« Sie zielt also von vornherein auf einen engeren Bereich. Nur indirekt leuchtet von ihr aus menschlich Grundsätzliches auf.

618 *Hans Kasper (*1916)*   Geboren ist der Mensch auf dieses Stück Planet, realisiert im Fleisch, ganz ohne seinen Willen, und doch mit jenem Funken Geist versehen, dem Gramm Gewissen, das alldem irgendeine Direktion ermöglicht.

619 *Joachim Illies (*1925)*   Der Mensch ist böser Gedanken fähig, wer wüßte das nicht? Aber das bedeutet: auch was er schöpferisch wirkt, kann böse sein.

620 *George G. Simpson (*1902)*   Der Mensch ist ein ethisches Tier; er ist in der Tat *das* ethische Tier überhaupt. Sein Ethisieren ist eine für seine Lebensweise erfolgsnotwendige biologische Anpassung.

621 *Hans-Eduard-Hengstenberg (*1904)*   Der Mensch ist das Wesen, das Gewissen hat und dem Gewissen im selben Sinne nicht entfliehen kann wie dem Selbstbewußtsein.

622 *Helmut Thielicke (1908–1986)*   Der Mensch ist grundsätzlich in der Lage, die richtige Ausgangsstellung für das sittliche, dem Gebote angemessene Verhalten zu gewinnen.

623 *Michael Landmann (1913–1984)*   Und der Mensch ist also mit seinem Zentralen gar nicht, wie die flach optimistische Sophistik uns glauben lassen will, das Kulturwesen. Er ist das Wesen der Entscheidung, das dem Bösen verfallen kann.

624 *Martin Luther King (1929–1968)*   Der Mensch ist Mensch, weil er die Freiheit hat, im Rahmen seiner Bestimmung frei zu handeln. Von den Tieren unterscheidet er sich durch seine Freiheit, das Gute zu tun oder das Böse, auf der Straße der Schönheit zu wandeln oder auf dem Pfad der Häßlichkeit.

625 *Emil Brunner (1889–1966)*   Der Mensch ist zu klein, zu schwach, zu sinnlich gebunden, um der Erfinder des Bösen zu sein. Er wird zum Bösen versucht.

626 *Peter Hille (1854–1904)*   Der Mensch ist ein atmendes Gesetz.

627 *Theophrastus Paracelsus (1493–1541)*   Der Mensch ist frei vom Gebot und allem Gesetz.

628 *Friedrich Schiller (1759–1805)*   Der Mensch ist frei geschaffen, ist frei,/Und würd' er in Ketten geboren ...

629 *Gerhart Hauptmann (1862–1946)*   Der Mensch ist frei, und wär' er in Ketten geboren!

630 *Johann Wolfgang von Goethe (1749–1832)* Der Mensch ist nicht geboren, frei zu sein ...

631 *Georg Christoph Lichtenberg (1742–1799)* Ein Meisterstück der Schöpfung ist der Mensch auch schon deswegen, daß er bey allem Determinismus glaubt er agire als freyes Wesen.

632 *Friedrich Schlegel (1772–1829)* Der Mensch ist das höchste Produkt des irdischen Elements, das in ihm zur Freiheit durchzudringen strebt.

633 *Johann Gottfried Herder (1744–1803)* Der Mensch ist zu feinern Trieben, mithin zur Freiheit organisieret.

634 *Friedrich Schlegel (1772–1829)* Der Mensch ist in der Reihe der irdischen Produktionen, deren Zweck die Rückkehr in die Freiheit ist, die höchste Stufe, er braucht jedoch nicht die letzte zu sein in der Entwicklungsreihe des Weltganzen.

635 *Ludwig Feuerbach (1804–1872)* Der Mensch ist kein partikuläres Wesen, wie das Tier, sondern ein *universelles,* darum kein beschränktes und unfreies, sondern uneingeschränktes, freies Wesen; denn Universalität, Unbeschränktheit, Freiheit sind unzertrennlich.

636 *Friedrich Schlegel (1772–1829)* Und der Mensch ist frey, weil er der höchste Ausdruck der Natur ist. Er ist frey, so wie die Natur frey ist; nur daß die Natur unbedingt frey ist, der Mensch aber bedingt, nämlich in so fern die Natur frey ist. Man könnte demnach auch sagen, daß ein Mensch freyer ist als der andere, jenachdem seine Natur freyer ist.

637 *Lew Nikolajewitsch Tolstoj (1828–1910)* *Einfach:* der Mensch ist frei in allem Geistigen, in der Liebe: er kann lieben oder nicht lieben, mehr lieben oder weniger lieben. In allem übrigen ist er *unfrei,* also in allem Materiellen.

638   *Paul Hazard (1878–1944)*   Der Mensch ist frei: das Denken ist frei, die Leidenschaft ist frei, die literarische Äußerung ist frei: irrtümlicherweise versteifen wir uns darauf, eine Autorität zu suchen und dem Vorbild unserer Großväter zu folgen; wagen wir also, uns ganz so zu zeigen wie wir sind!

639   *Friedrich Gogarten (1887–1967)*   Aber der Mensch mitsamt seiner Freiheit ist gefangen, ist geknechtet, von eben der Welt, von der er doch frei, von der er nicht mehr umschlossen ist.

640   *Paul Hazard (1878–1944)*   Der Mensch ist Sklave, wenn er seine Leidenschaften nicht zu beherrschen und zu bändigen vermag; aber da ein Affekt aufhört, passiv zu sein, sobald wir uns eine klare und deutliche Vorstellung davon machen, wird ein Mensch frei, wenn er fähig wird, die Affekte seines Körpers entsprechend der von seinem Verstand gefundenen Ordnung einzureihen und zu bändigen und sie der Liebe zu Gott unterzuordnen.

641   *Georg Simmel (1858–1918)*   Der Mensch ist in dem Maße frei, in dem das Zentrum seines Wesens die Peripherie desselben bestimmt, d. h., wenn unsere einzelnen Gedanken und Entschlüsse, unser Handeln wie unser Leiden, unser eigentliches Ich ausdrücken, unabgelenkt von Kräften, die außerhalb unser liegen.

642   *Hans-Eduard Hengstenberg (*1904)*   Der Mensch ist das zur Freiheit gezwungene Wesen.

643   *Friedrich Gogarten (1887–1967)*   Das ist der Mensch, der auf gar keine Weise mehr von der Welt umschlossen ist, sondern der ihr als der in sich freie gegenübersteht.

644   *Emil Brunner (1889–1966)*   Der Mensch ist frei, weil er Geist, weil er Subjekt ist.

645   *Werner Sombart (1863–1941)*   Der Mensch ist gleichsam aus der Obhut der Natur entlassen, von deren Gängelbande gelöst,

der beständigen Leitung des Schöpfers entwachsen, ist auf eigene Füße gestellt.

646 *Hinrich Knittermeyer (20. Jahrhundert)* Und so bleibt es dabei: Der Mensch kann sich in sich selbst und in dem, was dieses Selbst alltäglich bedrängt, festbeißen. Als ein solcher ist er ohne die Wirklichkeit der Freiheit. Er kann aber auch aus sich heraustreten, und d. h. ja eben ek-sistieren, er kann sich dem lassen, sich dem öffnen, was der kommende Augenblick als der von der Transzendenz ihm zugeschickte Augenblick ihm zuweist – dann ist er gelassen und frei zugleich, dann kann er aus Freiheit handeln.

647 *José Ortega y Gasset (1883–1955)* Die Behauptung, daß der Mensch vernünftig und frei ist, scheint mir, so ausgesprochen, einem Irrtum recht nahezukommen.

648 *Evangelischer Erwachsenenkatechismus* Der Mensch ist ein abhängiges Wesen.

649 *Bettina von Arnim (1785–1859)* Der Mensch ist Sklave der Einbildung, die ihm sein Inneres leugnet, aber die göttliche Wahrheit haucht schon in den dunklen baufälligen Turm zu ihm nieder, daß er die morschgewordne Leiter, die zur Freiheit führt, mit doppelter Kühnheit erschwingt, und unmöglich kann diese im finstern Turm mit dem Aufschwung ins Freie fortdauern, denn sie war Einbildung.

650 *Jean Mouroux (20. Jahrhundert)* Die Sklaverei ist vor allem eine Erfahrungstatsache: Der Mensch ist sich seines Strebens nach Freiheit ebenso bewußt wie des Scheiterns dieses Strebens.

651 *Eugen Fink (1905–1975)* Der Mensch ist zum Sklaven geworden, selbst wenn er noch das »demokratische Stimmrecht« besitzt. Das ist nicht mit dem Unterton moralischer Entrüstung gesagt. Die Sklaverei ist die unterste Stufe im Gefälle der Macht. Es wäre vielleicht ein Menschentum denkbar, das aus dem »Willen zur Macht« gewillt eine solche »Ungerechtigkeit« bejahte –

und auch dem Gegner zugesteht, daß er sich dagegen erhebt, dagegen revoltiert. Die Römer haben den Spartakusaufstand nicht moralisch verurteilt, sie haben ihn mit Waffengewalt niedergeschlagen.

652 *Stanisław Jerzy Lec (1909–1966)*   Der Mensch ist aus Eisen; deshalb kann er seine Handschellen nicht als Fremdkörper empfinden.

653 *Bhagwan Rajneesh Chandra Mohan (*1931)*   Jeder Mensch ist Selbstzweck in sich. Keiner ist hier, um wie ein Gegenstand benutzt zu werden. Alle sind nur dazu da, um wie Könige geehrt zu werden. Niemand ist hier, um die Erwartungen irgendeines anderen zu erfüllen.

654 *Fritz März (*1934)*   Der Mensch ist also ein Wesen der Offenheit und Freiheit und damit ein Wesen des Aufstiegs und ebenso des Absturzes, der Größe und der Gefährdung.

Mensch gleich Mensch

655 *Demokrit (um 460–370 v. Chr.)*   Mensch ist, was wir alle kennen.

656 *Thomas von Aquin (1225–1274)*   Diejenigen Sätze müssen die einleuchtendsten sein, in denen dasselbe von demselben ausgesagt wird, wie ›Der Mensch ist ein Mensch‹, oder deren Prädikat in der Begriffsbestimmung der Subjekte enthalten ist, wie ›Der Mensch ist ein Lebewesen‹.

657 *Theophrastus Paracelsus (1493–1541)*   Aber der Mensch ist nicht in die Form anderer Kreaturen geraten, sondern allein in eine menschliche Form.

658 *Friedrich Schiller (1759–1805)*   Mensch ist Mensch.

659 *Max Frisch (*1911)* Mensch ist Mensch. Nichts weiter!

660 *Ludwig Feuerbach (1804–1872)* Der Mensch ist, was er ißt.

661 *Antoine de Saint-Exupéry (1900–1944)* Der Mensch ist das, was ist, nicht das, was sich ausdrücken läßt.

662 *Wolfgang Trillhaas (*1903)* Jeder Mensch ist immer etwas anders als der andere. Jeder ist nicht nur ein getriebenes Wesen, sondern ein wollendes, denn jeder einzelne wählt sich seine Ziele aus und bindet sich an sie. Jeder ist selbst verantwortlich, nimmt Stellung und handelt auf seine eigene Weise.

663 *Eugen Fink (1905–1975)* Der Mensch als Mensch ist gezeichnet und ausgezeichnet, insofern er im Weltall das einzige Wesen ist, das todoffen, in Arbeit, Spiel, Liebe und Kampf um Herrschaft existiert.

664 *Günther Anders (*1902)* Der Mensch ist größer und kleiner als er selbst.

665 *Peter Altenberg (1859–1919)* Jeder Mensch ist nur ein armseliges Partikelchen von dem, was er *wirklich* ist!

666 *Carl Friedrich von Weizsäcker (*1912)* Der Mensch ist das Tier, das Ich sagen kann.

667 *Paul Lüth (1921–1986)* Der Ahnherr des Menschen ist der Mensch, oder: die Hominiden stammen von Hominiden ab.

668 *Carl Friedrich von Weizsäcker (*1912)* Der Mensch ist glücklicher, wenn er nicht immer dasselbe tut, die Menschen sind glücklicher miteinander, wenn sie nicht alle gleich sind.

669 *Reinhold Ruthe (*1927)* Jeder Mensch ist allerdings ein Original und keine Kopie. Keine zwei Menschen gleichen sich.

570 *Joseph Beuys (1921–1986)* Wenn man also festgestellt hat, jeder Mensch ist individuell verschieden, muß man trotzdem wieder sehen, daß die Menschen auch unerhört gleich sind, sogar im geistigen Bereich.

571 *Emil Brunner (1889–1966)* Der Mensch ist auch im Glauben - Mensch, unvergleichbar mit allem, was sonst ist, verantwortliches Subjekt, Person.

572 *Jürgen Moltmann (*1926)* Um es einfach zu sagen: Es gehört zum Menschen konstitutiv, daß er *Mensch ist und Mensch zu sein hat*. Er erfährt sich als eine Gabe und eine Aufgabe, als Sein und Forderung zugleich.

573 *Alexis Carrel (1873–1944)* Jeder Mensch ist eine Geschichte für sich, die mit keiner anderen übereinstimmt.

574 *Dieter Duhm (*1942)* Der Mensch ist anders.

VI. Homo inventor –
Der Handelnde und Schaffende

*Handelnder * Spieler und Künstler * Maß aller Dinge: Herrscher der Welt * Mensch als Maschine*

Im außerchristlichen Raum gilt die Arbeit weithin als das, was das Leben zur Last macht und den Menschen hindert, sich um sein Seelenheil zu kümmern. De facto wird die Erde aber inzwischen von jenen beherrscht und umgestaltet, die bewußt und planend tätig sind. Marx lehrt, daß besitzlose Arbeiter oft gezwungen sind, ihre Arbeitskraft zu teilweise sehr ungünstigen »Marktpreisen« zu verkaufen, um nicht zu

verhungern. Im Extremfall kann der Mensch zu einem arbeitenden Automaten versklavt werden.

Das Bild vom Menschen als Maschine entwickelt Descartes, nachdem William Harvey 1628 den Blutkreislauf entdeckte. In der Folge wird auch das Schlafen, die Bewegung oder das Gedächtnis mechanistisch und mathematisch gedeutet, bis 1748 der Arzt Lamettrie das Buch »L'homme machine« herausgibt. Seine Konzeption, daß alles menschliche Handeln berechenbar sei, bereitet die Ideen der Aufklärung über die Gesetzmäßigkeit der kulturellen Entwicklung und des Fortschritts vor.

In der kapitalistisch-technischen Gesellschaft werden diejenigen hoch geschätzt, die ihr Schicksal selbst in die Hand nehmen – wie einen mit einem Werkzeug zu bearbeitenden Gegenstand. Das Motto heißt Nützlichkeit, der Zweck menschlichen Handelns wird in der Wohlfahrt des Einzelnen oder in der Gesellschaft erkannt. »Der Nutzen ist das große Idol der Zeit, dem alle Kräfte fronen und alle Talente huldigen sollen«, klagt bereits Friedrich Schiller. Dennoch hat es zu allen Zeiten Idealisten gegeben, die ihrer Arbeit durch einen zweckfreien Anspruch Sinn gegeben haben, vor allem in der Kunst.

Handelnder

675 *Aristoteles (384–322 v. Chr.)*　Der Mensch ist der Urheber seiner Handlungen, so gut wie er der Vater seiner Kinder ist.

676 *Theophrastus Paracelsus (1493–1541)*　Denn der Mensch ist der Acker und sein Herz sein Baum, sein Werk seine Frucht.

677 *Aristoteles (384–322 v. Chr.)*　Der Mensch hat Hände, *weil* er das verständigste Wesen ist.

678 *Theophrastus Paracelsus (1493–1541)*　Der Mensch ist nit vom Menschen mit den Händen gemacht worden, wohl aber sein Ornat.

679 *Arabisches Sprichwort* Jeder Mensch ist sein König in seinem Gewerbe.

680 *Deutsches Sprichwort* Der Mensch ist seines Glückes Schmied.

681 *Johann Amos Comenius (1592–1670)* Der Mensch ist seinem Körper nach zur Arbeit bestimmt. Wir sehen jedoch, daß nur die nackte *Fähigkeit* dazu ihm angeboren ist; schrittweise muß er *gelehrt* werden zu sitzen, zu stehen, zu gehen und die Hände zum Schaffen zu rühren.

682 *Theophrastus Paracelsus (1493–1541)* Der Mensch ist des Ackers Frucht, die aus ihm gewachsen ist.

683 *Georg Christoph Lichtenberg (1742–1799)* Der Mensch ist nur da, die Oberfläche der Erde zu bauen, den Bau und die Reparaturen, die mehr in die Tiefe gehen, behält sich die Natur selbst vor.

684 *Friedrich Schlegel (1772–1829)* Der Mensch ist ein schaffender Rückblick der Natur auf sich selbst.

685 *Clemens Brentano (1778–1842)* Der Mensch ist auf Erden, sich zu bilden und dann wieder die Welt.

686 *Johann Wolfgang von Goethe (1749–1832)* Der Mensch ist ein geselliges, gesprächiges Wesen; seine Lust ist groß, wenn er Fähigkeiten ausübt, die ihm gegeben sind, und wenn auch weiter nichts dabei herauskäme.

687 *Rudolf Steiner (1861–1925)* Der Mensch ist nicht bloß ein Zuschauer der Welt, sondern er ist Schauplatz der Welt, auf dem sich die großen kosmischen Ereignisse immer wieder und wieder abspielen.

688 *Ivan Sviták (*1925)* Das All ist unendlich, der Mensch ist ein endliches Wesen, Gegenteil der Unendlichkeit. Je mehr du am Boden bist, desto mehr narbst du den Kosmos mit deiner Konkret-

heit, deinem Leben mit dir selbst. Der Mensch ist die Empörung gegen den Boden, den Kosmos, die Geschichte. Der Mensch ist Empörung, Narbe des Kosmos.

689 *Wilhelm von Humboldt (1767–1835)*   Der Mensch ist mehr und noch etwas anderes als alle seine Reden und Handlungen und selbst als alle seine Empfindungen und Gedanken . . .

690 *Friedrich Heinrich Jacobi (1743–1819)*   Das ist gewiß und wahrhaftig, daß der Mensch ein *tätiges* Wesen ist; er ist unaussprechlich glücklicher in Abkehrung großer Übel, von denen er wirklich leidet, als in dem bloßen Genuß des Guten, das er nun einmal ganz hat.

691 *Immanuel Kant (1724–1804)*   Der Mensch ist das einzige Tier (animal, Lebewesen), das arbeiten muß.

692 *Deutsches Sprichwort*   Der Mensch ist zur Arbeit geboren wie der Vogel zum Fliegen.

693 *Friedrich Schiller (1759–1805)*   Der Mensch ist ein nachahmendes Geschöpf, und wer der Vorderste ist, führt die Herde.

694 *Friedrich Dessauer (1881–1963)*   Der Mensch, dieser Spätling, ist das mächtigste aller Lebewesen auf Erden.

695 *Hermann Poppelbaum (1891–1979)*   Der Mensch ist seelisch mit der Bildetätigkeit ausgestattet, die seinem mittleren Organismus nicht zugeflossen ist; und so kann er sich herstellen, was ihm fehlt: Ruder, Stiefel, Steigeisen, Tragflügel und die ganze Fülle seiner technischen Hilfsmittel.

696 *George G. Simpson (*1902)*   Es stimmt wahrscheinlich, daß der Mensch das einzige lebende Tier ist, das zur Anfertigung von Werkzeugen wiederum Werkzeuge benützt.

697 *Jacob Bronowski (*1908)* Der Mensch ist ein einzigartiges Geschöpf. Er verfügt über Gaben, die ihn unter den Tieren einmalig machen, so daß er im Gegensatz zu ihnen nicht nur eine Gestalt in der Landschaft darstellt, sondern selbst die Landschaft formt. In Körper und Geist ist er der Erforscher der Natur, das allgegenwärtige Tier, das seine Heimat auf jedem Kontinent nicht gefunden, sondern sich geschaffen hat.

698 *Eugen Fink (1905–1975)* Die technische Humanisierung der Natur ist, strenger gedacht, nicht eine nachträgliche Überlagerung der dem Menschen zugänglichen Naturdinge durch humane Sinnauflagen, ist kein Prozeß, der unterbleiben könnte und – wenn er unterbliebe – das »Paradies« wieder zurückzauberte; der Mensch verhält sich immer zur Wildnis störend und zerstörend. Er ist nicht ein Naturgeschöpf, das im spannungslosen, harmonischen Einklang mit der mütterlichen Natur leben könnte; er »stört« aber auch nicht so, wie wir vom Raubtier sagen, daß es den Frieden seiner Beutetiere »störe«; es ist die problemlose, heile, instinkthaft geborgene Natur des Tigers, andere Tiere zu reißen; in seinem Blutdurst ist er so unschuldig wie das grasende Lamm. Der Mensch gleicht nicht dem Raubtier, wenn er die natürlichen Dinge nicht so läßt, wie sie von Hause aus sind, wenn er den Boden aufbricht mit der Pflugschar, den Urwald rodet, das Eisen schmiedet, wenn er gewalttätig mit den natürlichen Stoffen umspringt.

699 *Marcel Legaut (*1900)* Der Mensch ist sein Leben lang gespalten zwischen dem Anruf der menschlichen Güter und der Verführung durch Zwänge.

700 *Jean-Paul Sartre (1905–1980)* Der Mensch ist nichts anderes als wozu er sich macht.

701 *Friedrich Gogarten (1887–1967)* Der Mensch ist nicht mehr ein Teil der Welt. Er ist nicht mehr, was er ist, aus der Welt, sondern die Welt wird wieder, was sie in Wahrheit ist und von jeher war, nämlich Schöpfung durch ihn.

702 *Michael Landmann (1913–1984)*   Der Mensch ist Partner des objektiven Geistes. Sein Geheimnis besteht in der Rückgeprägtheit durch sein eigenes creatum.

703 *Evangelischer Erwachsenenkatechismus*   Der Mensch ist nicht Schöpfer der Erde.

704 *Hermann Broch (1886–1951)*   Der Mensch ist jedoch kein Gott, und daher sind die Systeme, mit welchen er die Welt teils bewältigt, teils ausdrückt, äußerst unvollkommene Gebilde . . .

705 *Eugen Fink (1905–1975)*   Der Mensch ist für seine Not als solche offen. Zwar spürt sicher auch das Tier den nagenden Hunger und den brennenden Durst und die Brunst, aber es lebt nicht in einem ausdrücklichen Selbstverhältnis und nicht in einer in solchem Selbstverhältnis mitgegebenen Offenheit für das, was seine Not wenden kann. Der Mensch aber versteht auch das Nichtgegebene, das Ausstehende, das Fehlende als solches, weil er nicht im Moment gefangen ist, sondern zur Zeit als solcher sich verhält. Weil er verstehend sich ins Vergangene und Künftige hinaushalten kann, vermag er zu lernen, Erfahrungen zu machen und Vorsorge zu treffen, kann er aus Schaden klug werden.

706 *Ursula von Mangoldt (*1904)*   Der Mensch ist in einer Tiefe verwurzelt, aus der ihm sein Wissen und Gewissen zukommt und muß sich zugleich in der äußeren Welt bewähren, in die er mit seiner Arbeit, mit seinem Entfalten, seinem Streben, Wirken und Gestalten hineinragt.

707 *Marcel Légaut (*1900)*   Der Mensch ist viel »größer« und daher viel komplexer und vielschichtiger als seine Taten und seine Worte, auch wenn er ohne sie nicht existieren kann.

708 *Wolfgang Trillhaas (*1903)*   Der Mensch ist ja nicht nur ein animal rationale, er ist homo faber, d. h. ein handelndes Wesen: die Ethik spricht und lebt von nichts anderem, als den Menschen daran zu erinnern und ihm darin beizustehen.

709 *Erich Kästner (1899–1974)* Aber der Mensch ist ein denkendes Wesen. Er gehört nur zum Teil in die Naturkunde. Seine Häuser wachsen ihm nicht von selber, wie den Schnecken. Die weißen Brötchen und der Rinderbraten fliegen nicht fix und fertig in der Luft herum, wie die Mücken für die Schwalben. Und die Wolle wächst ihm nur auf dem Kopfe nach, nicht auch am Körper, wie den Tieren im Wald.

710 *Albert Zimmermann (*1928)* Der Mensch ist dagegen augenscheinlich von ganz anderer Art. Das zeigt sich besonders klar, wenn man die Struktur des menschlichen Handelns untersucht. Für das Handeln des Menschen ist kennzeichnend, daß es ein Ziel hat. Der Mensch realisiert etwas, das zunächst, sofern es Ziel ist, nur vorgestellt oder gedacht ist, das also noch nicht außerhalb des Bewußtseins des Handelnden besteht.

711 *Lin Yutang (1895–1976)* Der Mensch, so hören wir, ist von innerem Streben erfüllt, und man spricht davon in einem äußerst lobenden Ton, denn Streben gilt im allgemeinen als etwas Edles. Warum auch nicht?

712 *Nicolai Hartmann (1882–1950)* Der Mensch ist in erster Linie praktisch, in zweiter erst theoretisch.

713 *Hans-Eduard Hengstenberg (*1904)* Der Mensch ist in die Unsachlichkeit geraten, indem er die Grenzen der utilitären Haltung nicht anerkannte.

714 *Friedrich Nietzsche (1844–1900)* Der Mensch ist das Zeugniß, welche ungeheuren Kräfte in Bewegung gesetzt werden können, durch ein kleines Wesen vielfachen Inhalts (oder durch einen perennirenden Kampf concentrirt auf viele kleine Wesen).

715 *Ronald D. Laing (1927–1989)* Realistischer Materialismus beginnt mit dem Tatbestand, daß der Mensch in diese Welt situiert ist.

716 *Franz Marc (1880–1916)*   Der Mensch ist kein einmal festgeleg-
ter Typus, mit dem man so einheitlich und über einen Leisten
verfahren kann, sondern unterliegt ganz der Wandlung und der
Rangordnung, die die physikalische Natur in allen ihren »Betrie-
ben, Werkstätten« anwendet, um etwas zu fördern und um wachsen zu können. Differenzierung und Absonderung scheint mir
eher gerade der Schlüssel der menschlichen Lebensenergie zu
sein. Aber ich kann darüber nicht mit so wenig Worten reden.

717 *Karl Barth (1886–1968)*   Der Mensch ist wohl rein rezeptiv von
Gott her, er ist aber auch rein spontan zu Gott hin. Er ist nicht bloß
Teilfunktion in einem bewegten Ganzen. Er ist überhaupt nicht
nur Funktion.

718 *Helmut Thielicke (1908–1986)*   Der Mensch ist in Gefahr, bloß
ökonomischer Funktionär zu sein, und das Unsittliche dieser
Möglichkeit würde darin bestehen, daß der Mensch hier nur Mittel zum Zweck (z. B. zum Zweck der »Wertarbeit« oder des Kol-
lektivnutzens) wäre.

719 *Friedrich Nietzsche (1844–1900)*   Der Mensch ist sich gewisser
Handlungen bewußt, welche in der gebräuchlichen Rangordnung der Handlungen tief stehen, ja er entdeckt in sich einen
Hang zu dergleichen Handlungen, der ihm fast so unveränderlich
wie sein ganzes Wesen erscheint.

720 *Antoine de Saint-Exupéry (1900–1944)*   Der Mensch ist das
Wesen, das erzeugt und verbraucht.

721 *Herbert W. Franke (*1927)*   Erst der Mensch ist – in nennenswer-
tem Grad – befähigt, seine Lebensbedingungen zu erweitern –
neue Nahrungsquellen aufzudecken, neue Energiereserven zu
erschließen, so daß er also in gewissen Grenzen auch den Lebens-
raum seiner Vermehrungsrate anpassen kann.

722 *Michael Landmann (1913–1984)*   Der Mensch ist das schöpferische Wesen, das von Gemeinwesen zu Gemeinwesen und in

schwächerem Maß auch als Individuum immer wieder neue Verhaltensweisen ersinnen kann und muß.

723 *Theodor Litt (1880–1962)* Der Mensch ist dasjenige Lebewesen, das sowohl um seine eigene Umwelt als auch um die Umwelt der anderen Lebewesen weiß – das kraft dieses Wissens sich über seine eigene Umwelt erhebt.

724 *Adolf Diesterweg (1790–1866)* Der Mensch ist nicht zur Ruhe bestimmt.

725 *Ivan Sviták (*1925)* Der Mensch ist »eine Null auf Urlaub«. Je besser du die Vergeblichkeit deines Existierens kennst, desto mehr protestierst du gegen die Vergeblichkeit mit deinem Werk, deinem Handeln. Das Bewußtsein der Vergeblichkeit weckt Widerstand gegen die Welt, gegen das Schicksal des Menschen.

726 *Rabindranath Tagore (1861–1941)* Der Mensch ist ein geborenes Kind; seine höchste Gabe ist die Gabe des Wachsens.

727 *Lew Nikolajewitsch Tolstoj (1828–1910)* Der Mensch ist ein Abgesandter, wie Christus sagte, ja ein Bote, der seinen Auftrag zu erfüllen hat und dem es einerlei ist, was man über ihn denkt.

728 *Paul Hazard (1878–1944)* Der Mensch ist also eine mit Notwendigkeit wirkende Kraft.

729 *Horst Janssen (*1929)* Der Mensch ist auf Expansion aus.

730 *Herbert Meier (*1928)* Der Mensch ist sein eigenes Geschick. Er kann sich zu Gut oder Böse entscheiden, und gemäß dieser Entscheidung ist sein Geschick.

731 *Horst Georg Pöhlmann (*1933)* Der Mensch ist hier wirklich seines Glückes Schmied.

732 *Erich Rothacker (1888–1965)*   Der Mensch ist ein handelndes Wesen.

733 *Karol Wojtyła (Papst Johannes Paul II.) (*1920)*   Der Mensch ist ja durch sein Handeln Urheber vieler Wirkungen auch nach außen, er gestaltet durch sein Handeln die ihn umgebende Wirklichkeit.

734 *Karol Wojtyła (Papst Johannes Paul II.) (*1920)*   Der Mensch, das Ich wie das Du, ist nicht nur seiendes Subjekt, sondern auch handelndes; in diesem Handeln wird das Du jeweils zum Objekt für das Ich; doch dieses Objektsein schlägt, wie die ganze Beziehung, in eigentümlicher Weise auf das Ich selbst zurück: Das Ich wird in seinem auf das Du gerichteten Handeln gleichzeitig sein eigenes Objekt.

735 *Johannes Hemleben (1899–1984)*   Soll die Antwort auf diese Fragen frei von Illusionen sein, so darf man den Blick nicht vor einer unleugbaren Tragik verschließen. Diese besteht in der Tatsache, daß der Mensch in jedem Falle der Erde größter Schuldner ist und immer bleiben wird. Nie kann er der Erde zurückgeben, was er von ihr genommen hat und in alle Zukunft von ihr nehmen muß. Er ist der stärkste Verbraucher dessen, was die Erde liefert.

736 *Liä Dsi (4. Jh. v. Chr.)*
Die Natur ist Räuber am Menschen,
Der Mensch ist Räuber an der Natur.

737 *Evangelischer Erwachsenenkatechismus*   Der Mensch ist zur *Ausgestaltung*, nicht zur Ausnutzung der Welt berufen.

738 *Jacob Bronowski (*1908)*   Der Mensch ist auch zum Architekten seiner Umwelt geworden, aber ihm sind keine Kräfte untertan, die so mächtig wären wie die der Natur.

739 *Martin Buber (1878–1965)*   Der Mensch ist seit einem Jahrhundert immer tiefer in eine Krisis geraten, die zwar manches gemein

hat mit anderen, die wir aus der früheren Geschichte kennen, aber in einem wesentlichen Punkt eigentümlich ist. Dieser Punkt betrifft die Beziehung des Menschen zu den durch sein Handeln oder unter seiner Mitwirkung entstandenen neuen Dingen und Verhältnissen. Ich möchte diese Eigentümlichkeit der modernen Krisis das Zurückbleiben des Menschen hinter seinen Werken nennen.

740 *Günther Anders (*1902)* Der Mensch ist der Saboteur seiner eigenen Leistungen.

741 *Ernst Krieck (1882–1947)* Der Mensch ist nicht Urheber der Bewegung seiner Werkzeuge und Maschinen, sondern Urheber ihrer Zwecke und Dienste.

742 *Heinrich Weinstock (1889–1960)* Der Mensch ist mit dem Wissen begabt und zum Handeln berufen.

743 *Jürgen Rausch (*1910)* Schon die Tatsache, daß der Mensch ein von Grund auf technisches Wesen ist, das der Mittel zu seiner Ergänzung und Potenzierung nicht entraten kann, enthält diese Zweideutigkeit. Denn sie besagt doch, daß der Mensch, so wie er geboren wird, unfertig und nicht lebensfähig ist.

744 *Helmut Thielicke (1908–1986)* Der Mensch ist dessen nicht mächtig, worüber er verfügt.

745 *Henri Bergson (1859–1941)* Der Mensch ist wesentlich ein fabrizierendes Wesen. Da die Natur ihm keine fertigen Werkzeuge gegeben hat, wie beispielsweise den Insekten, hat sie ihm den Verstand gegeben, d. h. das Vermögen, eine unbegrenzte Anzahl von Werkzeugen zu erfinden und zu konstruieren.

746   *Heinrich Schirmbeck (*1915)*   Der Mensch ist bis zu den informativen Chiffren des Lebens vorgedrungen. Obwohl er diese Chiffren noch nicht lesen kann, experimentiert er bereits mit ihnen und hat so seine Hand an den Hebel einer Entwicklung gelegt, von der er noch nicht weiß, wohin sie führen wird.

747   *Marc Oraison (*1914)*   Der Mensch, dieses durch seine biologische Anlage vergängliche Wesen, ist dahin gelangt, *unbegrenzt Dauerhaftes* zu fertigen, das ihn in eben seinem Forschen und Bemühen zu ersticken droht und ihm Angst macht. Die Zivilisation produziert heute beständige und unvernichtbare Abfälle, aber diese häufen sich ständig an. Hier liegt das Paradox: Der Mensch hat die Zeit besiegt, und eben das führt unerbittlich zu seiner Vernichtung, weil er sie nur auf der Ebene seiner Abfallprodukte besiegt hat.
Ohne Zweifel ist er für anderes gemacht als das unbegrenzt Dauerhafte . . . Für etwas anderes auch als die *Zeit*?

748   *Emerich Coreth (*1919)*   Nur der Mensch hat eine Welt und ist in der Welt. Sie ist ein Grundphänomen des menschlichen Daseins.

749   *Helmut Thielicke (1908–1986)*   . . . der Mensch ist also Subjekt des Verfügens, ohne daß über ihn verfügt würde.

750   *Hans-Jürg Braun (*1927)*   Der Mensch ist letztlich nicht mehr zwei Bereichen gegenüber verpflichtet, einem irdischen und einem göttlichen, sondern nur einem einzigen, dem Erdboden dieser Welt.

751   *Martin Heidegger (1889–1976)*   Der Mensch ist auf dem Sprunge, sich auf das Ganze der Erde und ihrer Atmosphäre zu stürzen, das verborgene Walten der Natur in der Form von Kräften an sich zu reißen und den Geschichtsgang dem Planen und Ordnen einer Erdregierung zu unterwerfen.

752   *Andrzej Szostek (*1945)*   Es kann z. B. sein, daß der Mensch eine genügend konstante Natur besitzt und bestimmte Taten (aus sich

heraus) für ihn immer zum Vorteil bzw. immer zum Schaden sind; doch der Mensch ist bis heute ein unbekanntes Wesen, nur mühsam, Schritt für Schritt und durch Irrtümer hindurch erfaßbar.

753 *Hermann Wein (*1912)*   Die Reihe seiner Taten ist der Mensch.

Spieler und Künstler

754 *Friedrich Schlegel (1772–1829)*   Jeder Mensch ist gebohrner Künstler.

755 *Johann Gottfried Herder (1744–1803)*   Der Mensch ist zu feinern Sinnen, zur Kunst und zur Sprache organisiert.

756 *Georg Forster (1754–1794)*   ... der Mensch ist der höchste Gegenstand der schönheitsbildenden Kunst.

757 *Bettina von Arnim (1785–1859)*   Dann ist der Mensch Zauberer, Poet, dessen willkürliches Verfahren immer Wunder tut, Wunder der Empfindung, der Phantasie und des Gedankens.

758 *Friedrich Nietzsche (1844–1900)*   Bessere Raubthiere sollen sie also werden, feinere, klügere, *menschenähnlichere*: der Mensch nämlich ist das beste Raubthier.

759 *Friedrich Nietzsche (1844–1900)*   »Der Mensch ist böse« – so sprachen mir zum Troste alle Weisesten.

760 *Mircea Eliade (1907–1986)*   Denn der Mensch ist das Endprodukt einer Entscheidung, die »am Anfang der Zeiten« getroffen wurde: der Entscheidung, zu töten, um leben zu können.

761 *Helmut Hofer (*1912)*   Der Mensch ist das einzige Lebewesen, das nicht unter den Umständen aussterben kann, unter denen andere Stämme zum Erlöschen kommen. Den phylogenetischen Tod, den Stammestod, kann die Gattung *Homo* nicht erleiden.

762 *Johann Heinrich Pestalozzi (1746–1827)* Der Mensch ist schon in seiner Höhle nicht gleich; unter dem Dach, hinter Riegel und Wänden wächst diese Ungleichheit mächtig, und wenn er zu hunderten und tausenden zusammen steht, so ist er gezwungen ob er will oder nicht will, er muß zu dem Starken sagen, sei du mein Schild, zu dem Listigen, sei du mein Führer, und zu dem Reichen, sei du mein Erhalter.

763 *Friedrich Nietzsche (1844–1900)* Der Mensch nämlich ist das grausamste Thier.

764 *Friedrich Hebbel (1813–1863)* Der Mensch ist überhaupt ein Geschöpf, das sich selbst zugrunde richten soll.

765 *Erich Rothacker (1888–1965)* Der Mensch ist also ein *schöpferischer Entdecker*. Dieses Entdecken ist etwas vollkommen Märchenhaftes.

766 *Eugen Fink (1905–1975)* Der Mensch ist in das Spiel verstrickt, in die Tragödie und Komödie seines endlichen Daseins – dem er nicht entrinnen kann in den reinen, ungebrochenen Selbstand des Gottes.

767 *Antoine de Saint-Exupéry (1900–1944)* Der Mensch ist einer, der Gedichte schreibt und in den Sternen zu lesen lernt.

768 *Robert Musil (1880–1942)* Man kommt der Sache näher, wenn man sagt: jeder Mensch ist ein Dichter, denn er ist ein Sektierer.

769 *Zenta Maurina (1897–1978)* Das höchste Kunstwerk ist und bleibt der Mensch. Dieses Kunstwerk zu vollenden, das uns allen – ganz gleich, ob wir als Schuster oder als Orchesterdirigent wirken – aufgegeben, ist die schwerste Arbeit; denn der Mensch, ein Wagnis Gottes, ist das unfertigste, in seiner Hilflosigkeit allen Gefahren preisgegebene Wesen, das für den Kampf ums Dasein wie im Urwald Afrikas, so in dem der motorisierten Großstadt schlecht vorbereitet und wenig ausgerüstet ist.

770 *Hans Arp (1886–1966)*   Der Mensch ist aber auch eine beseelte Knospe.
Der Mensch ist aber auch ein Dichter.
Der Mensch ist aber auch ein Heiliger, ein regenbogenfarbener Engel.

771 *Friedrich Hebbel (1813–1863)*   Der Mensch ist der Basilisk, der stirbt, wenn er sich selbst sieht.

772 *Eugen Fink (1905–1975)*   Der Mensch als Mensch ist Spieler.

773 *Herbert W. Franke (*1927)*   Eine sehr komplexe Verhaltensweise, die nur den höheren Tieren zukommt, ist das Spiel. Spielende Tiere gewinnen leicht unsere Sympathie – wahrscheinlich weil der Mensch das am häufigsten spielende Wesen ist und seine eigenen Eigenschaften wiedererkennt.

774 *Jürgen Rausch (*1910)*   Denn der Mensch *ist* »im Bilde«. Indem er hinter die Bilder zu kommen sucht, schafft er nur neue Bilder. Das Bild ist sein Geheimnis, das mehr ist als nur *sein* Geheimnis. Er ist sein eigenes Wunder.

775 *Joseph Beuys (1921–1986)*   Jeder Mensch ist ein kreatives Wesen.

776 *Peter Wapnewski (*1922)*   Der Mensch ist das Wesen, das Schönheit erkennt. Der Mensch ist das Wesen, das Schönheit will. Der Mensch ist das Wesen, das der Schönheit bedarf. Nicht als Narkotikum. Nicht als Palliativ. Nicht als Droge und narzißtisches Gaukelspiel. Sondern als Proportion und Harmonie, als den sinnenhaft aufzunehmenden Geist des Gesetzes, als ordnungstiftendes Prinzip.

777 *El Lissitzky (1890–1941)*   Der Mensch ist ein Werk der Kunst. Die Kunst ist das Leben.

778 *Conrad Felixmüller (1897–1977)* Der *Mensch* ist bewußt in den Mittelpunkt der Kunst gestellt; er ist in ihr keine rechenschaftsfreie und schrankenlose Erscheinung mehr, sondern voller gesellschaftlicher Verantwortung.

779 *Irenäus Eibl-Eibesfeldt (*1928)* Der Mensch ist sicher das meistgefilmte Wesen der Erde ...

780 *Paul Lüth (1921–1986)* Der Mensch ist tot, die Rollen leben.

Maß aller Dinge: Herrscher der Welt

781 *Protagoras (um 488–415 v. Chr.)* Der Mensch ist das Maß aller Dinge, der Seienden, daß sie sind, der nicht Seienden, daß sie nicht sind.

782 *Stanisław Jerzy Lec (1909–1966)* Der Mensch das Maß aller Dinge? Wie bequem. Einmal mißt man mit einem Riesen, einmal mit einem Zwerg.

783 *Syrischer Baruch 14,8* Der Mensch ist nicht um der Welt willen, sondern die Welt um des Menschen willen geschaffen worden.

784 *Martin Luther (1483–1546)* Der Mensch ist Gottes Geschöpf, aus Fleisch und lebendiger Seele bestehend, von Anbeginn zum Bilde Gottes gemacht ohne Sünde, mit der Bestimmung, Nachkommenschaft zu zeugen und über die Dinge zu herrschen und niemals zu sterben.

785 *Johann Wolfgang von Goethe (1749–1832)* Der Mensch ist gewohnt, die Dinge nur in dem Maße zu schätzen, als sie ihm nützlich sind, und da er seiner Natur und seiner Lage nach sich für das Letzte der Schöpfung halten muß: warum sollte er auch nicht denken, daß er ihr Endzweck sei? Warum soll sich seine Eitelkeit nicht den kleinen Trugschluß erlauben?

786 *Johann Caspar Lavater (1741–1801)* Jeder Mensch ist Genie in irgend einer großen oder kleinen Welt.

787 *Algernon Charles Swinburne (1837–1909)* Ehre sei dem Menschen auf der Höhe; denn der Mensch ist der Herr aller Dinge!

788 *Friedrich Schlegel (1772–1829)* *Der Mensch ist allmächtig und allwissend und allgültig*; nur ist d(er) Mensch in dem Einzelnen *nicht ganz* sondern nur stückweise da.

789 *Johann Gottfried Herder (1744–1803)* Der Mensch ist zur zartesten Gesundheit, zugleich aber zur stärksten Dauer, mithin zur Ausbreitung über die Erde organisiert.

790 *Johann Wolfgang von Goethe (1749–1832)* Der Mensch, abgesehen von der Herrschaft, in welcher die Passion ihn fesselt, ist noch von manchen notwendigen Verhältnissen gebunden.

791 *Peter Christian Ludz (1931–1979)* Der Mensch ist nicht Herr, sondern nur Geschöpf der Natur, nur ein verschwindender Punkt im All. Er beugt sich den Gesetzen der Natur und ihren Widersprüchen, und die Natur schützt und belehrt ihn.

792 *Zigeunersprichwort* Die Welt ist ein fetter Schwanz, der Mensch das Messer daran.

793 *Johann Gottfried Herder (1744–1803)* Der Mensch hat den Königsvorzug, mit hohem Haupt, aufgerichtet weit umher zu schauen, freilich also auch vieles dunkel und falsch zu sehen, oft sogar seine Schritte zu vergessen und erst durch Straucheln erinnert zu werden, auf welcher engen Basis das ganze Kopf- und Herzensgebäude seiner Begriffe und Urteile ruhe; indessen ist und bleibt er seiner hohen Verstandesbestimmung nach, was kein andres Erdengeschöpf ist, ein Göttersohn, ein König der Erde.

794 *Charles Darwin (1809–1882)* Der Mensch ist jetzt, auch im rohesten Zustand, das dominierendste Tier, das je auf der Erde erschienen ist.

795 *Johann Gottfried Herder (1744–1803)* Aber der Mensch ist ein göttlich geadeltes Tier, ein Bild der Elohim, ein irdischer, sichtbarer Gott der Tiere!

796 *Ludwig Eckstein (20. Jahrhundert)* Erst recht aber ist der Mensch in allen entscheidenden Dimensionen seines Wesens mehr als ein bloß sein Leben Fristender. Er ist z. B. ein in die Verantwortung Gestellter, ein sichtbarlich in die Freiheit Gewagter, ein Erkennender und ein Sich-ein-Weltbild-Schaffender, ein aus Schöpferfreude Wirkender, ein spielend Darstellender, ein Gemeinschaft Suchender und ein Begegnender, ein aus dem Gewissen heraus Sich-selbst-Bestimmender, ein Anerkennender und bewußt Erleidender, ein Sich-selber-Hingebender und -Opfernder.

797 *Emil Brunner (1889–1966)* Der Mensch ist nicht zu einer bedingungslosen, willkürlichen Herrschaft über die Natur berufen, sondern zu einer solchen, die unter der Ordnung des Schöpfers bleibt und darum das Geschaffene als Gottes Geschöpf ehrt und liebt.

798 *Emil Brunner (1889–1966)* Der Mensch ist der Herr der Welt, weil und sofern ihn Gott dazu macht, weil ihn Gott dadurch, daß er ihn allein zu seinem Ebenbild schafft, an dem Privileg des Subjektseins und Geistseins, der Freiheit und des Schaffens teilhaben läßt und ihn mit dem ausstattet, wodurch der Mensch das, »was unter ihm ist« sich auch tatsächlich »untertan machen« kann.

799 *Evangelischer Erwachsenenkatechismus* Der Mensch ist von Gott mit der Herrschaft über die Welt beauftragt, er bleibt dabei Gott verantwortlich.

800 *Hans-Joachim Kraus (*1918)* Der Mensch ist zum Bundesgenossen seines Schöpfers bestimmt.

801 *Emil Brunner (1889–1966)* Der Mensch ist von Gott so ausgestattet, daß er selbst wissen und erfahren kann, wessen er zum Leben bedarf, was ihm förderlich und schädlich, was auch für das Zusammenleben der Menschen nützlich und schädlich ist.

802 *Emil Brunner (1889–1966)* Der Mensch ist zur Gemeinschaft geschaffen. Er ist dazu geschaffen, die Erde sich untertan zu machen. Er ist dazu geschaffen, die übrige Kreatur zu benennen und also zu erkennen.

Mensch als Maschine

803 *Platon (427–347 v. Chr.)*
Sokrates.	Was ist nun also der Mensch?
Alkibiades.	Das weiß ich nicht zu sagen.
Sokrates.	Doch, du weißt es. Nämlich: er ist das sich des Körpers Bedienende.
Alkibiades.	Ja.

804 *Helmut Thielicke (1908–1986)* Der Mensch, besonders in der Spezies des hochqualifizierten Spezialisten, ist schwerer zu ersetzen und darum schonsamer zu behandeln als die von ihm bediente Maschine.

805 *Julien Offray de Lamettrie (1709–1751)* L'homme machine.

806 *Claude Adrien Helvétius (1715–1771)* Der Mensch ist eine Maschine, die von der physischen Empfindungsfähigkeit in Bewegung versetzt wird und all das machen muß, was sie ausführt.

807 *Walter Kempowski (*1929)* Jaja, d'r Mänsch iss eene draurige Maschine.

808 *Johann Gottfried Herder (1744–1803)* Der Mensch ist also eine künstliche Maschine, zwar mit genetischer Disposition und einer Fülle von Leben begabt; aber die Maschine spielet sich nicht

selbst, und auch der fähigste Mensch muß lernen, wie er sie spiele.

809 *Johann Wolfgang von Goethe (1749–1832)* Der Mensch an sich selbst, insofern er sich seiner gesunden Sinne bedient, ist der größte und genaueste physikalische Apparat, den es geben kann.

810 *Arthur Hafink (*1907)* Quinta essentia. – Der heutige Mensch ist ein autonom gewordener Automat.

811 *Helmut Thielicke (1908–1986)* Der Mensch ist nicht Marionette (= Maschine), die automatisch funktioniert, sondern der Mensch ist etwas, das sich ergreifen muß und das sich im Ergreifen auch verfehlen kann. Der Mensch ist ein Wagnis Gottes, weil dieser der menschlichen Kreatur den Entwurf ihrer Geschöpflichkeit in die Hand gegeben hat.

812 *Erich Fromm (1900–1980)* Insofern Gott unerkennbar und undefinierbar ist, und insofern der Mensch als Gottes Ebenbild erschaffen wurde, ist auch der Mensch undefinierbar – und dies bedeutet, daß er kein *Ding* ist und niemals als ein solches angesehen werden kann.

813 *Jean Améry (1913–1978)* Wer ist der Mensch? Es liegt auf der Hand, daß diese Frage die Gegenfrage in sich enthält, was der Mensch nicht sei. Er »ist kein Baum, er ist kein Zelt«, um es mit Christian Morgenstern zu sagen. Er ist – im weitesten Verstande des Begriffs – kein Ding: soviel steht fest.

814 *Anton Wildgans (1881–1932)* Der Mensch ist keine Maschine.

815 *Hans Henny Jahnn (1894–1959)* Der Mensch ist doch nicht nur eine Maschine, die gut geölt werden muß und vor Rost und Schmutz, das sind wohl die Krankheiten, bewahrt werden muß.

816 *Erich Fromm (1900–1980)* Im Gegensatz zu Freud sehe ich den Menschen nicht als *homme machine*, getrieben vom chemisch

bedingten Mechanismus Unlust – Lust, sondern als ein *primär* auf andere bezogenes und ihrer bedürfendes Wesen, und dies nicht in erster Linie zum Zweck der gegenseitigen Bedürfnisbefriedigung, sondern aus Gründen, die in der »*Natur« des Menschen* liegen. Die menschliche »Natur« betrachte ich nicht als eine bestimmte unveränderliche Substanz, die als solche beobachtbar wäre, sondern als einen Widerspruch, wie er ausschließlich dem menschlichen Wesen zu eigen ist: den Widerspruch nämlich, in der Natur zu stehen und allen ihren Gesetzen unterworfen zu sein und gleichzeitig die Natur zu transzendieren. Denn der Mensch – und nur er – ist sich seiner selbst und seines Daseins bewußt; er ist der einzige Fall in der Natur, wo Leben sich seiner selbst bewußt wird.

817 *Helmut Thielicke (1908–1986)* Da der Mensch selber – und nicht seine Technik – die Ursache allen Übels ist, würden sich die apokalyptischen Gefahren des technischen Zeitalters von selbst erledigen, wenn der Mensch sich sozusagen »am Riemen risse« und sein geschichtliches Rollenspiel veränderte.

818 *Hans-Eduard Hengstenberg (*1904)* Der Mensch ist kein kleiner Rechner.

819 *Stanisław Jercy Lec (1909–1966)* Der Mensch hat noch einen Vorzug vor der Maschine, er ist imstande, sich selbst zu verkaufen.

VII. Amor et passio – Lieben, Leiden, Tod

*Liebender * Lust und Glück * Leidenschaft und Geworfensein * Fehl-
konstruktion * Krankheit * Der Menschenmörder * Wissen um den Tod*

Leidenschaften vermögen jegliches Denken, Fühlen und Wollen eines
Menschen zu durchdringen. Sie können ihn beherrschen und damit
unfrei machen. Der Passion par excellence, der Liebe, wird nachge-
sagt, daß sie blind mache, sie mobilisiert aber auch ungeahnte Fähigkeiten, wie schon Meyer bemerkt: »Es ist nichts Großes ohne Leidenschaft vollbracht worden, noch kann es ohne sie vollbracht werden.«

Da, wo sich Leidenschaft erfüllt, mag sich – mehr oder weniger
dauerhaft – Befriedigung und Wunschlosigkeit einstellen. In der Antike

AMORVM.

gilt Leidenschaft, ebenso wie das Erlebnis des Leidens und Erleidens, als Übel. Das Christentum lehrt hingegen, daß Leiden die edelsten menschlichen Kräfte zu wecken und die Glücksfähigkeit zu vertiefen vermag. Der Mensch, der an keinen Gott glaubt, findet sich häufig mit seinem Leiden allein und einsam vor dem Nichts. Bei aller Radikalität der Einsamkeit bleibt jedoch ein innerster Kern im Menschen unberührt, auch und gerade, wenn alles, was ein Mensch in dieser Welt besaß und woran sein Herz hing, ihm verlorenging: seine »Existenz«. Auf dieses dünne Eis baut die Existenzphilosophie ihre Barrikaden der Hoffnung und Revolte gegen die permanente Erfahrung des Absurden, des unberechenbaren Zufalls und der Sinnlosigkeit. Religiöse Menschen finden weithin Trost in dem Gedanken, alles auf Erden erlittene Leid werde durch Freude in der Ewigkeit kompensiert. Ihnen gilt der Tod als der Auszug der im Leben eingekerkerten Seele in die Unsterblichkeit.

Liebender

820 *Baltasar Gracián y Morales (1601–1658)* Der Mensch ist so viel wert, wie ihm seine Mitmenschen gönnen, und damit sie es ihm gönnen, muß man ihren Mund auf dem Wege über das Herz gewinnen.

821 *Novalis (1772–1801)* Der Mensch ist eine Sonne, seine Sinne sind seine Planeten.

822 *Friedrich Hölderlin (1770–1843)* Ja! eine Sonne ist der Mensch, allsehend, allverklärend, wenn er liebt, und liebt er nicht, so ist er eine dunkle Wohnung, wo ein rauchend Lämpchen brennt.

823 *Bettina von Arnim (1785–1859)* ... der Mensch ist zum edelsten gebohren, denn er ist durch die Liebe geschaffen, sein Leben soll aus ihr hervorgehen und werden und in diese ewige Liebe soll er wiederum eingehen.

824 *Johann Wilhelm Ritter (1776–1810)* Der Mensch ist ein peren-
nierendes Tier. Er stirbt in der Liebe, zum Teil, ganz im Tode. Daß
er die Liebe überlebt, ist ein unendlich merkwürdiges Faktum.

825 *Jean Mouroux (20. Jahrhundert)* Der Mensch ist zunächst ein
Wesen, wie die anderen auch: Er ist der Gipfel der Welt und so in
ihr gegründet; er ist bestimmt, sie zu vollenden und nimmt so teil
an ihrem Streben; er ist zum Sein berufen durch den Willen des
Schöpfers und so ganz und gar durch Ihn emporgehoben. Er ist
Natur, bevor er Freiheit wird; er ist gewollt, bevor er sich will; er
ist sich selbst überantwortet, bevor er sich wählt, oder aber, da ja
eine Liebe mitwirkt, ist er sich selbst gegeben, bevor er sich selbst
hingeben kann. Weil er aber Geist ist, verfügt er auch – nicht, um
es zu unterdrücken, sondern um es anzuerkennen oder zu ver-
werfen – über jenes auferlegte Streben, jene notwendige Berufung, jene natürliche Liebe.

826 *Emil Brunner (1889–1966)* Der Mensch ist, obwohl er aus
Liebe, in Liebe und zur Liebe geschaffen ist, nicht göttliches
Wesen, als hätte er Anteil am Sein Gottes, sondern er ist
Geschöpf, Produkt seines Willens.

827 *Ernesto Cardenal (*1925)* Der Mensch ist eine Erfindung der
Liebe und wurde geschaffen zum Lieben.

828 *Paul Valéry (1871–1945)* Der Mensch ist keine exakte Lösung
des Lebensproblems: er besitzt ein wenig zuviel von irgend etwas
Subtilem; ein wenig mehr, als notwendig ist, um die Aufgaben des
jagenden und bisweilen verliebten Tieres zu erfüllen.

829 *Lin Yutang (1895–1976)* Der Mensch ist bekanntlich das am
meisten auf Liebe erpichte Geschöpf im gesamten Tierreich.

830 *Antoine de Saint-Exupéry (1900–1944)* Der Mensch ist kein
Mastvieh, und die Liebe zum Menschen gilt mehr als die Nut-
zung.

831 *Ernesto Cardenal (*1925)* Gott ist die Liebe. Und der Mensch ist auch die Liebe, weil er nach Seinem Bild und Gleichnis gemacht ist.

832 *Emil Brunner (1889–1966)* Der Mensch ist so sehr Eros – darum, weil er von Gott geschaffen ist in Liebe zur Liebe, und darum, weil er von Gott gefallen ist.

833 *Gisbert Kranz (*1921)* Auf eine Kurzformel gebracht: Der Mensch ist *ein charitisches Wesen.*

Lust und Glück

834 *Giacomo Casanova (1725–1798)* Einzig der Mensch ist wirklicher Lust fähig, denn er ist mit dem Vermögen des Denkens begabt; er erwartet die Lust, er sucht sie, er verschafft sie sich und erinnert sich ihrer, wenn er sie genossen hat.

835 *Stendhal (1783–1842)* Der Mensch ist außerstande, etwas zu unterlassen, was ihm mehr als alle anderen Dinge Lust erzeugt.

836 *Sigmund Freud (1856–1939)* Der Mensch ist eben ein »unermüdlicher Lustsucher« – ich weiß nicht mehr, bei welchem Autor ich diesen glücklichen Ausdruck gefunden habe – und jeder Verzicht auf eine einmal genossene Lust wird ihm sehr schwer.

837 *Claire Goll (1890–1977)* Was ist der Mensch! Ein Wurm, dem Wollust gegeben wurde und der von einer Minute zur anderen als Cherub vor Gott stehen kann.

838 *Jean Mouroux (20. Jahrhundert)* Der Mensch ist mit seinem ganzen Leben der Wollust ausgeliefert gleich einem Kriegsgefangenen (Röm. 7,23). Er selbst ist in eine Sklaverei gefallen, eine Sklaverei, der er – sei es auch schamhaft – zustimmt und die er angenommen hat.

839 *Robert Walser (1878–1956)* Der Mensch ist ein feinfühliges Wesen. Er hat nur zwei Beine, aber ein Herz, worin sich ein Heer von Gedanken und Empfindungen wohlgefällt. Man könnte den Menschen mit einem wohlangelegten Lustgarten vergleichen...

840 *Sri A. Ghose Aurobindo (1872–1950)* Der Mensch ist ins Vergnügen verliebt; daher muß er das Joch von Kummer und Schmerz auf sich nehmen; denn unvermischte Wonne gibt es nur für die freie und leidenschaftslose Seele; doch das, was im Menschen dem Vergnügen nachjagt, ist eine leidende und angestrengte Energie.

841 *Antoine de Saint-Exupéry (1900–1944)* Ich möchte also vom Menschen sagen: »Der Mensch ist einer, der nur in einem Kraftfeld einen Wert hat; der Mensch ist einer, der nur mittels der Götter Verbindung hält, die er sich ersinnt und die ihn und die anderen beherrschen; der Mensch ist einer, der seine Freude nur findet, wenn er sich durch das von ihm Erschaffene austauschen kann; der Mensch ist einer, der nur dann glücklich stirbt, wenn er sich auf etwas anderes überträgt; der Mensch ist einer, den die Vorräte entkräften und den ein Ganzes ergreift, wenn man es ihm zeigt; der Mensch ist einer, der zu erkennen sucht und sich berauscht, wenn er gefunden hat; der Mensch ist einer, der...«

842 *Paul Ricœur (*1913)* Der Mensch ist ebensosehr zu unbegrenzter Rationalität, zu Totalität und Glückseligkeit bestimmt, wie er in eine Perspektive gebannt, dem Tod ausgeliefert und an das Begehren geschmiedet ist.

843 *Michael Landmann (1913–1984)* Der Mensch ist die schönste Blüte der Erde und kann aus allem eine beinahe unendliche Lust ziehen.

844 *Paul Ricœur (*1913)* Der Mensch, das ist die Freude des Ja in der Trauer des Endlichen.

845 *Emil Brunner (1889–1966)*   Der Mensch ist vom Schöpfer nicht dazu geschaffen, für alles, was er tut, einen Grund zu haben und alles, was er will, zuerst mit dem Winkelmaß der Zweckmäßigkeit vorzuzeichnen.

846 *Thorwald Dethlefsen (*1946)*   Der Mensch ist immer auf der Suche nach dem Glück. Das ist nicht nur sein Recht, sondern die tiefste Triebfeder seines Handelns.

847 *Martin Kessel (*1901)*   Der Mensch ist ein Gefühls- und Gedankenspinner, – er fühlt, denkt, glaubt, liebt und hofft, und es ist dieses täglich zu erneuernde Gespinst und die Beschäftigung damit, was ihn beglückt.

848 *Deutsches Sprichwort*   Der Mensch ist ein Fischer, der im trüben Wasser fischen muss; wenn er vermeint, er hab weiss was, so hat er einen Krebs oder gar nichts.

Leidenschaft und Geworfensein

849 *Jean Marolleau (*1916)*   Der Mensch ist sein ganzes Leben lang, besonders aber im Augenblick seiner Geburt, einer Kette von Zufälligkeiten unterworfen, über die er nicht die geringste Gewalt hat und die zu seiner Selbstverwirklichung beitragen, indem sie ihm materiell im Wege stehen.

850 *Blaise Pascal (1623–1662)*   Kurzum, der Mensch weiß, daß er elend ist: also ist er elend, da er es ist; groß aber ist er, da er es weiß.

851 *Friedrich Hebbel (1813–1863)*   Ach, der Mensch ist so wenig, so ganz ungeheuer wenig, selbst dann, wenn seine Kraft sich bis ans Äußerste ihrer Peripherie ausdehnt, daß er sich gar nichts zu sein deucht, wenn es an diesem inneren Aufpeitschen fehlt, daß es wenigstens mir scheint, als ob mit dem konzentrierenden Gedan-

ken, der meinem Vermögen die Bahn der Wirkung anweist, ich selbst ins Nichts entweiche.

852 *Jean Mouroux (20. Jahrhundert)* Der Mensch ist schlechthin Herr des Sinnes seines Verzichtes, je nach dem, ob er zugunsten eines höheren auf einen niedrigeren Wert verzichtet oder ob er umgekehrt aus seiner Entscheidung ein Opfer oder einen freiwilligen Verzicht macht.

853 *Karl Philipp Moritz (1756–1793)* Wie eingeschränkt ist doch der Mensch, der sich oft so groß dünkt!

854 *Johann Wolfgang von Goethe (1749–1832)* Der Mensch ist Mensch, und das bißchen Vernunft, das einer haben mag, kommt wenig oder nicht in Anschlag, wenn Leidenschaft wütet und die Grenzen der Menschheit einen drängen ... Ach, ihr vernünftigen Leute ... Leidenschaft! Trunkenheit! Wahnsinn! ... Schämt euch, ihr Nüchternen! Schämt euch, ihr Weisen!

855 *Bettina von Arnim (1785–1859)* ... der Mensch ist doch nichts als Begehren sich zu fühlen im andern.

856 *Friedrich Hölderlin (1770–1843)* O, ein Gott ist der Mensch, wenn er träumt, ein Bettler, wenn er nachdenkt, und wenn die Begeisterung hin ist, steht er da, wie ein mißratener Sohn, den der Vater aus dem Hause stieß ...

857 *Friedrich Nietzsche (1844–1900)* Der Mensch ist inmitten der Natur immer das Kind an sich. Diess Kind träumt wohl einmal einen schweren beängstigenden Traum, wenn es aber die Augen aufschlägt, so sieht es sich immer wieder im Paradiese.

858 *Wolfgang Trillhaas (*1903)* ... der Mensch ist erfüllt von Befürchtungen, Wünschen, Begehrungen, von den Leidenschaften der Liebe, des Hasses und der Eifersucht, er ist getrieben von Zwängen, die vielleicht aus der Tiefe des Unterbewußten aufsteigen.

859 *Nikolaj M. Karamsin (1766–1826)* Wie sonderbar ist nicht der Mensch! Er klagt über Sorgen und Unruhe, und wenn er alles hat und ohne Sorgen ist, so – gähnt er vor Langeweile.

860 *Werner Sombart (1863–1941)* Der Mensch ist das Geschöpf, das sich langweilt.

861 *Antoine de Saint-Exupéry (1900–1944)* Denn der Mensch ist gewiß für die Liebe geboren, aber auch für das Leid. Und für die Langeweile. Und für die Verdrießlichkeit und für schlechte Laune, gleich einem Regenhimmel.

862 *Julian Huxley (1887–1975)* Der Mensch ist der einzige Organismus, dessen Seele so beschaffen ist, daß ein lang sich fortsetzender Konflikt unvermeidlich ist.

863 *Hermann Hesse (1877–1962)* . . . der Mensch ist voll Verlangen nach Glück und erträgt doch das Glück nicht lange Zeit.

864 *Lin Yutang (1895–1976)* Der Mensch ist nicht zufrieden, daß er diesen wundervollen, diesen beinahe göttlichen Leib empfangen hat. Ewig leben möchte er!

865 *Emil Brunner (1889–1966)* Der Mensch ist das einzige Wesen, das mit sich selbst im Widerspruch, also sozusagen in einer ständigen Selbstzersetzung lebt.

866 *Ivan Sviták (*1925)* Der Mensch ist jedoch nicht absurd, er ist ein lebendiges Paradox, ist sein eigener, rationaler und genauer Plan, ist jedoch auch das Opfer des Zufalls, der kommt, um die Rationalität des Projekts aufzuheben und die Struktur der menschlichen Persönlichkeit zu dialektisieren, indem sie uns auf ständig ärgere und gefährlichere Widersprüche spannt und aus uns die gelebte Antinomie gegensätzlicher Kräfte und ein lebendiges Paradox macht.

867 *Emil Brunner (1889–1966)*   Der Mensch ist das widerspruchs-volle Wesen, in dem dreifachen Sinne: das Widersprüche in sich trägt, das darum weiß und daran leidet und das sich selbst, eben um dieses Widerspruchs willen, widerspricht und sich ihm vergeblich zu entreißen sucht.

868 *Ivan Sviták (*1925)*   Der Mensch ist also ein lebendiges, grotes-kes Paradox, dem Zufall ausgesetzt, ist ein kalter rationaler Plan des Verstandes und ein Spielzeug, das ohnmächtig gegenüber Emotionen ist, ein brennendes Eis, das weiß, daß es brennendes Eis ist.

869 *Werner Sombart (1863–1941)*   Der Mensch ist aber das *unbefriedigte Wesen.*

870 *Johann Heinrich Pestalozzi (1746–1827)*   Der Mensch ist aller Orten unglücklich, wo ihn sein Zustand nicht befriedigt . . .

871 *Christian Morgenstern (1871–1914)*   Der Mensch ist immer ein Phänomen. Er sieht nicht schön aus: Irgendwie heißt sein Name und Ruhelos sein Schuh, sein Rock heißt Elend, seine Zunge Eitelkeit, sein Eingeweide Wollust, sein Herz Flamme, sein Auge Sonnenheimweh, sein Wanderstab Nirgendsheim und seine bittere Nahrung Er selbst.

872 *Karlfried Graf Dürckheim (*1896)*   Der Mensch ist unabdingbar an das Gesetz des Daseins gebunden und so auch dem Leiden geweiht, das ihm aus diesem wächst.

873 *Gottfried Benn (1886–1956)*   Der Mensch ist gut, sein Wesen rational, und alle seine Leiden sind hygienisch und sozial bekämpfbar . . .

874 *Igor A. Caruso (*1914)*   Der Mensch ist angehalten, aus der äußersten *Not* eine erhabene *Tugend* zu machen, um das Ärgernis wegzurationalisieren.

875 *Hans Egon Holthusen (*1913)* Der Mensch ist ein wildes Wesen und doch nicht ohne Adel . . .

876 *Joachim Bodamer (*1910)* Der heutige Mensch ist innerlich reicher, als er weiß, und er würde das selbst erfahren, wenn man ihn nur dazu bringen könnte, sich zurückzukehren, damit er sich selbst erlebt, als ein wieder-, als ein neuentstehendes Ich, mit einem Innenraum, der erfüllt ist von einem noch schattenhaften, chaotisch wogenden, neuen Lebensgefühl, das nur der Zucht einer bewußten Daseinsführung bedarf, um Gestalt anzunehmen.

877 *Gérard Bélanger (*1934)* Ein merkwürdiges Wesen, der Mensch. Unersättlich ist er in seinen Wünschen, sein Herz ist stets bewegt von einer unbestimmten Unruhe, die immer wieder nach Erfüllung sucht, bewegt von einem unheilbaren, tiefen Heimweh, einem Durst, den nichts stillen kann.

878 *Suzanne Brøgger (*1944)* *Der Mensch* ist ein Begriff, der je nach Belieben von verschiedenen Interessengruppen dazu benutzt wird, die grundlegenden Spannungen zwischen Körper und Geschlecht, Realitätsprinzip und Traum zu verschleiern. Alles Fundamentale wird gern in den Schatten des *Menschen* gerückt.

879 *Ernst Bloch (1885–1977)* Der Mensch ist nicht dicht.

880 *Marcel Proust (1871–1922)* Der Mensch ist das Wesen, das nicht aus sich heraus kann, das die andern nur in sich selbst kennt und lügt, wenn es das Gegenteil behauptet.

881 *Peter Bamm (1897–1975)* Der Mensch ist ein ungereimtes Wesen. Ich bin ein Mensch und auf Mensch gibt es bekanntlich keinen Reim.

882 *Max Müller (*1906)* Der Mensch ist der Täter seiner Leiden selbst.

883 *Paul Johannes Tillich (1886–1965)* Der Mensch ist wie jedes andere Lebewesen von der Sorge um viele Dinge betroffen, besonders von der Sorge um Dinge, die sein Leben bedingen, wie Nahrung und Obdach.

884 *Heinrich Weinstock (1889–1960)* Der Mensch ist in das irdische Jammertal, die arge Welt, die civitas terrena verstoßen, um hier für sein Seelenheil zu wirken.

885 *Martin Luther King (1929–1968)* Der Mensch ist in die fernen Lande der Weltlichkeit des Materialismus, der Sexualität und der Ungerechtigkeit gezogen. Seine Reise hat die westliche Zivilisation in moralische und geistige Not gestürzt. Aber es ist nicht zu spät zur Umkehr!

886 *Antonin Artaud (1896–1948)* Der Mensch ist bejammernswürdig, die Seele ist schwach, es gibt Menschen, die sich immer verlieren werden.

887 *Martin Luther King (1929–1968)* Der Mensch ist weder Schurke noch Held. Vielmehr ist er beides zugleich.

888 *Khalil Gibran (1883–1931)* Jeder Mensch ist der Nachkomme eines jeden Königs und eines jeden Sklaven, der je lebte.

889 *Karin Struck (*1947)* Der Mensch ist fragil, sensibel, und sehr schnell kann an ihm etwas für immer zerbrechen.

890 *Otto Friedrich Bollnow (*1903)* So ist es allgemein: Der Mensch ist aus seiner gewohnten Welt hinausgeworfen in eine fremdartige Umgebung. Das selbstverständliche Vertrautheitsgefühl mit den umgebenden Menschen und Dingen ist verloren gegangen. Er ist aus der Welt des Verstehbaren in eine Welt des ihm Unverständlichen hineingeraten.

891 *Hans Kasper (*1916)* Holzkeule, Steinschleuder, Eisenschwert, Pulver, Drohung aus Strahl – nicht zu vergessen die Zähne für den

nächsten Anfang: Das ist der Mensch. Laut, Flöte von Bambus, Fuge, Zwölfton, elektronische Reihe – nicht zu vergessen die zerrissenen Himmel der Harmonie: Das ist der Mensch. Aufgerichtet, in Mähnen gekrallt, Rad, Flügel aus Aluminium, schwerelos – nicht zu vergessen die verlorene Mitte: Das ist der Mensch.

892 *Elias Canetti (*1905)* Sehr groß ist der Mensch, welcher Angst ist er fähig, er kann sie wissen und halten und mit ihr leben, ohne sie je zu vergessen.

893 *Peter Lauster (*1940)* Das instinktunabhängigste und erfahrungsorientierteste Lebewesen ist der Mensch, das ist einerseits seine Stärke, aber andererseits seine Schwäche unter dem Aspekt der Angstanfälligkeit. Ein erfahrungsorientiertes Lebewesen braucht die Angst, um gefährliche Situationen zu meiden oder vorsichtiger zu handeln.

894 *Idries Shah (*1924)* Der Mensch ist von seinem Wesen getrennt, und deshalb ist sein Leben unerfüllt und voller Mißklänge. Er muß versuchen, die Asche zu läutern und das Gold zu gewinnen.

895 *Max Müller (*1906)* Der Mensch ist jenes Lebewesen, das unendlich viel mehr Fehler machen kann als das Tier und auch Fehler macht.

896 *Hans-Eduard Hengstenberg (*1904)* Das Destruktive, das der Mensch hervorbringt, wirkt dagegen depravierend und entstaltend auf seine Personalität zurück. Hier ist ein wesentlicher Punkt: der Mensch ist im Hinblick auf seine Personalität vor eine unausweichliche Entscheidung gestellt; er kann sich auf Grundlage ein und derselben Personalität nur entweder in Richtung auf Kreativität oder in Richtung auf Destruktion bewegen.

897 *Idries Shah (*1924)* Der Mensch ist wie jemand, dem es freistünde, die ganze Welt zu durchreisen, der aber in einem Gefängnis eingeschlafen ist.

898 *Hans Kasper (*1916)* Der Mensch ist Mensch in Sodom und Gomorrha. Wer wagt zu sagen, das sei wenig?

899 *Georg Simmel (1858–1918)* Das in sich inadäquate, verirrte, rastlose Wesen ist der Mensch; als Vernunftwesen hat er zu viel Natur, als Naturwesen zu viel Vernunft – was soll da herauskommen?

900 *Deutsches Sprichwort* Der Mensch ist geartet wie sein Gesäß, man hat stets dran zu putzen.

901 *Anonym* Der Mensch ist ein Arschloch.

902 *Deutsches Sprichwort* Der Mensch ist ein Madensack.

903 *Henry Miller (1891–1980)* Nur der Mensch ist verrückt und seiner Situation nicht gewachsen.

904 *Ivan Sviták (*1925)* Der Mensch ist dauernd am Boden seiner selbst.

905 *Gérard Bélanger (*1934)* Der Mensch ist traurig und lebensüberdrüssig, weil das Leben ihm leer erscheint, weil er wie eine Registriernummer behandelt wird, weil er sich gefangen und fremd fühlt.

906 *Alexis Carrel (1873–1944)* Der Mensch ist – außer dem Geld – fast allen Dingen gegenüber in große Gleichgültigkeit verfallen. Dennoch besteht einiger Anlaß zur Hoffnung.

907 *Erich Kästner (1899–1974)* Der Mensch ist geduldig.

Fehlkonstruktion

908 *Lucius Annaeus Seneca (um 4 v. Chr.–65 n. Chr.)* Erkenne dich, d. h. lerne, was der Mensch ist: ein brüchiger Topf, der bei dem leisesten Anstoß in Scherben geht.

909 *Homer (8. Jh. v. Chr.)* Denn wahrlich! da ist nichts Armseligeres als der Mensch
Unter allem, soviel da auf der Erde atmet und kriecht.

910 *Johann Wolfgang von Goethe (1749–1932)*
Was ist der Mensch?
Ein hohler Darm
Mit Furcht und Hoffnung angefüllt –
Daß Gott erbarm.

911 *Erich Mühsam (1878–1934)* Was ist der Mensch? Ein Magen, zwei Arme, ein kleines Hirn und ein großer Mund, und eine Seele – daß Gott erbarme!

912 *Friedensreich Hundertwasser (*1928)* Der Mensch ist nur ein Rohr. Auf der einen Seite gibt er Dinge hinein, auf der anderen kommen sie verdaut heraus. Der Mund ist vorne, der After hinten.

913 *Kurt Tucholsky (1890–1935)* Das ist nicht richtig: der Mensch ist ein Nicht-Loch, und das Loch ist das Primäre.

914 *Martin Kessel (*1901)* Daß der Mensch in der Not imstande ist, als Ungeziefer zu leben, das beweist noch nicht, daß seine Bestimmung darin gipfelte, es auch zu sein.

915 *Jean Paul (1763–1825)* Der Mensch ist nie so außerordentlich weise, dum, bös, gut, daß man sich darüber zu wundern hätte, und wer sich wundert, ist unfähig so zu sein.

916 *Immanuel Kant (1724–1804)* Der Mensch ist ein Gaukler von Natur und spielt eine fremde Rolle.

917 *Karl Philipp Moritz (1756–1793)* Ein jeder Mensch ist Hülfe bedürftig.

918 *Friedrich Georg Jünger (1898–1977)* ... denn der Mensch ist ein boshafter Zwerg.

Krankheit

919 *Georg Simmel (1858–1918)* Der Mensch ist ein trostsuchendes Wesen. Trost ist etwas anderes als Hilfe – sie sucht auch das Tier; aber der Trost ist das merkwürdige Erlebnis, das zwar das Leiden bestehen läßt, aber sozusagen das Leiden am Leiden aufhebt, er betrifft nicht das Übel selbst, sondern dessen Reflex in der tiefsten Instanz der Seele. Dem Menschen ist im großen und ganzen nicht zu helfen.

920 *Friedrich Nietzsche (1844–1900)* Denn der Mensch ist kränker, unsicherer, wechselnder, unfestgestellter als irgendein Tier sonst, daran ist kein Zweifel – er ist das kranke Tier.

921 *Egon Friedell (1878–1938)* Von epochemachender Bedeutung ist ferner die Feststellung, daß jeder Mensch ein Neurotiker und jeder Neurotiker ein Perverser und Invertierter ist ...

922 *Hinrich Knittermeyer (20. Jahrhundert)* Die Krankheit gehört zum Menschen dazu, sie macht ihn frei von der Illusion, als sollte er sein Leben durch seine Taten krönen und bewahrheiten. Der Mensch ist zwischen das Tun und das Leiden gestellt, und er wird auch in seinem Tun nur dann das rechte Maß finden, wenn er den Hintergrund des Leidens sich nicht verbirgt.

923 *Rudolf Steiner (1861–1925)* Der Mensch ist zunächst aus dem Kosmos herausgeborener Geist, der in sich den Heiler entwickelt, der dadurch dann aufnehmen kann den kosmischen Patienten. Und durch die Zusammenwirkung von all diesem wird dann das

hergestellt, was auf der Erde der in willkürlicher Bewegung befindliche Mensch ist.

924 *Rudolf Hagelstange (1912–1984)*   Darüber hinaus ist der Körper vielen durchaus uninteressant, und sicher ist der Mensch eines der schlechtest gelüfteten Wesen, die die Natur erzeugt.

925 *Theophrastus Paracelsus (1493–1541)*   Der Mensch ist auch nit subtil am Leibe, sondern grob am Leib und subtil im chaos.

926 *Friedrich Schlegel (1772–1829)*   Der Mensch ist ein χα [Chaos] des Endlichen und des Unendlichen und auch wieder ein συστ [System].

927 *Helmut Thielicke (1908–1986)*   Die utopische Ordnung der Welt scheitert gerade daran, daß der Mensch selbst nicht in Ordnung ist und daß er so der Saboteur der Schöpfung bleibt.

928 *Friedrich Nietzsche (1844–1900)*   Der Mensch ist mir eine zu unvollkommene Sache.

929 *Christian Morgenstern (1871–1914)*   Der Mensch – ein Exempel der beispiellosen Geduld der Natur.

930 *Friedrich Nietzsche (1844–1900)*   Der Mensch ist Etwas, das überwunden werden soll.

931 *Ernst Kretschmer (1888–1964)*   Der Mensch ist das »tragische Tier«. Während seine Instinkte vielfach noch auf archaischer Stufe verharren, hat sich seine intellektuelle Entwicklung so rapide vollzogen, daß nun alle Leistungen seines Verstandes zum Werkzeug der Zerstörung werden.

932 *Ernst Penzoldt (1892–1955)*   Und der Mensch ist komisch (die Leser dieser Zeilen ausgenommen).

933 *Christian Morgenstern (1871–1914)* Ja, gewiß, es ist vieles am Menschen lächerlich und verächtlich. Aber der Mensch ist ja auch nur ein winziger Teil Gottes. Und was wäre Gott, wenn er nicht irgendwo auch lächerlich und verächtlich wäre.

934 *Gisbert Kranz (*1921)* Der Mensch ist das einzige lachende Lebewesen und zugleich auch das Lebewesen, über das am meisten gelacht wird. Er ist das Komischste, was es gibt.

935 *Ernst Penzoldt (1892–1955)* Der Mensch ist an sich schon ein hinreichender Grund zur Traurigkeit.

936 *Alfred Döblin (1878–1957)* Der Mensch ist keine Ganzheit. Wir sind nicht vollständig.

937 *Ivan Sviták (*1925)* Der Mensch ist ein merkwürdiger Konstruktionsfehler / er bleibt immer tragisch offen für Möglichkeiten, die man nicht zu Ende führen kann/

938 *Emil Brunner (1889–1966)* Der Mensch ist ver-zwei-felt, er ist immer gespalten, auch wenn er es selbst nicht weiß. Der stärkste Ausdruck dieser Ver-zwei-flung ist die *Unfähigkeit, irgend etwas ganz zu wollen.*

939 *Max Müller (*1906)* Der Mensch ist am wenigsten und verspricht am meisten. Er ist das Wesen der Versprechung.

940 *Max Müller (*1906)* Das Imperfekte schlechthin ist der Mensch.

941 *Egon Friedell (1878–1938)* Wie kommt es, daß der Mensch einerseits ein ganz unleugbar böses Geschöpf ist und anderseits doch nicht böse sein will? Warum trifft er keine klare Wahl zwischen den beiden Möglichkeiten, die ihm gegeben sind? Er ist weder Tier noch Engel. Das Tier unternimmt ohne moralische Skrupel alles, was ihm oder seiner Nachkommenschaft nützt. Der Engel besitzt Gewissen und handelt danach. Der Mensch tut weder das eine noch das andere. Er lebt weder »gottgefällig« noch

»natürlich«. Durch dieses monströse Dilemma wird er zum grotesken Unikum, zum Absurdissimum in der gesamten Schöpfung. Er ist eine grandiose Mißgeburt, ein wandelnder Fragebogen.

942 *Arthur Koestler (1905–1983)*   Der Mensch – Irrläufer der Evolution.

943 *Arthur Hafink (1907–1988)*   Irren ist menschlich. Der Mensch aber ist vielleicht selbst der größte Irrtum der Natur.

944 *Gabriel Laub (*1928)*   Der Mensch: ein durch die Zensur gerutschter Affe.

945 *Hans Arp (1886–1966)*   Der Mensch ist aber vor allem die personifizierte lasterhafte Geschäftigkeit, die wohl für immer das Sinnen und Beten verlernt hat. Am besten ist es, beim Anblick eines Menschen Reißaus zu nehmen und in die tiefsten, dunkelsten Spalten der Erde zu fliehen.

946 *Herbert Meier (*1928)*   Der Mensch ist eine Ausgeburt der Angst und Sorge, der Not und der Sünde, »ein Versehen von tausend Vätern, und die Pfuscherei von tausend Müttern ...«

947 *Kurt Tucholsky (1890–1935)*   Im übrigen ist der Mensch ein Lebewesen, das klopft, schlechte Musik macht und seinen Hund bellen läßt. Manchmal gibt er auch Ruhe, aber dann ist er tot.

948 *Hans Arp (1886–1966)*   Der Mensch ist ein wauwaubellender Richter, eine vierfache Wurzel vom unzureichenden Grund, die eine Unzahl Wetterfähnchen auf ihrem Gipfel trägt, eine Onkel-Tom's-Hütte, ein auf Schusters Rappen reitender Klavierflügel.

949 *Lin Yutang (1895–1976)*   Mit einem Wort: Mein Glaube an die Menschenwürde besteht in der Überzeugung, daß der Mensch der größte Taugenichts auf Erden ist.

Der Menschenmörder

950 *Thomas Hobbes (1588–1679)* Homo homini lupus / Der Mensch ist des Menschen Wolf.

951 *Theophrastus Paracelsus (1493–1541)* Den Menschen soll man als zweifach erkennen, nicht darum, daß zwei Personen seien, Mann und Frau, denn die zwei sind nur eins, sondern darum, daß der Mensch zweifach ist, das ist: er ist ein Vieh und ein Mensch, nämlich also: er kann menschlich oder viehisch handeln. Handelt er menschlich, so ist er ein Mensch, viehisch, so ist er das selbige Vieh, dem er gleich ist. Nicht im Gleichnis oder als spräche man: er ist wie ein Hund, wie ein Wolf – sondern er ist ein Hund, und ist ein Wolf.

952 *Hans Arp (1886–1966)*
Der Mensch ist eine schönheitstrunkene Spinne.
Der Mensch ist ein reißender Wolf, der Kuk-
kuck ruft.

953 *Ernst Barlach (1870–1938)* Aber der Mensch ist nun mal erschreckend, verdutzt steht man da, ekelt sich vor der ganzen Herrlichkeit, in die man hineingeboren ist, spürt aber doch Regungen und Überzeugungen von Notwendigkeiten hinter dem Bewußten und Bekannten.

954 *Erich Kästner (1899–1974)* Die landläufige Moral, die konventionellen Lügen, die vor Zugluft bewahrten Illusionen, sie allesamt sind ja Schuld daran, daß der Mensch, noch immer und mehr denn je, des Menschen Wolf ist. Des Menschen Wolf im Schafspelz.

955 *Eugen Fink (1905–1975)* Der Mensch ist eingelassen in die animalische Natur, in den wilden, tobenden Tumult des Lebendigen, wo jedes Geschöpf fremdes Seiendes in sich hineinzureißen trachtet, sozusagen ständig vom Raub lebt.

956 *Evangelischer Erwachsenenkatechismus* Amerikanische Biologen haben gesagt: Die Erde ist von einem Bazillus befallen, der sich in ihre Haut bohrt und sie zu zerstören droht. Dieser Bazillus ist der Mensch.

957 *Heinrich Heine (1797–1856)* Auch andere Leute haben Mut: der Mensch ist seiner Natur nach eine tapfere Bestie.

958 *Erich Fromm (1900–1980)* Der Mensch ist das einzige Säugetier, das in großem Maßstab ein Mörder und Sadist ist.

959 *Arthur Koestler (1905–1983)* Der Homo sapiens ist praktisch einzigartig im Reich der Lebewesen, was das Fehlen instinktiver Schutzvorkehrungen gegen das Töten von Artgenossen betrifft.

960 *George Orwell (1903–1950)* Der Mensch ist der einzige wirkliche Feind, den wir haben. Vertreibt den Menschen vom Schauplatz, und die Ursache von Hunger und Überarbeitung ist für immer behoben.

961 *Multatuli (1820–1887)* ... es ist so traurig, daß der Mensch ein Feind des Menschen ist.

962 *Wolfgang Trillhaas (*1903)* Ist doch der Mensch sich selbst seine eigene schwerste Gefahr.

963 *Erich Fromm (1900–1980)* Der Mensch unterscheidet sich jedoch vom Tier dadurch, daß er ein Mörder ist. Er ist der einzige Primat, der seine Artgenossen ohne biologischen oder ökonomischen Grund tötet und quält und der dabei Befriedigung empfindet.

964 *Sigmund Freud (1856–1939)* Das gern verleugnete Stück Wirklichkeit hinter alledem ist, daß der Mensch nicht ein sanftes, liebesbedürftiges Wesen ist, das sich höchstens, wenn angegriffen, auch zu verteidigen vermag, sondern daß er zu seinen Triebbegabungen auch einen mächtigen Anteil von Aggressionsneigung rechnen darf.

965 *Hans Arp (1886–1966)* Der Mensch ist ein Flötenbläser. Der Mensch ist ein Leierspieler. Der Mensch ist ein Tempelbauer. Der Mensch ist aber auch ein mordgeiler Schwerterschmied.

966 *Erich Fromm (1900–1980)* Die Geschichte der Menschheit ist der Bericht einer außerordentlichen Destruktivität und Grausamkeit, und die Aggression des Menschen ist offenbar weit größer als die seiner tierischen Ahnen; der Mensch ist im Gegensatz zu den meisten Tieren ein wirklicher »Killer«.

967 *Kurt Tucholsky (1890–1935)* Der Mensch ist ein nützliches Lebewesen, weil er dazu dient, durch den Soldatentod Petroleumaktien in die Höhe zu treiben, durch den Bergmannstod den Profit der Grubenherren zu erhöhen, sowie auch Kultur, Kunst und Wissenschaft.

968 *Jacob Bronowski (*1908)* Der Mensch ist ein mickriges, langsames, linkisches, unbewaffnetes Tier – er mußte einen Faustkeil, einen Feuerstein, ein Messer, einen Speer erfinden.

969 *Elias Canetti (*1905)* Der Mensch ist in seine Waffen verliebt. Wie soll man dagegen ankommen?

970 *Paul Valéry (1871–1945)* Der Mensch ist ein Monstrum. Seine ganze Gewandtheit bietet er auf, um seine Monstruosität zu bewahren und auf die Spitze zu treiben. Durch seine Zerstörungskraft ist er der König der Schöpfung. Nur auf Kosten der Schöpfung kann der Mensch Schöpfer sein.

971   *Helmut Thielicke (1908–1986)*   Der Mensch ist Schöpfer und
Würgeengel in Personalunion.

Wissen um den Tod

972   *Hiob 14,1–3*   Der Mensch, vom Weibe geboren, lebt kurze Zeit
und ist voll Unruhe, geht auf wie eine Blume und fällt ab, flieht
wie ein Schatten und bleibt nicht.

973   *Psalm 144, V.4*   Ist doch der Mensch gleich wie nichts; seine
Zeit fährt dahin wie ein Schatten.

974   *Abraham a Sancta Clara (1644–1709)*   Der Mensch ist ein Schatten, der bald vergeht. Der Mensch ist ein Rauch, der nicht lange
währt, er ist ein Feuer, das sich bald verzehrt. Der Mensch ist ein
Wasser, das bald abrinnt, er ist eine Kerze, die bald abnimmt. Der
Mensch ist ein Glas, das bald zerbricht, er ist ein Traum, er zeiget
nicht. Der Mensch ist ein Wachs, das bald erweicht, er ist eine
Rose, die bald verbleicht. Der Mensch ist ein Fleisch, das bald
stinkt; er ist ein Schiffel, das bald sinkt.

975   *Theophrastus Paracelsus (1493–1541)*   Das ist: der Mensch ist
tödlich und vergräbt das, das tot ist und will einem Toten sein
Totenamt vollbringen, und sind also nach beiden Seiten tot.

976   *Helmut Thielicke (1908–1986)*   Der Mensch ist von Erde – das
heißt aus Staub – gemacht und wird wieder in den Staub zurückkehren. Und keine Erlösung erspart uns den Weg des Weizen-
korns in diese Erde, wo es ersterben und zu Staub werden muß,
um dann zu neuem Leben erweckt zu werden.

977   *Heinrich Weinstock (1889–1960)*   Der Mensch ist aus Erde
gemacht, sein Geist bleibt ins Sterbliche verhaftet, mag er auch
vermöge seiner Verwandtschaft mit dem Göttlichen immer ins
Unbedingte trachten und dabei über seine Grenzen hinaus-
wollen.

978 *Eugen Fink (1905–1975)*   Der Mensch ist, weil er dem Vergang als Vergang aufgetan ist, dem Vergang aller Dinge und seiner selbst, der Sterbliche. Er wird nicht mitgerissen von der Strömung der Zeit, er weiß um sein Fallen und Schwinden, spürt den zehrenden Wandel, den sausenden Wind der Vergänglichkeit. Enden müssen alle lebendigen Wesen, die die Erde bewohnen, jedoch »Sterben« vermag allein der Mensch.

979 *Eugen Fink (1905–1975)*   Der Mensch ist der Sterbliche. Er allein unter allen Geschöpfen der Natur »stirbt«, d. h. endet in der Art, daß er sein ganzes Leben lang dem Ende entgegengeht; er ist zum Tode bestimmt und weiß um diese Bestimmung; er fühlt sich gezeichnet von einem unsichtbaren Brandmal, vom Brandmal der Vergänglichkeit.

980 *Eugen Fink (1905–1975)*   Der Mensch ist ebenso wesenhaft Sterblicher und Liebender, wie er Arbeiter, Kämpfer und Spieler ist.

981 *Marsilio Ficino (1433–1499)*   Der Mensch ist die Seele, und die Seele ist unsterblich.

982 *Angelus Silesius (1624–1677)*   Der Mensch ist Ewigkeit.

983 *Ernst Krieck (1882–1947)*   Der Mensch ist mit seinem ganzen Leben der Ritter zwischen Tod und Teufel, zwischen gut und böse, zwischen der inneren und äußeren Krankheitsursache.

984 *Johann Gottfried Herder (1744–1803)*   Der Mensch ist zur Hoffnung der Unsterblichkeit gebildet.

985 *Christian Morgenstern (1871–1914)*   Ein kurzer Augenaufschlag ist der Mensch.

986 *Christian Morgenstern (1871–1914)*   Der Mensch ist nur ein Moment innerhalb des *Menschen*, und der *Mensch* ist nur ein Moment innerhalb Naturae sive Dei.

987 *Ivan Sviták (*1925)* Der Mensch ist ein Sklave der Zeit ohne Rücksicht auf sein Bewußtsein und seine berechtigte Unwilligkeit zu altern: Sich aus dieser Sklaverei zu befreien ist absolut unmöglich, weil der Mensch ein endliches Wesen ist, das stirbt.

988 *Alexis Carrel (1873–1944)* Der Mensch ist aus einem weichen, veränderlichen Stoff zusammengesetzt, der in ein paar Stunden der Auflösung anheimfällt, und trotzdem hält er länger, als wenn er aus Stahl gemacht wäre.

989 *Albert Steffen (1884–1983)* Das physische Werden und Vergehen unseres Planeten wirkt nach und vor in dem Leibe eines jeden: Auf- und Untergang. Der Mensch ist eingespannt zwischen Entstehen und Vergehen der Erde. Der Untergang des Ganzen kündigt sich im Tod des einzelnen vor.

990 *Ivan Sviták (*1925)* Der Mensch ist derjenige der immer zerstört und baut / morgen ist für ihn immer zu spät / er hält sich ans Heute ohne Vertrauen auf die Zukunft, weil er weiß / daß er nichts hinter sich läßt und nackt abgeht.

991 *Joseph Höffner (1906–1987)* Man kann den Menschen treffend als jenes Wesen definieren, das sich des Sterbenmüssens bewußt ist. Alle Fortschritte der Technik und Wissenschaft, so groß und nützlich sie auch sind, wirken angesichts des Todes wie ein Hohn. Der Mensch ist Geschöpf, von Gott erschaffen, angerufen und geliebt.

992 *Carl Friedrich von Weizsäcker (*1912)* Der Mensch ist ein Tier, das weiß, daß es sterben muß. Darum ist die Erlebniswelt des menschlichen Ich gezeichnet von der leise oder ausdrücklich mitwahrgenommenen Vergeblichkeit.

993 *Igor A. Caruso (*1914)* Der Mensch ist durch den Tod bedrängt und findet Analogien zum Tod – in seinem Leben. Den Tieren ist weder Wissen um den Tod noch die Rebellion dagegen gegeben.

994 *Erich Fromm (1900–1980)* Der Mensch ist aus der Einheit mit der Natur, die die tierische Existenz kennzeichnet, herausgerissen. Da er sowohl über Vernunft als auch über Vorstellungsvermögen verfügt, ist er sich seiner Einsamkeit und Absonderung, seiner Machtlosigkeit und Unwissenheit und der Zufälligkeit seiner Geburt und seines Todes bewußt.

995 *Fritz März (*1934)* Was ist der Mensch? – Vor dem Hintergrund der unsterblichen Götter doch nichts anderes als ein Bündel Elend: geplagt von Sorgen und Schmerzen; in allem, was er unternimmt auf seine Schwächen verwiesen und fortwährend an seine Grenzen stoßend. Gewiß gibt es genug Anlässe zur Freude; aber alles Glücksempfinden ist immer nur von kurzer Dauer, und unaufhaltsam geht der Mensch seinem Tod entgegen und der Ungewißheit darüber, was nach dem Tode sein wird.

996 *Arthur Hafink (1907–1988)* Der Mensch: vor der Geburt: nichts, nach dem Tode: nichts. Aber dazwischen: welch ein Leben!

VIII. Deus et damnatus –
Der gottähnliche Sünder

*Transzendenz und Religion * Gottes Ebenbild * Sünde und Gnade **
*Verdammter * Wanderer zwischen den Welten*

Die Weltanschauung und Lebensführung vieler Menschen wird vom Glauben an die Existenz einer Gottheit bestimmt. Sie fühlen sich einer Religion verpflichtet (lat. *religare*, anbinden, festbinden). Von außer- oder übernatürlichen Dingen ist aber kein Wissen möglich. Hier bleibt nur ein Fürwahrhalten, daß jenseits des Bereichs möglicher Erfahrung der Natur noch etwas liegt. Es bleibt der Glaube, und der Gläubige ist gewiß, die Grenze vom Diesseits ins Jenseits der Transzendenz über- schreiten zu können (lat. *transcendere,* hinübersteigen). So ist er bereits während seines irdischen Daseins ein *Homo viator,* ein Mensch auf dem Wege – »seinem Körper nach ein Tier, seiner Seele nach ein Engel« (Herder).

Transzendenz und Religion

997 *Thomas von Aquin (um 1225–1274)* Der Mensch aber ist bestrebt, durch alle ihm eigenen geordneten und rechtgerichte- ten Tätigkeiten zur Schau der Wahrheit zu gelangen.

998 *Nicolaus von Cues (1401–1464)* Der Mensch ist also dazu in diese Welt gekommen, daß er Gott suche, und, wenn er ihn gefunden, ihm anhänge, und in diesem Gott-anhängen ruhig werde.

999 *Theophrastus Paracelsus (1493–1541)* Denn der Mensch ist dermaßen beschaffen, daß seine Geburt und Sterben, Tun und Lassen, all sein Werk und Wandel durch Vorboten angezeigt werden.

1000 *Liä Dsi (4. Jh. v. Chr.)* Des Himmels innerstes Wesen ist der Mensch.

1001 *Martin Luther (1483–1546)* Nämlich: Der Mensch ist Gottes Geschöpf aus Fleisch und lebendiger Seele bestehend, von Anbeginn zum Bilde Gottes gemacht ohne Sünde, mit der Bestimmung, Nachkommenschaft zu zeugen und über die Dinge zu herrschen und niemals zu sterben ...

1002 *Theophrastus Paracelsus (1493–1541)* Und das merkt: der Mensch ist sonst in seinem Wesen unsichtbar, das ist: das was der Mensch ist, das ist unsichtbar.

1003 *Angelus Silesius (1624–1677)* Der Mensch ist groß für Gott.

1004 *Friedrich Schlegel (1772–1829)* Der Mensch ist erst ein fähiges Organon der Sehnsucht nach dem Übergange in die göttliche Freiheit, der Auflösung in das höhere Element.

1005 *Georg Wilhelm Friedrich Hegel (1770–1831)* Was im konkreten Menschen ist, das ist vorgestellt als etwas Göttliches, Substantielles, und der Mensch ist nach allen seinen Bestimmungen, nach allem, was Wert für ihn hat, in dem Göttlichen gegenwärtig.

1006 *Johann Gottfried Herder (1744–1803)* Zur Humanität und Religion ist der Mensch gebildet.

1007 *Georg Wilhelm Friedrich Hegel (1770–1831)* Der Mensch ist Geist wie Gott; er hat zwar auch die Endlichkeit an ihm und die Trennung, aber in der Religion hebt er seine Endlichkeit auf, da er das Wissen seiner in Gott ist.

1008 *Emil Brunner (1889–1966)* Der Mensch ist der Ideenträger, der Ideengestalter, das eigentliche »Wesen« des Menschen, im Unterschied zu seiner »zufälligen Erscheinung«, ist die Idee selbst.

1009 *Emil Brunner (1889–1966)* Der Mensch ist dem schenkenden, dem ihn für seine Liebe in Anspruch nehmenden Gott unmittelbar gegenüber.

1010 *Masahisa Goi (1916–1980)* Der Mensch ist ursprünglich ein Licht, aus Gott entstanden.

1011 *Christian Morgenstern (1871–1914)*   Der Mensch ist ein an einer Stelle geöffneter Ring. Gott ist der Ring als Eines, Ununterbrochenes. Der Mensch stellt sich dar als dieser Ring, unterbrochen, mit seinen zwei Enden sich wieder zu vereinigen, zu schließen strebend. Der Mensch ist aus sich auslaufender und in sich zurücklaufender – aber noch nicht zurückgelaufener – Gott. Der Mensch ist die Offenheit des Rings, der noch nicht wieder zusammengeschmolzene Hingott und Widergott.

1012 *Charles Baudelaire (1821–1867)*   Der Mensch ist ein anbetendes Tier. Anbeten bedeutet sich opfern und sich prostituieren.

1013 *Martin Luther King (1929–1968)*   Der Mensch ist nicht nur ein Fetzen Rauch vom ewigen Feuer, sondern ein Kind Gottes, um »ein wenig niedriger denn Gott«. Über der Vielfalt der Zeit steht ein ewiger Gott, dessen Weisheit uns führt, dessen Stärke uns schützt, dessen Liebe uns erhält.

1014 *Emanuel von Bodman (1874–1946)*
Mir scheint: in seiner Welt
Ist jeder Mensch ein Held,
Der immer Gott erwirbt
Und für ihn lebt und stirbt.

1015 *Karl Barth (1886–1968)*   Der Mensch *ist*, indem Gott so sein lebendig handelnder Urgrund ist.

1016 *Karl Barth (1886–1968)*   Der Mensch ist *nur mit Gott*, nicht anders. Und er ist nicht nur peripherisch, sondern zentral, nicht nur beiläufig, sondern gerade hinsichtlich dessen, was ihn zum *wirklichen* Menschen macht, gerade hinsichtlich seiner *selbst* mit Gott und nicht anders. Er ist, indem nicht er selbst, sondern Gott sein Souverän, indem seine eigene Souveränität eine von Gott geliehene ist.

1017 *Hans-Eduard Hengstenberg (*1904)*   Jeder Mensch ist gleichsam vom Schöpfer einmalig »gewagt«.

1018 *Hans-Joachim Iwand (1899–1960)* Der Mensch ist also doch von Natur ein solcher, der ein volles und ganzes Wissen um Gott haben *könnte* – das Evangelium freilich ist etwas *Neues* und der ratio entgegengesetzt –, aber das Gesetz erinnert uns daran, was wir »von Natur sind«.

1019 *Luise Rinser (*1911)* Der Mensch ist das Geschöpf, das »nach oben« gewandt ist, das Geschöpf mit dem ahnungsvollen Wissen von der vierten und von der unendlichen Dimension, die man Gott nennt.

1020 *Emil Brunner (1889–1966)* Der Mensch ist, im Unterschied zur übrigen Kreatur, nicht bloß von Gott oder durch Gott, sondern in und zu Gott geschaffen. Er ist, was er im Ursprung ist, nicht bloß aus Gott und durch Gott, sondern in und zu Gott.

1021 *Dietrich Bonhoeffer (1906–1945)* Der Mensch ist der Mensch des Gewissens. Er versteht sich aus der Reflexion auf sein Gewissen, in dem ihm Gott begegnet.

1022 *Ernesto Cardenal (*1925)* Das vollkommenste, was die Natur bis jetzt hervorgebracht hat, ist der Mensch. Doch der Mensch ist gleichfalls unvollständig und unfertig, und auch ihn drängt es zur höchsten Perfektion: es drängt ihn zu Gott.

1023 *Zenta Maurina (1897–1978)* Der Mensch ist nicht ein Stein, der am Wegrand ruhend Erfüllung findet. Er ist und wird in einem anderen, in den Mitmenschen, im Werk, in Gott.

1024 *Hans-Joachim Iwand (1899–1960)* Der Mensch ist das Variable an dem Gleichbleibenden vom verbum Dei.

1025 *Joseph Ratzinger (*1927)* Der Mensch ist zuletzt auf *den* anderen, auf den wahrhaft anderen, auf Gott hin bestimmt; er ist um so mehr bei sich, je mehr er bei dem *ganz* anderen, bei Gott ist.

1026 *Friedrich Gogarten (1887–1967)* Der Mensch ist dasjenige Wesen, das, so tief es auch mit der Welt verbunden ist, seine eigentliche Wirklichkeit doch darin hat, daß es über die Welt und alle, schlechtweg alle Bezüge, die es der Welt verbinden, transzendiert, hinübersteigt.

1027 *Max Müller (*1906)* Der Mensch ist das transzendentale Wesen und das Wesen der Transzendenz.

1028 *Salvador Dalí (1904–1989)* Und der Mensch ist für mich die vornehmste Materie der Alchimie: der Brunnen, aus dem der Reichtum quillt, die Goldmine des Absoluten, sofern man ihn zu transzendieren versteht.

1029 *Ernesto Cardenal (*1925)* Wenn wir Gott sehen, werden wir sein wie Gott, denn der Mensch ist von Natur aus ein Nachahmer, also bedeutet für den Menschen Ihn sehen, Ihn nachahmen.

1030 *Gottfried Richter (1901–1980)* Der Ort aber, wo die Erde nach innen aufbricht, ist – der Mensch.

1031 *Helmut Thielicke (1908–1986)* Der Mensch ist der »Augapfel« Gottes. Wer ihn antastet, rührt Gott selbst an.

1032 *Friedrich Dessauer (1881–1963)* Der Mensch ist unglücklich über seine eigene Beschränkung, es treibt ihn ja über sich selber hinaus; er stößt wohl an die Mauern des irdischen Gefängnisses, aber noch härter an die Mauern des Gefängnisses seiner eigenen Grenzen.

1033 *Theodor Haecker (1879–1945)* Der Mensch ist ja der niederste Geist, seine Existenz als Geist ist gefährdet, in ihm kann der Geist *wunderbarerweise* in Zweifel gezogen werden, wozu freilich auch wieder ein Minimum von Geist gehört: wer *kann* denn zweifeln, außer dem Geiste?

1034 *Werner Sombart (1863–1941)* Kein Mensch ohne Geist, kein Gedanke, kein Gefühl, kein Handeln ohne Geist. Der Mensch ist in den Geist eingesponnen. Wir können von einer Allgegenwart oder Ubiquität des Geistes im menschlichen Dasein sprechen.

1035 *Jean-Paul Sartre (1905–1980)* Der Mensch ist ein Wesen, dem-gegenüber kein Wesen seine Unparteilichkeit behalten kann, nicht einmal Gott.

Gottes Ebenbild

1036 *Angelus Silesius (1624–1677)* Der Mensch ist Gottes Gleichnis.

1037 *Nicolaus von Cues (1401–1464)* Der Mensch ist ja Gott, aber als Mensch nicht in absoluter Weise. Der Mensch ist auch die Welt, aber eingeschränkterweise als Mensch nicht alle Dinge. Der Mensch ist also ein Mikrokosmos, d. h. sozusagen eine menschliche Welt. Die Sphäre der Menschheit umschließt dem-nach Gott und das ganze Weltall mit seinem menschlichen Ver-mögen.

1038 *Martin Luther (1483–1546)* Der Mensch ist eine besondere Kreatur, dazu geschaffen, daß er der Göttlichkeit und Unsterb-lichkeit teilhaftig sei. Denn ein Mensch ist eine bessere Kreatur als Himmel und Erde mit allem, was in ihnen ist.

1039 *Angelus Silesius (1624–1677)* Das größte Wunderding ist doch der Mensch allein: Er kann, nachdem er's macht, Gott oder Teu-fel sein.

1040 *Theophrastus Paracelsus (1493–1541)* Der Mensch aber ist an Gottes Statt auf Erden geschaffen, den selbigen kann der Teufel anführen und meiden, denn er kommt nicht vor Gottes Ange-sicht, aber wohl vor des Menschen.

1041 *Friedrich Schlegel (1772–1829)*   Jeder Mensch ist in gewissem Sinne ein Engel.

1042 *Karl Philipp Moritz (1756–1793)*   Der Mensch ist ein Bild Gottes. Er tut alle Augenblicke Wunder und weiß es nicht.

1043 *Novalis (1772–1801)*   Der Mensch: Metapher.

1044 *Jean Améry (1913–1978)*   In der Gottesidee gestaltet der Mensch sich selbst, richtiger: formt er vage aus, was er glaubt, daß seine menschlichen Möglichkeiten seien. *Der Mensch ist demnach der, welcher sich Gott nach seinem Ebenbilde schafft.*

1045 *Wolfgang Trillhaas (*1903)*   Der Mensch ist ein getrübtes Bild Gottes. Man kann am Menschen nichts mehr über Gottes Art und Wesen ablesen.

1046 *Angelus Silesius (1624–1677)*   Der Mensch ist nichts, Gott alles.

1047 *Johann Amos Comenius (1592–1670)*   Wahrhaftig, ein jeder Mensch ist für Gott ein Paradies der Freude, wenn er dort bleibt, wohin er gestellt worden.

1048 *Friedrich Schlegel (1772–1829)*   Jeder Mensch ist ein beschränkter Gott.

1049 *Giacomo Casanova (1725–1798)*   Der Mensch ist ein Gott für den Menschen.

1050 *Friedrich Hebbel (1813–1863)*   Der Mensch ist Frost in Gott.

1051 *Friedrich Hebbel (1813–1863)*   Der Mensch – Lebenstraum des Staubes; Gott – Lebenstraum des Menschen. Bunte Erde – das vergängliche Element des Menschen; der Mensch das vergängliche Element Gottes.

1052 *Christian Morgenstern (1871–1914)*   Der Mensch, ein Taster Gottes nach sich selbst.

1053 *Friedrich Hebbel (1813–1863)*   Der Mensch ist das Prokrustesbett der Gottheit.

1054 *Gisbert Kranz (*1921)*   Der Mensch ist die Braut, Gott der Bräutigam. Beide erkennen, lieben und genießen sich.

1055 *Helmut Thielicke (1908–1986)*   Der Mensch ist sich – wie mir scheint: aus theologischen Gründen – selbst unheimlich. Diese Angst vor sich selber muß im Maße seiner wachsenden Manipulationsmacht naturgemäß mitwachsen.

1056 *Paul Johannes Tillich (1886–1965)*   Der Mensch ist imstande, in einem unmittelbaren, personhaften und zentralen Akt den Sinn des Letzten, des Unbedingten, des Absoluten, des Unendlichen zu erfassen.

1057 *Hermann Hesse (1877–1962)*   Der Mensch ist an die Stelle der Götter gerückt, die Würde des Menschentums ist die Krone der Welt und das Fundament jeden Glaubens geworden.

1058 *Masahisa Goi (1916–1980)*   So erkläre ich das Wesen des Menschen folgendermaßen: Der Mensch ist ein Leben, das aus einem der sieben Urgeister geteilt ist, die das Wirken des Allgottes in der menschlichen Welt vertreten; er ist also ein Teilgeist, der seine Aufgabe in der Entwicklung der Erdenwelt erfüllt, während er unter der Obhut der Schutzgötter lebt, die das Wirken des Schutzes der Urgeister von der Außenseite her vertreten.

1059 *Hans Henny Jahnn (1894–1959)*   Der Mensch ist, mit abgestumpften Sinnen ausgestattet, als Untier in das von allem Anfang an fragwürdige Paradies eingebrochen und wütet dort nicht etwa gottähnlich.

Sünde und Gnade

1060 *Martin Luther (1483–1546)* Folglich ist und bleibt der Mensch ganz und ausnahmslos – er sei König, Herr, Knecht, weise, gerecht und durch welche Güter dieses Lebens auch immer er sich hervortun kann – dennoch der Sünde und dem Tod verhaftet, weil unterdrückt unter dem Teufel.

1061 *Theophrastus Paracelsus (1493–1541)* Allein der Mensch ist widerwärtig und fürchtet Gott, seinen Schöpfer, nit.

1062 *Jacob Böhme (1575–1624)* Denn der Mensch ist aus allen Kräften Gottes gemacht, aus allen 7 Geistern Gottes, gleichwie auch die Engel: weil er aber nun verderbet ist, so quillet nicht allezeit die Goettliche Geburt in ihm, auch nicht in allen.

1063 *Hans-Joachim Iwand (1899–1960)* Der Mensch ist gerichtet und aufgehoben. Das heißt das *Kreuz*! Der Mensch ist etwas, das überwunden werden muß.

1064 *Johann Heinrich Pestalozzi (1746–1827)* Der Mensch ist ein hohes Wunder im chaotischen Dunkel der unerforschten Natur. In einem ewigen Wechsel tödtet er sein Glück durch den Anspruch an sein Recht, und sein Recht durch den Anspruch an sein Glück. So geht er elend und rechtlos dahin, und trägt die Schuld seiner Erschöpfung in sich selber.

1065 *Friedrich Christoph Oetinger (1702–1782)* Der Mensch ist durch den Fall tot in Sünden, er hat aber das Licht, das alle Menschen erleuchtet.

1066 *Emil Brunner (1889–1966)* Der Mensch ist nicht genial genug, um die Sünde erfunden zu haben. Sie mußte ihm suggeriert werden. Je genialer aber ein Mensch ist, desto näher kommt seine Sünde der teuflischen.

1067 *Wolfgang Trillhaas (*1903)*   Der Mensch ist nicht mehr selbstverständlicher Herr im eigenen Haus. Die paradiesische Versuchungsgeschichte zeigt uns, wie der Mensch der Einflüsterung unterliegt.

1068 *Hans-Eduard Hengstenberg (*1904)*   Der *Mensch ist das der luziferischen Haltung fähige Wesen.*

1069 *Emil Brunner (1889–1966)*   Der Mensch ist sich selbst nur dadurch etwas schuldig, daß er allein Gott sich selbst schuldig ist.

1070 *Otto Weber (1902–1966)*   Der Mensch ist Lohnarbeiter Gottes, er wirkt nicht kraft seines eigenen Adels oder zu dessen Bestätigung; er ist der stets Empfangende, aber er hat keinen knauserigen Gott, der die Seinen umkommen ließe.

1071 *Dietrich Bonhoeffer (1906–1945)*   Der Mensch ist auch oder vielmehr gerade im Glauben dem Heil gegenüber rein passiv; ja, der Glaube ist geradezu der theologische Terminus, der die reine Passivität des Menschen im Empfangen des Heils bezeichnet.

1072 *Friedrich Gogarten (1887–1967)*   Der Mensch ist dann mit der Welt am Ende, wenn ihm auf irgendeine Weise klar wird, daß er durch die ihm vom Gesetz abgeforderten Werke, durch die er sich in der Welt das Ansehen eines Frommen und Gerechten erworben hatte, auf gar keinen Fall vor Gott gerecht werden kann, und daß er im Gegenteil durch das Gesetz nur immer mehr in die Gewalt der Welt und eines Lebens kommt, das aus ihr und unter dem in ihr geltenden Prinzip »erst Leistung, dann Lohn« gelebt wird, und daß er so in einen immer tieferen Gegensatz gegen Gott gerät, vor dem keine menschliche Leistung gilt.

1073 *Helmut Thielicke (1908–1986)*   Der Mensch ist eben *abgesehen* von der Tatsache, daß er entweder Sünder oder Begnadigter ist, schlechthin *nichts.*

1074 *Martin Luther King (1929–1968)* Wir lassen uns nicht gern sagen, daß wir Sünder sind. Nichts beleidigt den Stolz des modernen Menschen mehr. Angestrengt haben wir uns bemüht, andere Worte zu finden: Irrtum der Natur, Abwesenheit des Guten, Denkfehler – sie alle sollen die menschliche Sünde erklären. Durch die Tiefenpsychologie versuchen wir, die Sünde als Ergebnis innerer Konflikte, als Erbanlagen oder als Kampf zwischen dem *id* und dem *super-ego* zu erklären. Aber das alles erinnert uns nur daran, daß der Mensch von einer dreifachen Fessel gebunden ist, die ihn von sich selbst, von seinem Nächsten und von Gott trennt. Wenn es ihm nicht gelingt, sie abzustreifen, wird sein Wille verdorben.

1075 *Emil Brunner (1889–1966)* Der Mensch ist als Sünder in der dauernden Auflehnung, in einem von ihm selbst nicht mehr zu beseitigenden Aufruhr gegen seine Schöpfungsbestimmung und also gegen sein ihm von Gott gegebenes Wesen.

1076 *Thorwald Dethlefsen (*1946)* Der Mensch an sich ist sündig, allein weil er als polares Wesen existent ist – dies meint der Begriff der Erbsünde. Der Mensch ist von Schuld nicht lösbar – jedoch erlösbar.

1077 *Rudolf Hagelstange (1912–1984)* Der Mensch ist ein Wesen, das Brot braucht und Zubrot.

1078 *Emil Brunner (1889–1966)* Der Mensch ist durch die Sünde »exzentrisch« geworden und durch die Exzentrizität in Verwirrung geraten.

1979 *Emil Brunner (1889–1966)* Der Mensch *ist* Rebell gegen seine Gottesbestimmung; er *ist* jener Pächter, der sich als Herr des Weinbergs aufspielt und darum die Boten des Herrn tötet. Er *ist* jener verlorene Sohn, der vom Vater das Erbe herausbegehrt und es nun vertut. Er ist das alles nicht nur gewesen, sondern die Revolution ist noch in vollem Gang.

1080 *Karl Barth (1886–1968)* Der Mensch *ist*, indem er die ihm von Gott gegebene Zusage und Verheißung nicht nur empfängt und annimmt und als Wohltat an sich geschehen läßt, sondern indem er sie als Gabe, die er sich nicht nahm, als Tat, die er nicht vollbrachte, als Geschehnis zu dem er nichts beitrug und das er nicht verdiente, *gelten läßt*.

1081 *Erich Rothacker (1888–1965)* Der Mensch ist ein sich entlastendes Wesen.

Verdammter

1082 *Johann Amos Comenius (1592–1670)* Denn der Mensch ist ein vernünftiges Wesen. Daher soll er sich daran gewöhnen, sich von der Vernunft leiten zu lassen und bei allem zu überlegen: was soll ich tun, warum tu ich es und wie tu ichs recht, so daß er in Wahrheit Herr seiner Handlungen sei.

1083 *Friedrich Nietzsche (1844–1900)* Der Mensch ist ein Seil, geknüpft zwischen Thier und Übermensch, – ein Seil über einem Abgrunde.

1084 *Heinrich Heine (1797–1856)* Der Mensch ist ein irdisches Wesen und begreift nicht die Fügung der Göttlichkeit.

1085 *Wilhelm Keller (*1909)* Der Mensch ist heute so sehr ins Bodenlose hineingeraten, daß er sich mehr denn je mit dem Gesamtsinn seines Daseins fragwürdig geworden ist.

1086 *Theodor Haecker (1879–1945)* Der Mensch ist Natur und Widernatur in einem, und nicht nur das ist er, sondern zugleich auch Schöpfer dieser beiden und Vernichter seiner selbst. Vor dem Untergang des Abendlandes steht der Untergang des Denkens (freilich zuerst des Glaubens).

1087 *Christian Morgenstern (1871–1914)* Was ist der Mensch? Die Tragödie Gottes.

1088 *Emil Brunner (1889–1966)* Der Mensch, so darf man wohl sagen, ist nie völlig verzweifelt, solange er noch atmet.

1089 *Stefan Krenzer (*1921)* Der Mensch ist in der Tiefe seines Wesens ein Optimist, weil er einen letzten Sinn seines Lebens ahnt. Darum erscheint uns die Behauptung von der Sinnlosigkeit des Daseins – schon von der Erfahrung her – einseitig und gewagt.

1090 *Bhagwan Rajneesh Chandra Mohan (*1931)* Aber der Mensch ist so tief gesunken, daß er selbst die Vögel mit ihrem unentwickelten Bewußtsein beneidet.

Wanderer zwischen den Welten

1091 *Mohammed (um 570–632 n. Chr.)* Voreilig ist der Mensch.

1092 *Thomas von Aquin (um 1225–1274)* Der Mensch ist nämlich gleichsam *mitten zwischen Gott und das Irdische* gestellt: denn mit seinem Geist hängt er Gott an, mit seinem Fleisch aber ist er mit dem Irdischen verbunden.

1093 *Theophrastus Paracelsus (1493–1541)* So ist also der Mensch in zween Leiber gesetzt, das ist in den sichtbaren und den unsichtbaren, das ist in den elementischen und himmlischen.

1094 *Bettina von Arnim (1785–1859)* Der Mensch ist ganz zwei, denn er ist ein anderer, wenn er denkt, und ein anderer schlafend, und doch ist er nicht zwei, denn er schläft, wenn er denkt, und denkt, wenn er schläft. So ist er denn nicht sein eigen, wie's scheint, denn ein höherer Geist treibt seine Sinne zum Denken, zum Werden.

1095 *Blaise Pascal (1623–1662)*   Der Mensch ist weder Engel noch Tier, und das Unglück will, daß, wer den Engel will, das Tier macht.

1096 *Johann Gottfried Herder (1744–1803)*   Der Mensch ist gleichsam die Brechung von Tönen; er ist das kühne Ufer zwischen See und Land, das gewagte Mittelgeschöpf zwischen Engel und Tier.

1097 *Friedrich Dessauer (1881–1963)*   So ist der Mensch ein Geschöpf der Mitte, aber nicht eines, das in der Mitte beschlossen, endgültig ruht, sondern eines, das aus der Mitte nach oben strebt, das aus der Spannung vom unbefriedigenden Wirklichen zum möglichen Besseren leben soll.

1098 *Theophrastus Paracelsus (1493–1541)*   So wisset, daß der Mensch in zwei Teile gestellt ist; der eine Teil ist von den Elementen, der ist Fleisch und Blut geworden, der andere Teil sind die Sinn und Gedanken, welche aus dem Gestirn gezogen sind.

1099 *Johann Gottfried Herder (1744–1803)*   Der Mensch ist ein vermischtes Geschöpf, ein Geschöpf von einer doppelten Natur. Seiner Seele nach ein Engel, seinem Körper nach ein Tier.

1100 *Emanuel von Bodman (1874–1946)*
Der Mensch ist heilig mir,
Der rein als Gott und Tier.

1101 *Kurt Tucholsky (1890–1935)*   Der Mensch ist ein Wirbeltier und hat eine unsterbliche Seele, sowie auch ein Vaterland, damit er nicht zu übermütig wird.

1102 *Blaise Pascal (1623–1662)*   Von Natur ist der Mensch gläubig, ungläubig; furchtsam, tollkühn.

1103 *Richard Wagner (1813–1883)*   Der Mensch ist ein *äußerer* und *innerer*.

1104 *Lin Yutang (1895–1976)* Der Mensch ist, wenn man es so ausdrücken darf, eingequetscht zwischen Himmel und Erde, zwischen Idealismus und Realismus, zwischen hochfliegenden Gedanken und nach unten strebenden Süchten.

1105 *Friedrich Dessauer (1881–1963)* Was also ist der Mensch? Er ist: Geschöpf der Mitte.

1106 *Johann Gottfried Herder (1744–1803)* Der Mensch – ein Wanderer.

1107 *Arthur Jores (1901–1982)* Der Mensch ist ein Wanderer, er ist ständig auf dem Wege. Das ist ein in der Menschheitsgeschichte von Philosophen und Theologen oft ausgesprochener Satz. »Homo viator«.

1108 *Otto Friedrich Bollnow (*1903)* Die Straße ist kein Ort zum Verweilen, »denn hier ist keine Heimat«, sondern sie treibt den Menschen nach vorn. Es gibt nur ein einziges sinnvolles Verhalten auf ihr: dem Ziel auf dem kürzesten Wege und in der kürzesten Zeit zuzustreben. Der Mensch ist auf ihr immer sich selber vorweg auf das zu erreichende Ziel gerichtet.

1109 *Friedrich Gogarten (1887–1967)* Der Mensch ist dasjenige Wesen, das zwischen Gott und der Welt steht. Er wäre nicht Mensch ohne Gott, aber ebenso wenig ohne die Welt.

1110 *Hans-Hasso v. Veltheim-Ostrau (20. Jahrhundert)* Der Mensch ist nicht ein gefallener Engel oder ein emporgestiegenes Tier, sondern entweder ein aus Freiheit zu den Engeln aufsteigendes lichtes oder ein sich in die Trübe der Bestialität absinkenlassendes Wesen.

1111 *Martin Kessel (*1901)* WAS IST DER MENSCH?
   – das einzige Wesen, das imstande ist, sich selber den Daumen zu halten
   – das Wesen mit der zweiten Naivität

- das Wesen, das im Spiegel sich selbst erkennt
- das lachende Wesen
- das schlechthin verständige Wesen
- das musische Wesen
- das sich selbst widerlegende Wesen
- ein Fragment, das die Vollkommenheit kennt
- ein Geschöpf, das in sich ein Licht entdeckte.

Dazu ist noch zu sagen, daß Antworten auf die Frage: Was ist der Mensch? oder: Was ist das Leben? lediglich Antworten sind auf die Frage: Und wer bist du?

Quellennachweis

1 Johann Gottfried Herder: *Ideen zur Philosophie der Geschichte der Menschheit*, Joseph Melzer Verlag, Darmstadt 1966, S. 119

2 Hans Sachs: *Werke*, Bd. VII, Hrsg. A. v. Keller, Georg Olms Verlagsbuchhandlung, Hildesheim 1964, S. 310

3 Theophrastus Paracelsus: *Werke*, Bd. III, Hrsg. W.-E. Peuckert, Wissenschaftl. Buchgesellschaft, Darmstadt 1967, S. 30

4 Blaise Pascal: *Über die Religion* (*Pensées*) Nr. 94b, Hrsg. E. Wasmuth, 5. Aufl., Verlag Lambert Schneider, Heidelberg 1954, S. 62

5 Friedrich Schlegel: *Kritische Ausgabe seiner Werke*, Bd. XVIII (*Philosophische Lehrjahre I*), Hrsg. E. Behler, Verlag Ferdinand Schöningh, München/Paderborn/Wien 1963, S. 150

6 Theophrastus Paracelsus: *Werke*, Bd. III, Hrsg. W.-E. Peuckert, Wissenschaftl. Buchgesellschaft, Darmstadt 1967, S. 48

7 Johann Gottfried Herder: *Ideen zur Philosophie der Geschichte der Menschheit*, Joseph Melzer Verlag, Darmstadt 1966, S. 75

8 Julien Offray de Lamettrie: *L'homme machine*, S. 176

9 Wilhelm von Humboldt: *Werke*, Bd. I, Hrsg. A. Flitner/K. Giel, Wissenschaftl. Buchgesellschaft, Darmstadt 1960, S. 357

10 Johann Nepomuk Nestroy: *Werke in 2 Bde.*, Bd. 2, Berlin/Weimar 1969, S. 224f.

11 in: *Deutsches Sprichwörter-Lexikon. Ein Hausschatz für das deutsche Volk*, Bd. III, Hrsg. K.F.W. Wander, Leipzig 1873, Nr. 146

12 Friedrich Schlegel: *Kritische Ausgabe seiner Werke*, Bd. XVIII, (*Philosophische Lehrjahre I*), Hrsg. E. Behler, Verlag Ferdinand Schöningh, München/Paderborn/Wien 1963, S. 453

13 Friedrich Nietzsche: *Werke*, Bd. II, 8 Abt., Hrsg. G. Colli/M. Montinari, Berlin/New York, Verlag Walter de Gruyter, Berlin/New York 1970, S. 90

14 Ulrich Erckenbrecht: *Mensch, du Affe*, Kübler Verlag, Lampertheim 1975, S. 10. © Kübler & Akselrad Verlag, Heidelberg

15 Theophrastus Paracelsus: *Werke*, Bd. III, Hrsg. W.-E. Peuckert, Wissenschaftl. Buchgesellschaft, Darmstadt 1967, S. 26

16   Gottfried Benn: *Gesammelte Werke in vier Bänden*, Bd. I; Essays, Reden, Vorträge, Hrsg. D. Wellershoff, 6. Aufl., Klett-Cotta 1987

17   Michael Landmann: *Philosophische Anthropologie*, Verlag Walter de Gruyter & Co., Berlin 1964, S. 58

18   Matthias Claudius: *Der Wandsbecker Bote*, Insel Verlag, Frankfurt/M. 1975, S. 265

19   George Orwell: *Farm der Tiere*. © Diogenes Verlag AG, Zürich 1982

20   in: *Deutsches Sprichwörter-Lexikon. Ein Hausschatz für das deutsche Volk*, Bd. III, Hrsg. K.F.W. Wander, Leipzig 1873, Nr. 136

21   Georg Simmel: *Fragmente und Aufsätze*, Hrsg. G. Kantorowicz, Georg Olms Verlag, Hildesheim 1967, S. 14

22   in: *Deutsches Sprichwörter-Lexikon. Ein Haussschatz für das deutsche Volk*, Bd. III, Hrsg. K.F.W. Wander, Leipzig 1873, Nr. 137

23   Emil Brunner: *Dogmatik, Bd. 2: Die christliche Lehre von Schöpfung und Erlösung*, 3. Aufl. © Theologischer Verlag, Zürich 1972, S. 118

24   Martin Heidegger: *Holzwege*, 3. Aufl., Vittorio Klostermann Verlag, Frankfurt/M. 1957, S. 273

25   Alfred Döblin: *Unser Dasein*, Hrsg. W. Muschg, Walter-Verlag, Olten/Freiburg i. Br. 1964, S. 99

26   Charles Darwin: *Die Abstammung des Menschen*, 4. Aufl., Kröner Verlag, Stuttgart 1982, S. 188

27   *Meyers Konversationslexikon*, Bd. XII, 5. Aufl., Bibliograph. Institut, Leipzig/Wien 1897, S. 130

28   Wilhelm Keller: *Einführung in die philosophische Anthropologie*, Francke Verlag, München 1971, S. 21

29   in: *Der Goldene Schnitt*, Hrsg. Chr. Schwerin, 2. Aufl., Frankfurt/M. 1960, S. 273. Abdruck erfolgt mit Genehmigung der S. Fischer-Verlag GmbH, Frankfurt am Main

30   Ilse Schwidetzky: *Das Menschenbild der Biologie*, 2. Aufl., Gustav Fischer Verlag, Stuttgart 1971, S. 89

31   Martin Buber: *Das Problem des Menschen*, 5. Aufl., Verlag Lambert Schneider, Heidelberg 1982, S. 87

32   El Lissitzky: *Proun und Wolkenbügel*, Hrsg. S. Lissitzky-Küppers/J. Lissitzky, Verlag der Kunst, Dresden 1977, S. 14

33   Reiner Kunze: *Die wunderbaren Jahre*, Frankfurt/M. 1976, S. 81. Abdruck erfolgt mit Genehmigung der S. Fischer Verlag GmbH, Frankfurt am Main

34   Michael Landmann: *Philosophische Anthropologie*, Verlag Walter de Gruyter, Berlin 1964, S. 154

35   Heinrich Schirmbeck: *Ihr werdet sein wie Götter*, Eugen Diederichs Verlag, Düsseldorf/Köln 1966, S. 41. © Heinrich Schirmbeck, Darmstadt

36 Marc Oraison: *Meditationen über den Sinn des Lebens*, Matthias-Grüne-wald-Verlag, Mainz 1972, S. 20

37 Alfred Döblin: *Unser Dasein*, Hrsg. W. Muschg, Walter Verlag, Olten/Freiburg i. Br. 1964, S. 205

38 *Evangelischer Erwachsenenkatechismus*, Hrsg. W. Jentsch/H. Jetter/M. Kießig/H. Reller, 3. Aufl., Gütersloher Verlagshaus Gerd Mohn, Gütersloh 1977, S. 696

39 Julian Huxley: *Der Mensch in der modernen Welt*, Nest Verlag, Nürnberg 1950, S. 150

40 Hermann Schweppenhäuser: *Verbotene Frucht*. © Suhrkamp Verlag, Frankfurt/M. 1966, S. 206

41 Emerich Coreth: *Was ist der Mensch?*, neubearb. 4. Aufl., Verlagsanstalt Tyrolia, Innsbruck 1986, S. 162

42 Jürgen Moltmann: *Mensch. Themen der Theologie*, Bd. 11, 3. Aufl., Kreuz-Verlag, Stuttgart 1977, S. 86

43 Gordon Rattray Taylor: *Das Selbstmordprogramm*, Frankfurt/M. 1971, S. 10. Abdruck erfolgt mit Genehmigung der S. Fischer Verlag GmbH, Frankfurt am Main

44 Wolfgang Heintzeler: *Der Mensch im Kosmos*, Verlag Busse und Seewald GmbH, Stuttgart-Degerloch 1981, S. 118

45 Heinrich Schirmbeck: *Ihr werdet sein wie Götter*, Eugen Diederichs Verlag, Düsseldorf/Köln 1966, S. 44. © Heinrich Schirmbeck, Darmstadt

46 Erich Fromm: *Jenseits der Illusionen. Die Bedeutung von Marx und Freud*, Gesamtausgabe, Bd. IX, (*Sozialistischer Humanismus und Humanistische Ethik*), Hrsg. R. Funk, Deutsche Verlags-Anstalt, Stuttgart 1981, S. 151

47 Michael Landmann: *Fundamental-Anthropologie*, Bouvier Verlag, Bonn 1979, S. 64 f.

48 *Der große Brockhaus*, Bd. VII, 16. Aufl., F. A. Brockhaus Verlag, Wiesbaden 1955, S. 679

49 Rudolf Steiner: *Der Mensch als Zusammenklang des schaffenden, bildenden und gestaltenden Weltenwortes*, GA-Bibl.-Nr. 230, 4. Aufl., Rudolf Steiner Verlag, Dornach 1970, S. 163

50 Johannes Hemleben: *Biologie und Christentum*, Urachhaus Verlag, Stuttgart 1971, S. 140

51 Wolfgang Trillhaas: *Vom Wesen des Menschen*, Schwab Verlag, Stuttgart 1949, S. 36

52 Theodosius Dobzhansky: *Vererbung und Menschenbild*, München 1966, S. 186. © Nymphenburger Verlagshandlung, München

53 Karlheinz Deschner: *Nur Lebendiges schwimmt gegen den Strom*, Lenos Verlag, Basel 1985, S. 24

54   Heinrich Schirmbeck: *Ihr werdet sein wie Götter*, Eugen Diederichs Verlag, Düsseldorf/Köln 1966, S. 318. © Heinrich Schirmbeck, Darmstadt

55   Stanisław Jerzy Lec: *Alle unfrisierten Gedanken*, Hrsg. und übersetzt von Karl Dedecius, München/Wien 1976, S. 73. © 1982 Carl Hanser Verlag, München/Wien

56   Hans-Eduard Hengstenberg: *Philosophische Anthropologie*, 4. Aufl., Universitätsverlag Anton Pustet, Salzburg 1984, S. 113

57   Jacob und Wilhelm Grimm: *Deutsches Wörterbuch*, Bd. VI., Leipzig 1885, Sp. 2021

58   Jacob und Wilhelm Grimm: *Deutsches Wörterbuch*, Bd. VI., Leipzig 1885, Sp. 2022

59   Aristoteles: *Die Nikomachische Ethik*, Artemis-Verlag, Zürich 1951, S. 248

60   Immanuel Hermann von Fichte: *Anthropologie*, Leipzig 1856, S. 37 ff.

61   Friedrich Nietzsche: *Werke*, Bd. II, Hrsg. G. Colli/M. Montinari, 4. Abt., Verlag Walter de Gruyter, Berlin/New York 1967, S. 422

62   Reinhold Niebuhr: *Glaube und Geschichte*, Verlag Paul Müller, München 1951, S. 100

63   Eugen Fink: *Grundphänomene des menschlichen Daseins,* Hrsg. E. Schütz/ F.-A. Schwarz, Verlag Karl Alber, Freiburg/München 1979, S. 330

64   Jacob und Wilhelm Grimm: *Deutsches Wörterbuch*, Bd. VI, Leipzig 1885, Sp. 2035

65   *Der große Herder*, Bd. VI, 5. Aufl., Verlag Herder, Freiburg i. Br. 1955, S. 425

66   Jürgen Rausch: *Der Mensch als Märtyrer und Monstrum*, Deutsche Verlags-Anstalt, Stuttgart 1957, S. 191

67   in: *Deutsches Sprichwörter-Lexikon. Ein Hausschatz für das deutsche Volk*, Bd. III, Hrsg. K.F.W. Wander, Leipzig 1873, Nr. 165

68   Ernest Borneman: *Lexikon der Liebe*, Bd. II, Ullstein Verlag, Frankfurt/M./ Wien 1978, S. 523

69   Julian Huxley: *Der Mensch in der modernen Welt*, Nest Verlag, Nürnberg 1950, S. 26

70   Herbert W. Franke: *Der Mensch stammt doch vom Affen ab.* © Kindler Verlag, München 1966, S. 388

71   Reinhold Ruthe: *So stell' ich mir die Liebe vor*, Herder Verlag, Freiburg i. Br./Basel/Wien 1982, S. 106

72   Emil Brunner: *Der Mensch im Widerspruch. Die christliche Lehre vom wahren und vom wirklichen Menschen.* 5. Aufl. © Theologischer Verlag, Zürich 1985, S. 342

73   Hermann Keyserling: *Betrachtungen der Stille und Besinnlichkeit*, Jena 1941, S. 170. © Eugen Diederichs Verlag, München 1989

74   Karl Barth: *Kirchliche Dogmatik. Bd. 3,2: Die Lehre von der Schöpfung. Zweiter Teil: Das Geschöpf,* 4. Aufl. © Theologischer Verlag, Zürich 1979, S. 421

75   Martin Luther King: *Kraft zum Lieben,* Christliche Verlagsanstalt, Konstanz 1983, S. 142

76   Emil Brunner: *Der Mensch im Widerspruch. Die christliche Lehre vom wahren und wirklichen Menschen,* 5. Aufl. © Theologischer Verlag, Zürich 1985, S. 341

77   Friedrich Hebbel: *Der Mensch und die Mächte,* Hrsg. E. Vincent, Alfred Kröner Verlag, Leipzig o. J., S. 134

78   Hans Burkhardt: *Die unverstandene Sinnlichkeit,* Limes Verlag, Wiesbaden 1973, S. 87. © Limes Verlag, München

79   Wolfgang Heintzeler: *Der Mensch im Kosmos,* Verlag Busse und Seewald GmbH, Stuttgart-Degerloch 1981, S. 100

80   in: P. Kluckhohn: *Die Auffassung der Liebe in der Literatur des 18. Jhs. und in der deutschen Romantik,* Verlag v. Max Niemeyer, Halle a. S. 1922, S. 527

81   in: P. Kluckhohn: *Die Auffassung der Liebe in der Literatur des 18. Jhs. und in der deutschen Romantik,* Verlag v. Max Niemeyer, Halle a. S. 1922, S. 527

82   Theophrastus Paracelsus: *Werke,* Bd. III, Hrsg. W.-E. Peuckert, Wissenschaftl. Buchgesellschaft, Darmstadt 1967, S. 38

83   Georg Christoph Lichtenberg: *Aphorismen,* Bd. IV, Hrsg. A. Leitzmann, B. Behr's Verlag, Berlin 1908, S. 129

84   Gotthilf Heinrich Schubert: *Allgemeine Naturgeschichte,* 1926

85   Paul Valéry: *Gedanken,* Insel-Verlag, Frankfurt/M. 1962, S. 21

86   Ivan Sviták: *Unwissenschaftliche Anthropologie,* Hrsg. P. Kruntorad, Abdruck erfolgt mit Genehmigung der S. Fischer Verlag GmbH, Frankfurt am Main, Frankfurt/M. 1972, S. 59

87   Günther Uecker: *Schriften – Gedichte – Projektbeschreibungen – Reflexionen,* Hrsg. Stephan von Wiese, Erker Verlag, St. Gallen 1979, S. 93

88   Bettina von Arnim: *Werke und Briefe,* Bd. III, Hrsg. G. Konrad, Frechen/Köln 1963, S. 186

89   Wladimir S. Solowjew: *Deutsche Gesamtausgabe der Werke,* Bd. VII, Hrsg. W. Szyłkarski, Erich Wewel Verlag, Freiburg i. Br. 1953, S. 172

90   Friedrich Nietzsche: *Werke,* Bd. II, 4. Abt., Hrsg. G. Colli/M. Montinari, Verlag Walter de Gruyter, Berlin/New York 1967, S. 113

91   Karl Marx: *Nationalökonomie und Philosophie,* Berlin 1932

92   Emil Brunner: *Der Mensch im Widerspruch. Die christliche Lehre vom wahren und wirklichen Menschen.* 5. Aufl. © Theologischer Verlag, Zürich 1985, S. 254

93 Christian Morgenstern: *Aphorismen, Sprüche und andere Aufzeichnungen* (Jubiläumsausgabe Bd. III), Hrsg. C. Heselhaus, R. Piper & Co. Verlag, München 1979, S. 61

94 Eugen Fink: *Grundphänomene des menschlichen Daseins*, Hrsg. E. Schütz/F.-A. Schwarz, Verlag Karl Alber, Freiburg/München 1979, S. 221 f.

95 Max Müller: *Philosophische Anthropologie*, Hrsg. W. Vossenkuhl, Verlag Karl Alber, Freiburg/München 1974, S. 31

96 Richard Müller-Freienfels: *Die Seele des Alltags*, Wegweiser-Verlag, Berlin 1925, S. 63

97 Theodor Haecker: *Was ist der Mensch?*, Kösel-Verlag, München 1950, S. 72

98 Mark Twain: *Autobiographische Schriften*, Aufbau-Verlag, Berlin/Weimar 1969, S. 326

99 Michael Landmann: *De Homine*, Verlag Karl Alber, Freiburg/München 1962, S. 313

100 Emil Brunner: *Der Mensch im Widerspruch. Die christliche Lehre vom wahren und wirklichen Menschen.* 5. Aufl. © Theologischer Verlag, Zürich 1985, S. 305

101 Carl Friedrich von Weizsäcker: *Der Garten des Menschlichen*, 7. Aufl., Carl Hanser Verlag, München/Wien 1980, S. 91. © 1977 Carl Hanser Verlag, München/Wien

102 Erich Fromm: *Die Furcht vor der Freiheit, Gesamtausgabe Bd. I (Analytische Sozialpsychologie)*, Hrsg. R. Funk, Deutsche Verlags-Anstalt, Stuttgart 1980, S. 237

103 Al Ghasali: *Das Elixier der Glückseligkeit*, 3. Aufl., Köln 1984, S. 73. © Eugen Diederichs Verlag, München 1989

104 Theophrastus Paracelsus: *Werke*, Bd. III, Hrsg. W.-E. Peuckert, Wissenschaftl. Buchgesellschaft, Darmstadt 1967, S. 23

105 Angelus Silesius: *Cherubinischer Wandersmann*, Hrsg. W.-E. Peuckert, Wiesbaden 1948, S. 20

106 Johann Gottfried Herder: *Mensch und Welt*, zusammengestellt von E. Ruprecht, Eugen Diederichs Verlag, Jena/Leipzig 1942, S. 110

107 Bettina von Arnim: *Werke und Briefe*, Bd. II, Hrsg. G. Konrad, Frechen/Köln 1959, S. 429

108 in: *Deutsches Sprichwörter-Lexikon. Ein Hausschatz für das deutsche Volk*, Bd. III, Hrsg. K.F.W. Wander, Leipzig 1873, Nr. 140

109 Adalbert Stifter: *Gesammelte Werke*, Bd. XIV, Hrsg. K. Steffen, Birkhäuser Verlag, Basel/Stuttgart 1972, S. 257

110 Lew Nikolajewitsch Tolstoj: *Tagebuch 1895–1898*, Hrsg. L. Rubiner, Rascher Verlag, Zürich/Leipzig/Stuttgart 1929, S. 185

111 Erich Fromm: *Anatomie der menschlichen Destruktivität, Gesamtausgabe Bd. VII (Aggressionstheorie)*, Hrsg. R. Funk, Deutsche Verlags-Anstalt, Stuttgart 1980, S. 230

112 Hans-Eduard Hengstenberg: *Philosophische Anthropologie*, 4. Aufl., Universitätsverlag Anton Pustet, Salzburg 1984, S. 90

113 Michael Landmann: *Philosophische Anthropologie*, Verlag Walter de Gruyter, Berlin 1964, S. 155

114 Arnold Gehlen: *Der Mensch*, AULA-Verlag GmbH, Wiesbaden o. J., S. 62

115 Alfred Adler: *Menschenkenntnis*, Fischer TB, Frankfurt/M. 1983, S. 39. © Philosophisch-Anthroposophischer Verlag am Goetheanum, Dornach (Schweiz) 1989

116 Max Müller: *Philosophische Anthropologie*, Hrsg. W. Vossenkuhl, Verlag Karl Alber, Freiburg/München 1974, S. 71

117 Fritz März: *Problemgeschichte der Pädagogik*, Bd. I, Verlag Julius Klinkhardt, Bad Heilbrunn/Obb. 1978, S. 213

118 Jürgen Rausch: *Der Mensch als Märtyrer und Monstrum*, Deutsche Verlags-Anstalt, Stuttgart 1957, S. 14

119 Arnold Gehlen: *Der Mensch*, AULA-Verlag GmbH, Wiesbaden o. J., S. 34 f.

120 Michael Landmann: *Fundamental-Anthropologie*, Bouvier Verlag, Bonn 1979, S. 154

121 Roger Garaudy: *Menschenwort*, Verlag Fritz Molden, Wien/München/Zürich 1976, S. 57

122 Hans-Eduard Hengstenberg: *Philosophische Anthropologie*, 4. Aufl., Universitätsverlag Anton Pustet, Salzburg 1984, S. 91

123 Theophrastus Paracelsus: *Werke*, Bd. III, Hrsg. W.-E. Peuckert, Wissenschaftl. Buchgesellschaft, Darmstadt 1967, S. 377

124 Johann Amos Comenius: *Große Didaktik*, Hrsg. A. Flitner, 4. Aufl., Verlag Helmut Küpper vormals Georg Bondi, Düsseldorf/München 1970, S. 38

125 Johann Amos Comenius: *Große Didaktik*, Hrsg. A. Flitner, 4. Aufl., Verlag Helmut Küpper (vormals Georg Bondi), Düsseldorf/München 1970, S. 42

126 Johann Gottfried Herder: *Mensch und Welt*, zusammengestellt von E. Ruprecht, Eugen Diederichs Verlag Jena, Leipzig 1942, S. 111

127 Friedrich Schlegel: *Kritische Ausgabe seiner Werke*, Bd. XVIII, (*Philosophische Lehrjahre I*), Hrsg. E. Behler, Verlag Ferdinand Schöningh, München/Paderborn/Wien 1963, S. 326

128 Novalis: *Werke*, Bd. III, *Fragmente II*, Hrsg. E. Wasmuth, Verlag Lambert Schneider, Heidelberg 1957, S. 131

129 Novalis: *Werke*, Bd. III, *Fragmente II*, Hrsg. E. Wasmuth, Verlag Lambert Schneider, Heidelberg 1957, S. 297

130   Hans-Joachim Iwand: *Nachgelassene Werke*, Bd. II, Hrsg. H. Gollwitzer u. a., Christian Kaiser Verlag, München 1966, S. 348

131   Ronald Steckel: *Herz der Wirklichkeit*, Jugenddienst-Verlag, Wuppertal 1973, S. 100 f.

132   Hans-Eduard Hengstenberg: *Philosophische Anthropologie*, 4. Aufl., Universitätsverlag Anton Pustet, Salzburg 1984, S. 321

133   Thorwald Dethlefsen: *Schicksal als Chance*, 9. Aufl. Goldmann Verlag, München 1984, S. 40 f. © 1979 C. Bertelsmann Verlag GmbH, München

134   Alfred Döblin: *Unser Dasein*, Hrsg. W. Muschg, Walter-Verlag, Olten/ Freiburg i. Br. 1964, S. 241

135   Rudolf Steiner: *Der Mensch als Zusammenklang des schaffenden, bildenden und gestaltenden Weltenwortes*, GA-Bibl.-Nr. 230, 4. Aufl., Dornach 1970, S. 20

136   Karl Barth: *Kirchliche Dogmatik. Bd. 3,2: Die Lehre von der Schöpfung. Zweiter Teil: Das Geschöpf*, 4. Aufl. © Theologischer Verlag, Zürich 1979, S. 2

137   Georg Simmel: *Fragmente und Aufsätze*, Hrsg. G. Kantorowicz, Georg Olms Verlag, Hildesheim 1967, S. 11

138   Johann Wolfgang von Goethe: *Wahlverwandtschaften I*, 1809, S. 4

139   Ernst Moritz Arndt: *Fragmente über Menschenbildung*, Hrsg. W. Münch/ H. Meisner, Langensalza 1904, S. 5

140   Christian Morgenstern: *Gesammelte Werke in einem Band*, Hrsg, M. Morgenstern, 4. Aufl., R. Piper & Co. Verlag, München/Zürich 1981, S. 458

141   Theophrastus Paracelsus: *Werke*, Bd. III, Hrsg. W.-E. Peuckert, Wissenschaftl. Buchgesellschaft, Darmstadt 1967, S. 428

142   Jacob Böhme: *Sämtliche Schriften*, Bd. I, Hrsg. W.-E. Peuckert, Fr. Frommanns Verlag, Stuttgart 1955, S. 304

143   Theophrastus Paracelsus: *Werke*, Bd. III, Hrsg. W.-E. Peuckert, Wissenschaftl. Buchgesellschaft, Darmstadt 1967, S. 66

144   Blaise Pascal: *Über die Religion (Pensées) Nr. 115*, Hrsg. E. Wasmuth, 8. Aufl., Verlag Lambert Schneider, Heidelberg 1978

145   in: *Deutsches Sprichwörter-Lexikon. Ein Hausschatz für das deutsche Volk*, Bd. III, Hrsg. K.F.W. Wander, Leipzig 1873, Nr. 146

146   Theophrastus Paracelsus: *Werke*, Bd. IV, Hrsg. W.-E. Peuckert, Wissenschaftl. Buchgesellschaft, Darmstadt 1967, S. 186

147   in: *Deutsches Sprichwörter-Lexikon. Ein Hausschatz für das deutsche Volk*, Bd. III, Hrsg. K.F.W. Wander, Leipzig 1873, Nr. 159

148   Thomas von Aquin: *Summa contra gentiles*, VI, 55

149   in: U. v. Mangoldt, *Das Menschenbild*, Verlag O. W. Barth, München-Planegg 1956, S. 16

150 Erasmus von Rotterdam: *Ausgewählte Schriften*, Bd. I, Hrsg. W. Welzig, Wissenschaftl. Buchgesellschaft, Darmstadt 1968, S. 109

151 Theophrastus Paracelsus: *Werke*, Bd. III, Hrsg. W.-E. Peuckert, Wissenschaftl. Buchgesellschaft, Darmstadt 1967, S. 105

152 Ludwig Feuerbach: *Anthropologischer Materialismus*, Bd. II, Hrsg. A. Schmidt, Frankfurt/M./Wien 1967, S. 113

153 Michel de Montaigne: *Essais* II, 20, Zürich 1953

154 Friedrich Schiller: *Nationalausgabe, Philosoph. Schriften*, Bd. XX, Teil 1, Hrsg. B. v. Wiese, Weimar 1962, S. 64

155 Johann Caspar Lavater: *Physiognomische Fragmente*, Bd. I, Leipzig/Winterthur 1775, S. 36

156 Heimito von Doderer: *Tangenten*, Biederstein Verlag, München 1964, S. 251

157 Martin Luther King: *Kraft zum Lieben*, Christliche Verlagsanstalt, Konstanz 1983, S. 153

158 Jean Mouroux: *Größe und Elend des Menschen*, Verlag Herder, Wien o. J., S. 153

159 Friedrich Christoph Oetinger: *Etwas Ganzes vom Evangelium*, Hrsg. G. Spindler, Ernst Franz Verlag, Metzingen-Württ. 1982, S. 259

160 Eugen Fink: *Grundphänomene des menschlichen Daseins*, Hrsg. E. Schütz/F.-A. Schwarz, Verlag Karl Alber, Freiburg/München 1979, S. 88

161 Hans-Eduard Hengstenberg: *Philosophische Anthropologie*, 4. Aufl., Universitätsverlag Anton Pustet, Salzburg 1984, S. 330

162 Karl Barth: *Kirchliche Dogmatik. Bd. 3,2: Die Lehre von der Schöpfung. Zweiter Teil: Das Geschöpf*, 4. Aufl. © Theologischer Verlag, Zürich 1979, S. 512

163 Rudolf Steiner: *Allgemeine Menschenkunde als Grundlage der Pädagogik*, GA-Bibl.-Nr. 293, Dornach 1979, S. 184

164 Emil Brunner: *Der Mensch im Widerspruch. Die christliche Lehre vom wahren und wirklichen Menschen*. 5. Aufl. © Theologischer Verlag, Zürich 1985, S. 24

165 Karl Barth: *Kirchliche Dogmatik. Bd. 3,2: Die Lehre von der Schöpfung. Zweiter Teil: Das Geschöpf*, 4. Aufl. © Theologischer Verlag, Zürich 1979, S. 510

166 Julian Huxley: *Der Mensch in der modernen Welt*, Nest Verlag, Nürnberg 1950, S. 277

167 Hans von Hattingberg: *Über die Liebe*, Ernst Reinhardt Verlag, München/Basel 1949, S. 103

168 Georg Christoph Lichtenberg: *Aphorismen*, Bd. II, Hrsg. A. Leitzmann, B. Behr's Verlag, Berlin 1904, S. 116

169   Lew Nikolajewitsch Tolstoj: *Gesammelte Werke in 20 Bänden*, Bd. XVII, Verlag Rütten u. Loening, Berlin 1971, S. 225

170   Thorwald Dethlefsen: *Schicksal als Chance*, 9. Aufl., Goldmann Verlag, München 1984, S. 189. © 1979 C. Bertelsmann Verlag GmbH, München

171   Novalis: *Werke*, Bd. III, *Fragmente II*, Hrsg. E. Wasmuth, Verlag Lambert Schneider, Heidelberg 1957, S. 125

172   Martin Luther King: *Kraft zum Lieben*, Christliche Verlagsanstalt, Konstanz 1983, S. 144

173   Bruno Hamann: *Pädagogische Anthropologie*, Verlag Julius Klinkhardt, Bad Heilbrunn/Obb. 1982, S. 27

174   Emil Brunner: *Der Mensch im Widerspruch. Die christliche Lehre vom wahren und vom wirklichen Menschen*, 5. Aufl. © Theologischer Verlag, Zürich 1985, S. 101

175   Karlfried Graf Dürckheim: *Vom doppelten Ursprung des Menschen*, 8. Aufl., Herder Verlag, Freiburg i. Br. 1984, S. 201

176   *Evangelischer Erwachsenenkatechismus*, Hrsg. W. Jentsch/H. Jetter/M. Kießig/H. Reller, 3. Aufl., Gütersloher Verlagshaus Gerd Mohn, Gütersloh 1977, S. 194

177   Heinrich Weinstock: *Die Tragödie des Humanismus*. © Verlag Quelle & Meyer, Heidelberg/Wiesbaden 1953, S. 129

178   Karl Barth: *Kirchliche Dogmatik, Bd. 3,2: Die Lehre von der Schöpfung. Zweiter Teil: Das Geschöpf*, 4. Aufl. © Theologischer Verlag, Zürich 1979, S. 444

179   Michael Landmann: *Fundamental-Anthropologie*, Bouvier Verlag, Bonn 1979, S. 115

180   Lin Yutang: *Weisheit des lächelnden Lebens*, Deutsche Verlags-Anstalt, Stuttgart 1982, S. 43

181   Emil Brunner: *Der Mensch im Widerspruch. Die christliche Lehre vom wahren und wirklichen Menschen*, 5. Aufl., © Theologischer Verlag, Zürich 1985, S. 97

182   Rudolf Steiner: *Wahrspruchworte*, Hrsg. E. Fröböse/P. Jenny, GA-Bibl.-Nr. 40, 2. Aufl., Dornach 1969, S. 121

183   Wolfgang Trillhaas: *Vom Wesen des Menschen*, Schwab Verlag, Stuttgart 1949, S. 45

184   Emil Brunner: *Der Mensch im Widerspruch*, 5. Aufl., Theologischer Verlag, Zürich 1985, S. 72

185   Alexis Carrel: *Der Mensch – das unbekannte Wesen*, Deutsche Verlags-Anstalt, Stuttgart 1950, S. 95

186   Hermann Hesse: *Der Steppenwolf*. © Suhrkamp Verlag, Frankfurt/M. 1974, S. 67 f.

187   Emil Brunner: *Der Mensch im Widerspruch. Die christliche Lehre vom wahren und wirklichen Menschen*, 5. Aufl. © Theologischer Verlag, Zürich 1985, S. 45

188   Jean Marolleau: *Die Zukunftsgesellschaft*, Econ Verlag, Düsseldorf/Wien 1971, S. 98

189   Hermann Hesse: *Der Steppenwolf.* © Suhrkamp Verlag, Frankfurt/M. 1974, S. 69

190   Jean Gebser: *Gesamtausgabe*, Bd. VI, Novalis Verlag, Schaffhausen 1977, S. 360

191   Theophrastus Paracelsus: *Werke*, Bd. III, Hrsg. W.-E. Peuckert, Wissenschaftl. Buchgesellschaft, Darmstadt 1967, S. 77

192   Angelus Silesius: *Cherubinischer Wandersmann*, Hrsg. W.-E. Peuckert, Dieterich'sche Verlagsbuchhandlung, Wiesbaden 1948, S. 125

193   Novalis: *Fragmente I*, Hrsg. E. Wasmuth, Verlag Lambert Schneider, Heidelberg 1957, S. 256

194   Friedrich Schlegel: *Kritische Ausgabe seiner Werke*, Bd. XIII, 2. Teil, *Philosophische Vorlesungen*, Hrsg. J.-J. Anstett, München/Paderborn/Wien 1964, S. 3

195   Novalis: *Fragmente I*, Hrsg. E. Wasmuth, Verlag Lambert Schneider, Heidelberg 1957, S. 134

196   Erich Rothacker: *Philosophische Anthropologie*, 2. Aufl., Bouvier Verlag, Bonn 1966, S. 145

197   Johann Gottfried Herder: *Mensch und Welt*, zusammengestellt von E. Ruprecht, Eugen Diederichs Verlag Jena, Leipzig 1942, S. 93

198   Friedrich Schlegel: *Kritische Ausgabe seiner Werke*, Bd. XVIII, 1. Teil, *Philosophische Lehrjahre*, Hrsg. E. Behler, Verlag Ferdinand Schöningh, München/Paderborn/Wien 1963, S. 328

199   Theophrastus Paracelsus: *Werke*, Bd. III, Hrsg. W.-E. Peuckert, Wissenschaftl. Buchgesellschaft, Darmstadt 1967, S. 240

200   Friedrich Schlegel: *Kritische Ausgabe seiner Werke*, Bd. XVIII, 1. Teil, *Philosophische Lehrjahre*, Hrsg. E. Behler, Verlag Ferdinand Schöningh, München/Paderborn/Wien 1963, S. 327

201   Angelus Silesius: *Cherubinischer Wandersmann*, Hrsg. W.-E. Peuckert, Dieterich'sche Verlagsbuchhandlung, Wiesbaden 1948, S. 18

202   Friedrich Schlegel: *Kritische Ausgabe seiner Werke*, Bd. XVIII, 1. Teil, *Philosophische Lehrjahre*, Hrsg. E. Behler, Verlag Ferdinand Schöningh, München/Paderborn/Wien 1963, S. 326

203   Theodor Haecker: *Was ist der Mensch?*, Kösel-Verlag, München 1965, S. 174

204 Alexis Carrel: *Der Mensch-das unbekannte Wesen*, Deutsche Verlags-Anstalt, Stuttgart 1950, S. 128 f.

205 Otto Friedrich Bollnow: *Mensch und Raum*, 3 Aufl., W. Kohlhammer Verlag, Stuttgart, Berlin, Köln, Mainz 1976, S. 293

206 Gottfried Richter: *Ideen zur Kunstgeschichte*, 4. Aufl., Urachhaus Verlag, Stuttgart 1937, S. 143

207 Otto Friedrich Bollnow: *Mensch und Raum*, 3. Aufl., W. Kohlhammer Verlag, Stuttgart, Berlin, Köln, Mainz 1976, S. 307

208 Martin Buber: *Urdistanz und Beziehung*, 4. Aufl., Verlag Lambert Schneider, Heidelberg 1978, S. 13 f.

209 Theodor Haecker: *Was ist der Mensch?*, Kösel-Verlag, München 1965, S. 115

210 Erich Rothacker: *Philosophische Anthropologie*, 2. Aufl., Bouvier Verlag, Bonn 1966, S. 170

211 Erich Rothacker: *Philosophische Anthropologie*, 2. Aufl., Bouvier Verlag, Bonn 1966, S. 125

212 Hugo von Hofmannsthal: *Aufzeichnungen*, Hrsg. H. Steiner, S. Fischer Verlag, Frankfurt/M. 1959, S. 85

213 Lao-Tse: *Tao-Tê-King*, Verlag Philipp Reclam jun., Stuttgart 1961, S. 51

214 Sophokles: *Antigone*, C. H. Beck'sche Verlagsbuchhandlung, München 1953, S. 27

215 Johann Caspar Lavater: *Physiognomische Fragmente*, Bd. I, Leipzig/Winterthur 1775, S. 33

216 Angelus Silesius: *Cherubinischer Wandersmann*, Hrsg. W.-E. Peuckert, Dieterich'sche Verlagsbuchhandlung, Wiesbaden 1948, S. 154

217 Johann Caspar Lavater: *Physiognomische Fragmente*, Bd. II, Leipzig/Winterthur 1776, S. 257

218 Clemens Brentano: *Sämtliche Werke und Briefe*, Bd. XVI, Hrsg. W. Bellmann, Verlag W. Kohlhammer, Stuttgart/Berlin/Köln/Mainz 1978, S. 183

219 Ivan Goll/Claire Goll: *Briefe*, Florian Kupferberg Verlag, Mainz 1966, S. 168

220 Matthias Claudius: *Der Wandsbecker Bote*, Insel Verlag, Frankfurt/M. 1975, S. 234

221 Anatolij W. Lunatscharskij: *Faust und die Stadt*, Verlag Philipp Reclam jun., Leipzig 1973, S. 98

222 in: W. M. Dixon: *Die Situation des Menschen*, C. H. Beck'sche Verlagsbuchhandlung, München 1963, S. 49

223 Alexis Carrel: *Der Mensch-das unbekannte Wesen*, Deutsche Verlags-Anstalt, Stuttgart 1950, S. 95

224 Thomas von Aquin: *Summa theologica III*, Quaestio 72, articulus 1

225 in: *Führende Worte*, Hrsg. A. Grunow, Bd. IV, Haude u. Spenersche Verlagsbuchhandlung, Berlin 1965, S. 20 f.

226 Johann Wolfgang von Goethe: *Berliner Ausgabe*, Bd. XVIII, Hrsg. S. Seidel, Aufbau-Verlag Berlin/Weimar 1972, S. 513

227 Emil Brunner: *Der Mensch im Widerspruch. Die christliche Lehre vom wahren und wirklichen Menschen*, 5. Aufl. © Theologischer Verlag, Zürich 1985, S. 401

228 Hans-Joachim Iwand: *Nachgelassene Werke*, Bd. II, Hrsg. H. Gollwitzer u. a., Christian Kaiser Verlag, München 1966, S. 385

229 Emil Brunner: *Der Mensch im Widerspruch. Die christliche Lehre vom wahren und wirklichen Menschen*, 5. Aufl. © Theologischer Verlag, Zürich 1985, S. 406

230 Maksim Gorkij: *Literarische Porträts*, 3. Aufl., Aufbau-Verlag Berlin/Weimar 1979, S. 144

231 Emil Brunner: *Der Mensch im Widerspruch. Die christliche Lehre vom wahren und wirklichen Menschen*, 5. Aufl. © Theologischer Verlag, Zürich 1985, S. 25

232 Friedrich Christoph Oetinger: *Etwas Ganzes vom Evangelium*, Hrsg. G. Spindler, Ernst Franz Verlag, Metzingen-Württ. 1982, S. 269

233 Angelus Silesius: *Cherubinischer Wandersmann*, Hrsg. W.-E. Peuckert, Dieterich'sche Verlagsbuchhandlung, Wiesbaden 1948, S. 26

234 Stefan Krenzer (Hrsg.): *Morgen wird man wieder glauben*, 33. Aufl., Lahn-Verlag, Limburg 1987, S. 188

235 Stanisław Jerzy Lec: *Alle unfrisierten Gedanken*, Hrsg. und übersetzt von Karl Dedecius, München 1971, S. 72. © 1982 Carl Hanser Verlag, München/Wien

236 Jean Mouroux: *Größe und Elend des Menschen*, Verlag Herder, Wien o. J., S. 142

237 Emil Brunner: *Der Mensch im Widerspruch. Die christliche Lehre vom wahren und wirklichen Menschen*, 5. Aufl. © Theologischer Verlag, Zürich 1985, S. 406

238 Rabindranath Tagore: *Das Heim und die Welt*, Berlin 1961, S. 247

239 Johannes Müller: *... was es heißt ein Mensch zu sein*, Hrsg. C. Wecker/B. Müller-Elmau, Claassen Verlag, Düsseldorf 1975, S. 85

240 Michael Landmann: *De Homine*, Verlag Karl Alber, Freiburg/München 1962, S. 137

241 Karl Barth: *Kirchliche Dogmatik. Bd. 3,2: Die Lehre von der Schöpfung. Zweiter Teil: Das Geschöpf*, 4. Aufl. © Theologischer Verlag, Zürich 1979, S. 2

242 Jean Gebser: *Gesamtausgabe*, Bd. VI, Novalis Verlag, Schaffhausen 1977, S. 377

243 Ernst Cassirer: *Was ist der Mensch?*, W. Kohlhammer Verlag, Stuttgart 1960, S. 27

244 Friedrich Dürrenmatt: *Werkausgabe in 30 Bänden*, Bd. XXVII, © Diogenes Verlag AG, Zürich 1980, S. 26

245 Aristoteles: *Die Nikomachische Ethik*, Artemis-Verlag, Zürich 1951, S. 182

246 Epiktet: *Was von ihm erhalten ist*, Carl Winters Universitätsbuchhandlung, Heidelberg o. J., S. 85

247 Otto Weber: *Grundlagen der Dogmatik*, Bd. I u. II, Neukirchener Verlag, Neukirchen-Vluyn 1983

248 Friedrich Hebbel: *Der Mensch und die Mächte*, Hrsg. E. Vincent, Alfred Kröner Verlag Leipzig o. J., S. 277

249 Claude Adrien Helvétius: *Vom Menschen, seinen geistigen Fähigkeiten und seiner Erziehung*, Hrsg. G. Mensching, Suhrkamp Verlag, Frankfurt/M. 1972, S. 35

250 Johann Gottfried Herder: *Ideen zur Philosophie der Geschichte der Menschheit*, Joseph Melzer Verlag, Darmstadt 1966, S. 99

251 Georg Christoph Lichtenberg: *Aphorismen*, Bd. II, Hrsg. A. Leitzmann, B. Behr's Verlag, Berlin 1904, S. 124

252 Paul Heinrich D. Baron von Holbach: *Système de la nature*, 1770

253 Robert Louis Stevenson: *Der weite Horizont*, Dieterich Verlag, Leipzig 1974, S. 38

254 Thomas von Aquin: *De ente et essentia*, 2 f.: n.12 ff.

255 Lord Byron: *Werke*, Bd. III, Leipzig/Wien o. J., S. 40

256 Thomas von Aquin: *Summe gegen die Heiden*, Bd. II, Hrsg. K. Albert/P. Engelhardt, Wissenschaftl. Buchgesellschaft Darmstadt 1982, S. 249

257 Blaise Pascal: *Über die Religion (Pensées), Nr. 347*, Hrsg. E. Wasmuth, 8. Aufl., Verlag Lambert Schneider, Heidelberg 1978, S. 167

258 in: *Goethes Gespräche*, Bd. 5, Hrsg. W. Freiherr v. Biedermann, »Gespräche mit Eckermann 15.Okt.1825«, J. W. v. Biedermann, Leipzig 1890, S. 235

259 Georg Wilhelm Friedrich Hegel: *Werke*, Bd. XVII, Hrsg. E. Moldenhauer/K. M. Michel, Suhrkamp Verlag, Frankfurt/M. 1969, S. 534

260 Johann Wolfgang von Goethe: *Farbenlehre*, Bd. III, Hrsg. G. Ott/H. O. Proskauer, 3. Aufl., Verlag Freies Geistesleben, Stuttgart 1984, S. 233

261 Rudolf Steiner: *Wahrspruchworte*, Hrsg. E. Fröböse/P. Jenny, GA-Bibl.-Nr. 40, 2. Aufl., Dornach 1969, S. 230

262 Johann Gottfried Herder: *Ideen zur Philosophie der Geschichte der Menschheit*, Joseph Melzer Verlag, Darmstadt 1966, S. 111

263 Hans Egon Holthusen: *Der unbehauste Mensch. Motive und Probleme der modernen Literatur.* 3. Aufl., R. Piper Verlag, München 1955, S. 213. © R. Piper & Co. Verlag 1951

264 in: *Deutsches Sprichwörter-Lexikon. Ein Hausschatz für das deutsche Volk*, Bd. III, Hrsg. K.F.W. Wander, Leipzig 1873, Nr. 154

265 Johann Wolfgang von Goethe: *Wilhelm Meisters Lehrjahre*, Bd. 1, Goldmann Verlag, München o. J., S. 88

266 Georg Christoph Lichtenberg: *Aphorismen*, Bd. IV, Hrsg. A. Leitzmann, B. Behr's Verlag, Berlin 1908, S. 218

267 Georg Christoph Lichtenberg: *Aphorismen*, Bd. II, Hrsg. A. Leitzmann, B. Behr's Verlag, Berlin 1904, S. 104

268 Blaise Pascal: *Über die Religion (Pensées), Nr. 72*, Hrsg. E. Wasmuth, 8. Aufl., Verlag Lambert Schneider, Heidelberg 1978, S. 50

269 Johann Wolfgang von Goethe: *Wilhelm Meisters Wanderjahre* Teil I, 3. Aufl., Deutscher Taschenbuchverlag, München 1975, S. 77

270 in: *Der Briefwechsel zwischen Bettina von Brentano und Max Prokop von Freyberg*, Hrsg. S. v. Steinsdorff, Verlag Walter de Gruyter Berlin/New York 1972, S. 131

271 zit. in: Zenta Maurina, *Welteinheit und die Aufgabe des Einzelnen*, Maximilian Dietrich Verlag, Memmingen 1963, S. 152

272 Romano Guardini: *Welt und Person*, 6. Aufl., Matthias-Grünewald-Verlag, Mainz, und Verlag Ferdinand Schöningh, Paderborn 1988, S. 9

273 Eugen Fink: *Grundphänomene des menschlichen Daseins*, Hrsg. E. Schütz/F.-A. Schwarz, Verlag Karl Alber, Freiburg/München 1979, S. 103

274 Ludwig Feuerbach: *Ausgewählte Schriften*, Bd. I (*Anthropologischer Materialismus*), Hrsg. A. Schmidt, Ullstein Verlag, Frankfurt/M. Berlin/Wien 1985, S. 184 f.

275 Hans-Eduard Hengstenberg: *Philosophische Anthropologie*, 4. Aufl., Universitätsverlag Anton Pustet, Salzburg 1984, S. 113

276 in: Michael Landmann: *De Homine*, Freiburg/München 1962, S. 324

277 Ludwig Feuerbach: *Ausgewählte Schriften*, Bd. I (*Anthropologischer Materialismus*), Hrsg. A. Schmidt, Ullstein Verlag, Frankfurt/M./Berlin/Wien 1985, S. 97

278 Hermann Broch: *Massenwahntheorie*. © Suhrkamp Verlag, Frankfurt/M. 1979, S. 117

279 Eugen Fink: *Grundphänomene des menschlichen Daseins*, Hrsg. E. Schütz/F.-A. Schwarz, Verlag Karl Alber, Freiburg/München 1979, S. 408

280 Friedrich Nietzsche: *Werke*, Bd. II, Hrsg. G. Colli/M. Montinari, 4. Abt., Verlag Walter de Gruyter Berlin/New York 1967; S. 330 f.

281 Hans-Eduard Hengstenberg: *Philosophische Anthropologie*, 4. Aufl., Universitätsverlag Anton Pustet, München, Salzburg 1984, S. 1

282 Erich Fromm: *Die moralische Verantwortung des modernen Menschen, Gesamtausgabe* Bd. IX, (*Sozialistischer Humanismus und Humanistische Ethik*), Hrsg. R. Funk, Deutsche Verlags-Anstalt, Stuttgart 1981, S. 319

283 *Der große Brockhaus*, Bd. VII, 16. Aufl., Verlag F. A. Brockhaus, Wiesbaden 1955, S. 679

284 Friedrich Nietzsche: *Werke*, Bd. I, 8. Abt. Hrsg. G. Colli/M. Montinari, Verlag Walter de Gruyter, Berlin/New York 1974, S. 184

285 Hermann Hesse: *Der Steppenwolf.* © Suhrkamp Verlag, Frankfurt/M. 1974, S. 65

286 Erich Fromm: *Wege aus einer kranken Gesellschaft. (Gesellschaftstheorie), Gesamtausgabe*, Bd. IV, Hrsg., R. Funk, Deutsche Verlags-Anstalt, Stuttgart 1980, S. 21

287 Hermann Broch: *Massenwahntheorie.* © Suhrkamp Verlag, Frankfurt/M. 1979, S. 231

288 Karl Barth: *Kirchliche Dogmatik. Bd. 3,2: Die Lehre von der Schöpfung. Zweiter Teil: Das Geschöpf,* 4. Aufl. © Theologischer Verlag, Zürich 1979, S. 475

289 Dietrich Bonhoeffer: *Gesammelte Schriften*, Bd. III, Hrsg. E. Bethge, Christian Kaiser Verlag, München 1960, S. 68

290 D. G. Cooper/R. D. Laing, *Vernunft und Gewalt.* © Suhrkamp Verlag, Frankfurt/M. 1973, S, 37

291 Hermann Broch: *Massenwahntheorie.* © Suhrkamp Verlag, Frankfurt/M. 1979, S. 146

292 Lin Yutang: *Weisheit des lächelnden Lebens*, Deutsche Verlags-Anstalt, Stuttgart 1982, S. 452

293 Otto Weber: *Grundlagen der Dogmatik*, Bd. I u. II, 6. Aufl., Neukirchener Verlag, Neukirchen-Vluyn, 1975, S. 584

294 Reinhold Niebuhr: *Glaube und Geschichte*, Verlag Paul Müller, München 1951, S. 130

295 *Farbiges großes Volkslexikon*, Bd. VII, Mannheim 1981, S. 540

296 Ludwig von Bertalanffy: ... *aber vom Menschen wissen wir nichts*, Econ Verlag, Düsseldorf/Wien 1970, S. 48

297 Julian Huxley: *Der Mensch in der modernen Welt*, Nest Verlag, Nürnberg 1950, S. 32

298 Alexis Carrel: *Der Mensch – das unbekannte Wesen*, Deutsche Verlags-Anstalt, Stuttgart 1950, S. 45

299 Erich Fromm: *Psychoanalyse und Ethik, Gesamtausgabe* Bd. II, *(Analytische Charaktertheorie)*, Hrsg. R. Funk, Deutsche Verlags-Anstalt, Stuttgart 1980, S. 30

300 Erich Fromm: *Aggressionstheorie, Gesamtausgabe Bd. VII*, Hrsg. R. Funk, Deutsche Verlags-Anstalt, Stuttgart 1980, S. 202 f.

301 Rudolf Steiner: *Der Mensch als Zusammenklang des schaffenden, bildenden und gestaltenden Weltenwortes*, GA-Bibl.-Nr. 230, 4. Aufl., Dornach 1970, S. 205

302 Hans-Joachim Iwand: *Nachgelassene Werke*, Bd. 1, Hrsg.: H. Gollwitzer
     u. a., Christian Kaiser Verlag, München 1962, S. 149

303 Martin Buber: *Das Problem des Menschen*, 5. Aufl., Verlag Lambert
     Schneider, Heidelberg 1982, S. 32

304 Hans-Eduard Hengstenberg: *Philosophische Anthropologie*, 4. Aufl.,
     Universitätsverlag Anton Pustet, Salzburg 1984, S. 12

305 Hermann Poppelbaum: *Mensch und Tier*, Fischer TB, Frankfurt/M. 1981,
     S. 133. © Philosophisch-Anthroposophischer Verlag am Goetheanum,
     Dornach (Schweiz) 1989

306 Helmut Thielicke: *Mensch sein – Mensch werden – Entwurf einer christli-
     chen Anthropologie*. München 1976, S. 146. © R. Piper & Co. Verlag,
     München 1976

307 Friedrich Nietzsche: *Werke*, Bd. I, 6. Abt., Hrsg. G. Colli/M. Montinari,
     Verlag Walter de Gruyter, Berlin/New York 1968, S. 239

308 Egon Friedell: *Kulturgeschichte der Neuzeit*, C. H. Beck'sche Verlags-
     buchhandlung, München 1979, S. 11 f.

309 Hans-Georg Drescher: *Der Mensch*, Jugenddienst-Verlag, Wuppertal-
     Barmen 1966, S. 135

310 Max Müller: *Philosophische Anthropologie*, Hrsg. W. Vossenkuhl, Verlag
     Karl Alber, Freiburg/München 1974, S. 58

311 Paul I. Tillich: *Wesen und Wandel des Glaubens*, Ullstein Verlag, Frank-
     furt/M., Berlin, Wien 1975, S. 15

312 Michael Landmann: *Philosophische Anthropologie*, Verlag Walter de
     Gruyter, Berlin 1964, S. 132

313 Friedrich Schiller: *Über das Schöne und die Kunst. Schriften zur Ästhetik*,
     Deutscher Taschenbuch Verlag, München 1984

314 Ulrich Beer: *Mut zum Glück*, Econ Verlag, Düsseldorf/Wien 1978, S. 105

315 Emil Brunner: *Der Mensch im Widerspruch. Die christliche Lehre vom
     wahren und wirklichen Menschen*, 5. Aufl. © Theologischer Verlag,
     Zürich 1985, S. 102

316 Friedrich Heinrich Jacobi: *Fliegende Blätter*, Hrsg. R. Gumpert, Sauer-
     Verlag, Heidelberg 1965, S. 39

317 *Brockhaus Enzyklopädie*, Bd. XII, 17. Aufl., F. A. Brockhaus Verlag,
     Wiesbaden 1971, S. 398

318 Max Müller: *Philosophische Anthropologie*, Hrsg. W. Vossenkuhl, Verlag
     Karl Alber, Freiburg/München 1974, S. 24

319 Alexis Carrel: *Der Mensch – das unbekannte Wesen*, Deutsche Verlags-
     Anstalt, Stuttgart 1950, S. 325 f.

320 Arnold Gehlen: *Der Mensch*, AULA-Verlag GmbH, Wiesbaden o. J.,
     S. 11

321 Alexis Carrel: *Der Mensch – das unbekannte Wesen*, Deutsche Verlags-Anstalt, Stuttgart 1950, S. 358

322 Theodosius Dobzhansky: *Dynamik der menschlichen Evolution*, Hrsg. P. Bertaux/I. Grubrich, Hamburg 1965, S. 12. Abdruck erfolgt mit Genehmigung der S. Fischer Verlag GmbH, Frankfurt am Main

323 Jürgen Moltmann: *Mensch. Themen der Theologie*, Bd. 11, 3. Aufl., Kreuz Verlag, Stuttgart 1977, S. 72

324 Paul Hazard: *Die Herrschaft der Vernunft*, Hoffmann & Campe Verlag, Hamburg 1949, S. 370

325 Ivan Sviták: *Unwissenschaftliche Anthropologie*, Hrsg. P. Kruntorad, Frankfurt/M. 1972, S. 34. Abdruck erfolgt mit Genehmigung der S. Fischer Verlag GmbH, Frankfurt am Main

326 Hans-Joachim Iwand: *Nachgelassene Werke*, Bd. V, Hrsg. H. Gollwitzer u. a., Christian Kaiser Verlag, München 1974, S. 62

327 Alfred Döblin: *Unser Dasein*, Hrsg. W. Muschg, Walter-Verlag, Olten/Freiburg i. Br. 1964, S. 227

328 Karl Jaspers: *Einführung in die Philosophie. Zwölf Radiovorträge.* 6. Aufl., München 1971, S. 50. © R. Piper & Co. Verlag 1953

329 Oswald Spengler: *Der Mensch und die Technik*, C. H. Beck'sche Verlagsbuchhandlung, München 1931, S. 32

330 Theodor Haecker: *Was ist der Mensch?*, Kösel-Verlag, München 1949, S. 174 f.

331 Paul Valéry: *Schlimme Gedanken und andere*, Insel-Verlag, Frankfurt/M. 1963, S. 173

332 Heinrich Heine: *Sämtliche Werke*, Bd. II, Hrsg. O. Walzel, Insel-Verlag, Leipzig 1912, S. 438

333 Lucius Annaeus Seneca: *Philosophische Schriften*, Bd. III, Hrsg. M. Rosenbach, Wissenschftl. Buchgesellschaft Darmstadt 1974, S. 331

334 Al Ghasali: *Das Elixier der Glückseligkeit*, 3. Aufl., Köln 1984, S. 26. © Eugen Diederichs Verlag, München 1989

335 Johann Gottfried Herder: *Mensch und Welt*, zusammengestellt von E. Ruprecht, Eugen Diederichs Verlag, Jena, Leipzig 1942, S. 153

336 zit. in: H. Thielicke, *Theologische Ethik*, Bd. I, Verlag J. C. B. Mohr (Paul Siebeck), Tübingen 1958, S. 270

337 Hans-Eduard Hengstenberg: *Grundlegung der Ethik*, W. Kohlhammer Verlag, Stuttgart 1969, S. 217

338 Martin Heidegger: *Sein und Zeit*, 15. Aufl., Max Niemeyer Verlag, Tübingen 1984, S. 57

339 Martin Heidegger: *Holzwege*, 3. Aufl., Vittorio Klostermann Verlag, Frankfurt/M. 1957, S. 273

340 Ronald D. Laing: *Phänomenologie der Erfahrung*, 5. Aufl. © Suhrkamp Verlag, Frankfurt/M. 1972, S. 35

341 Hans-Eduard Hengstenberg: *Philosophische Anthropologie*, 4. Aufl., Universitätsverlag Anton Pustet, Salzburg 1984, S. 66

342 Emerich Coreth: *Was ist der Mensch?*, 4. Aufl., Verlagsanstalt Tyrolia, Innsbruck 1986, S. 75

343 Ivan Sviták: *Unwissenschaftliche Anthropologie*, Hrsg. P. Kruntorad, Frankfurt/M. 1972, S. 159. Abdruck erfolgt mit Genehmigung der Fischer Verlag GmbH, Frankfurt am Main

344 Bruno Hamann: *Pädagogische Anthropologie*, Verlag Julius Klinkhardt, Bad Heilbrunn/Obb. 1982, S. 70

345 Ivan Sviták: *Unwissenschaftliche Anthropologie*, Hrsg. P. Kruntorad, Frankfurt/M. 1972, S. 197. Abdruck erfolgt mit Genehmigung der Fischer Verlag GmbH, Frankfurt am Main

346 Eugen Fink: *Grundphänomene des menschlichen Daseins*, Hrsg. E. Schütz/F.-A. Schwarz, Verlag Karl Alber, Freiburg/München 1979, S. 161

347 Emil Brunner: *Der Mensch im Widerspruch. Die christliche Lehre vom wahren und vom wirklichen Menschen*, 5. Aufl. © Theologischer Verlag, Zürich 1985, S. 401

348 Max Scheler: *Die Stellung des Menschen im Kosmos*, Nymphenburger Verlagshandlung, München 1947, S. 51. © Nymphenburger Verlagshandlung, München

349 Wilhelm Keller: *Einführung in die philosophische Anthropologie*, Francke Verlag, München 1971, S. 73

350 Jean Mouroux: *Größe und Elend des Menschen*, Verlag Herder, Wien o. J., S. 189

351 Norbert Hinske: »Thomas von Aquin«, in: M. Landmann, *De Homine*, Verlag Karl Alber, Freiburg/München 1962, S. 121 f.

352 Michael Landmann: *De Homine*, Verlag Karl Alber, Freiburg/München 1962, S. 279

353 Eugen Fink: *Grundphänomene des menschlichen Daseins*, Hrsg. E. Schütz/F.-A. Schwarz, Verlag Karl Alber, Freiburg/München 1979, S. 442

354 Wilhelm Heinen: *Liebe als sittliche Grundkraft und ihre Fehlformen*, 3. Aufl., Herder Verlag, Freiburg/Basel/Wien 1968, S. 292

355 Gerhart Hauptmann: *Sämtliche Werke*, Bd. VI, Hrsg. H.-E. Hass, Propyläen Verlag, Frankfurt/M./Berlin 1963, S. 997. © Verlag Ullstein GmbH 1989

356 D. G. Cooper/R. D. Laing, *Vernunft und Gewalt*. © Suhrkamp Verlag, Frankfurt/M. 1973, S. 31

357   Emil Brunner: *Der Mensch im Widerspruch. Die christliche Lehre vom wahren und vom wirklichen Menschen*, 5. Aufl. © Theologischer Verlag, Zürich 1985, S. 107

358   Helmut Thielicke: *Mensch sein – Mensch werden. Entwurf einer christlichen Anthropologie*, München 1976, S. 102. © R. Piper & Co. Verlag, München 1976

359   Emil Brunner: *Dogmatik. Bd. 2: Die christliche Lehre von Schöpfung und Erlösung*, 3. Aufl. Theologischer Verlag, Zürich 1972, S. 130

360   Marcel Légaut: *Meine Erfahrung mit dem Menschen*, Herder Verlag, Freiburg/Basel/Wien 1973, S. 187

361   Emil Brunner: *Der Mensch im Widerspruch. Die christliche Lehre vom wahren und vom wirklichen Menschen*, 5. Aufl. © Theologischer Verlag, Zürich 1985, S. 173

362   Emil Brunner: *Der Mensch im Widerspruch. Die christliche Lehre vom wahren und vom wirklichen Menschen*, 5. Aufl. © Theologischer Verlag, Zürich 1985, S. 69

363   Paul Valéry: *Gedanken.* © Insel-Verlag, Frankfurt/M. 1962, S. 21

364   in: *Deutsches Sprichwörter-Lexikon. Ein Hausschatz für das deutsche Volk*, Bd. III, Hrsg. K. F. W. Wander, Leipzig 1873, Nr. 149

365   Erich Kästner: *Gesammelte Schriften*, Bd. V, Verlag Kiepenheuer & Witsch, Köln 1959, S. 62. © Erich Kästner Erben, München

366   in: *Deutsches Sprichwörterlexikon. Ein Hausschatz für das deutsche Volk*, Bd. III, Hrsg. K. F. W. Wander, Leipzig 1873, Nr. 153

367   Theodor Bovet: *Zeit haben und frei sein*, Furche Verlag, Hamburg 1967, S. 100. © Verlag Paul Haupt, Bern

368   Theophrastus Paracelsus: *Werke*, Bd. IV, Hrsg. W.-E. Peuckert, Wissenschaftl. Buchgesellschaft, Darmstadt 1967, S. 31

369   Friedrich Maximilian Klinger: *Ausgewählte Werke*, Bd. VII/VIII, Verlag der J.-G. Cotta'schen Buchhandlung, Stuttgart 1880, S. 772

370   Friedrich Christoph Oetinger: *Etwas Ganzes vom Evangelium*, Hrsg. G. Spindler, Ernst Franz Verlag, Metzingen-Württ. 1982, S. 273

371   Jürgen Rausch: *Der Mensch als Märtyrer und Monstrum*, Deutsche Verlags-Anstalt, Stuttgart 1957, S. 13

372   Robert Musil: *Der Mann ohne Eigenschaften*, Hrsg. A. Frisé. © Rowohlt Verlag, Reinbek bei Hamburg 1969, S. 1130

373   Albert Schweitzer: *Kultur und Ethik*, C. H. Beck'sche Verlagsbuchhandlung, München 1960, S. 275

374   Erich Rothacker: *Philosophische Anthropologie*, 2. Aufl., Bouvier Verlag, Bonn 1966, S. 169

375   Hans-Eduard Hengstenberg: *Philosophische Anthropologie*, 4. Aufl., Universitätsverlag Anton Pustet, Salzburg 1984, S. 349

376 Hans-Joachim Iwand: *Nachgelassene Werke*, Bd. V, Hrsg. H. Gollwitzer u. a., Christian Kaiser Verlag, München 1974, S. 224

377 Jürgen Rausch: *Der Mensch als Märtyrer und Monstrum*, Deutsche Verlags-Anstalt, Stuttgart 1957, S. 183

378 *Evangelischer Erwachsenenkatechismus*, Hrsg. W. Jentsch/H. Jetter/M. Kießig/H. Reller, 3. Aufl., Gütersloher Verlagshaus Gerd Mohn, Gütersloh 1977, S. 203

379 Heinz Zahrnt: *Die Sache mit Gott. Die protestantische Theologie im 20. Jahrhundert.* R. Piper Verlag, S. 70. © R. Piper & Co. Verlag, München 1966

380 Max Müller: *Philosophische Anthropologie*, Hrsg. W. Vossenkuhl, Verlag Karl Alber, Freiburg/München 1974, S. 95

381 Walter Strolz: *Menschsein als Gottesfrage*, G. Neske Verlag, Pfullingen 1965, S. 191

382 George G. Simpson: *Biologie und Mensch.* © Suhrkamp Verlag, Frankfurt/M. 1972, S. 115

383 Ludwig Binswanger: *Grundformen und Erkenntnis menschlichen Daseins*, 2. Aufl., Niehans Verlag, Zürich 1953, S. 252

384 Walter Strolz: *Menschsein als Gottesfrage*, G. Neske Verlag, Pfullingen 1965, S. 161

385 Heimito von Doderer: *Tangenten*, Biederstein Verlag, München 1964, S. 18

386 Walter Strolz: *Menschsein als Gottesfrage*, G. Neske Verlag, Pfullingen 1965, S. 167

387 Johannes Schwartländer: *Der Mensch ist Person*, W. Kohlhammer Verlag, Stuttgart 1968, S. 199

388 Emil Brunner: *Der Mensch im Widerspruch. Die christliche Lehre vom wahren und vom wirklichen Menschen*, 5. Aufl. © Theologischer Verlag, Zürich 1985, S. 25

389 Heinz Zahrnt: *Die Sache mit Gott. Die protestantische Theologie im 20. Jahrhundert*, R. Piper Verlag, S. 420. © R. Piper & Co. Verlag, München 1966

390 Georg Simmel: *Fragmente und Aufsätze*, Hrsg. G. Kantorowicz, Georg Olms Verlag, Hildesheim 1967, S. 14

391 Emil Brunner: *Der Mensch im Widerspruch. Die christliche Lehre vom wahren und vom wirklichen Menschen*, 5. Aufl. © Theologischer Verlag, Zürich 1985, S. 25

392 Paul Ricœur: *Die Fehlbarkeit des Menschen*, Verlag Karl Alber, Freiburg/München 1971, S. 134

393 Karlfried Graf Dürckheim: *Vom doppelten Ursprung des Menschen*, 8. Aufl., Herder Verlag, Freiburg i. Br. 1984, S. 258

394 Martin Buber: *Das dialogische Prinzip (Ich und Du)*, 5. Aufl., Verlag Lambert Schneider, Heidelberg 1984, S. 68

395 Hans-Eduard Hengstenberg: *Philosophische Anthropologie*, 4. Aufl., Universitätsverlag Anton Pustet, Salzburg 1984, S. 94

396 Emil Brunner: *Der Mensch im Widerspruch. Die christliche Lehre vom wahren und vom wirklichen Menschen*, 5. Aufl. © Theologischer Verlag, Zürich 1985, S. 104

397 Romano Guardini: *Welt und Person*, 6. Aufl., Matthias-Grünewald-Verlag, Mainz, und Verlag Ferdinand Schöningh, Paderborn 1988, S. 145

398 Karl Barth: *Kirchliche Dogmatik. Bd. 3,2: Die Lehre von der Schöpfung. Zweiter Teil: Das Geschöpf*, 4. Aufl. © Theologischer Verlag, Zürich 1979, S. 179

399 Zenta Maurina: *Begegnung mit Elly Ney*, Maximilian Dietrich Verlag, Memmingen 1956, S. 81 f.

400 Emil Brunner: *Der Mensch im Widerspruch. Die christliche Lehre vom wahren und vom wirklichen Menschen*, 5. Aufl. © Theologischer Verlag, Zürich 1985, S. 169

401 Friedrich Gogarten: *Der Mensch zwischen Gott und Welt*, Friedrich Vorwerk Verlag, Stuttgart 1956, S. 27

402 Emil Brunner: *Dogmatik. Bd. 2: Die christliche Lehre von Schöpfung und Erlösung*, 3. Aufl. © Theologischer Verlag, Zürich 1972, S. 212 f.

403 Emil Brunner: *Der Mensch im Widerspruch. Die christliche Lehre vom wahren und vom wirklichen Menschen*, 5. Aufl. © Theologischer Verlag, Zürich 1985, S. 76

404 Epiktet: *Handbüchlein der Moral und Unterredungen*, Hrsg. H. Schmidt, Alfred Kröner Verlag, Stuttgart 1966, S. 111

405 Theophrastus Paracelsus: *Werke*, Bd. III, Hrsg. W.-E. Peuckert, Wissenschaftl. Buchgesellschaft Darmstadt 1967, S. 275

406 Jacob Böhme: *Sämtliche Schriften*, Bd. IX, Hrsg. W.-E. Peuckert, Fr. Frommanns Verlag, Stuttgart 1956, S. 86

407 Friedrich Heinrich Jacobi: *Werke*, Bd. VI, Hrsg. F. Roth/F. Köppen, Wissenschaftl. Buchgesellschaft, Darmstadt 1976, S. 157

408 Theophrastus Paracelsus: *Werke*, Bd. III, Hrsg. W.-E. Peuckert, Wissenschaftl. Buchgesellschaft, Darmstadt 1967, S. 281

409 Friedrich Heinrich Jacobi: *Fliegende Blätter*, Hrsg. R. Gumpert, Sauer-Verlag, Heidelberg 1965, S. 40

410 Ivan Sviták: *Unwissenschaftliche Anthropologie*, Hrsg. P. Kruntorad, Frankfurt/M. 1972, S. 41. Abdruck erfolgt mit Genehmigung der S. Fischer Verlag GmbH, Frankfurt am Main

411 Dietrich Bonhoeffer: *Gesammelte Schriften*, Bd. III, Hrsg. E. Bethge, Christian Kaiser Verlag, München 1960, S. 64

412 Arno Plack: *Philosophie des Alltags*, Deutsche Verlags-Anstalt, Stuttgart 1979, S. 164

413 Max Müller: *Philosophische Anthropologie*, Hrsg. W. Vossenkuhl, Verlag Karl Alber, Freiburg/München 1974, S. 89

414 Jean Améry: »Träger der Freiheit«, in: *Wer ist das eigentlich – der Mensch?*, Hrsg. E. Stammler, Kösel-Verlag, München 1973, S. 24

415 Karl Barth: *Kirchliche Dogmatik. Bd. 3,2: Die Lehre von der Schöpfung. Zweiter Teil: Das Geschöpf*, 4. Aufl. © Theologischer Verlag, Zürich 1979, S. 628 f.

416 Emil Brunner: *Der Mensch im Widerspruch. Die christliche Lehre vom wahren und vom wirklichen Menschen*, 5. Aufl. © Theologischer Verlag, Zürich 1985, S. 26

417 Max Scheler: *Die Stellung des Menschen im Kosmos*, 2. Aufl., München 1949, S. 41. © Nymphenburger Verlagshandlung, München

418 Michael Landmann: *Der Mensch als Schöpfer und Geschöpf der Kultur*, Ernst Reinhardt Verlag, München, Basel 1961, S. 26

419 Bettina von Arnim: *Werke und Briefe*, Bd. III, Hrsg. G. Konrad, Frechen/ Köln 1963, S. 162

420 Hermann Keyserling: *Betrachtungen der Stille und Besinnlichkeit*, Eugen Diederichs Verlag, Jena 1941, S. 198

421 Erich Blechschmidt: *Vom Ei zum Embryo*, Deutsche Verlags-Anstalt, Stuttgart 1968, S. 32

422 Jean-Paul Sartre: *Drei Essays*, Ullstein Verlag, Frankfurt/M.-Berlin-Wien 1972, S. 35

423 Hans-Joachim Schoeps: *Was ist der Mensch?*, Muster-Schmidt Verlag, Göttingen/Berlin/Frankfurt/M. 1960, S. 18

424 Emil Brunner: *Der Mensch im Widerspruch. Die christliche Lehre vom wahren und wirklichen Menschen*, 5. Aufl. © Theologischer Verlag, Zürich 1985, S. 26

425 Bettina von Arnim: *Werke und Briefe*, Bd. II, Hrsg. G. Konrad, Frechen/ Köln 1959, S. 447

426 Lew Nikolajewitsch Tolstoj: *Tagebuch 1895–1898*, Hrsg. L. Rubiner, Rascher Verlag, Zürich/Leipzig/Stuttgart 1929, S. 161

427 Eugen Fink: *Grundphänomene des menschlichen Daseins*, Hrsg. E. Schütz/F.-A. Schwarz, Verlag Karl Alber, Freiburg/München 1979, S. 121 f.

428 Hermann Hesse: *Gesammelte Schriften*, Bd. VII (*Betrachtungen und Briefe*). © Suhrkamp Verlag, Frankfurt/M. 1957, S. 117 f.

429 Michael Landmann: *Philosophische Anthropologie*, Verlag Walter de Gruyter, Berlin 1964, S. 161

430 Abraham a Sancta Clara: *Purpurmäntel und Bauernkittel,* Hrsg. G. Fritz-sche/E. Weber, Verlag Rütten u. Loening, Berlin 1969, S. 289

431 Helmut Hofer/Günter Altner: *Die Sonderstellung des Menschen,* Gustav Fischer Verlag, Stuttgart 1972, S. 207

432 Arnold Gehlen: *Der Mensch.* © AULA-Verlag GmbH, Wiesbaden o. J., S. 17

433 Abraham a Sancta Clara: *Purpurmäntel u. Bauernkittel,* Hrsg. G. Fritz-sche/E. Weber, Verlag Rütten u. Loening, Berlin 1969, S. 289

434 David Herbert Lawrence: *Liebe, Sex und Emanzipation.* © Diogenes Verlag, Zürich 1971, S. 18

435 D. G. Cooper/R. D. Laing, *Vernunft und Gewalt.* © Suhrkamp Verlag, Frankfurt/M. 1973, S. 50

436 Heinrich Böll: *Essayistische Schriften und Reden,* Bd. II, Hrsg. B. Balzer, Verlag Kiepenheuer & Witsch, Köln 1979, S. 197

437 Michael Landmann: *Der Mensch als Schöpfer und Geschöpf der Kultur,* Ernst Reinhardt Verlag, München/Basel 1961, S. 17

438 Wolfgang Trillhaas: *Ethik,* Verlag Walter de Gruyter, Berlin 1970, S. 20

439 Martin Buber: *Das dialogische Prinzip,* 5. Aufl., Verlag Lambert Schneider, Heidelberg 1984, S. 259 f.

440 Dietrich Bonhoeffer: *Gesammelte Schriften,* Bd. III, Hrsg. E. Bethge, Christian Kaiser Verlag, München 1960, S. 80

441 Max Müller: *Philosophische Anthropologie,* Hrsg. W. Vossenkuhl, Verlag Karl Alber, Freiburg/München 1974, S. 33

442 Jürgen Rausch: *Der Mensch als Märtyrer und Monstrum,* Deutsche Verlags-Anstalt, Stuttgart 1957, S. 13

443 Alexis Carrel: *Der Mensch – das unbekannte Wesen,* Deutsche Verlags-Anstalt, Stuttgart 1950, S. 257

444 Hans-Eduard Hengstenberg: *Philosophische Anthropologie,* 4. Aufl., Universitätsverlag Anton Pustet, Salzburg 1984, S. 29

445 Lew Nikolajewitsch Tolstoj: *Tagebuch 1895–1898,* Hrsg. L. Rubiner, Rascher Verlag, Zürich/Leipzig/Stuttgart 1929, S. 223

446 Adolf Portmann: *Vom Lebendigen,* 2. Aufl., Suhrkamp Verlag, Frankfurt/M. 1979, S. 124. © R. Piper & Co. Verlag, München

447 Maksim Gorkij: *Über Kinder und Kinderliteratur,* Hrsg. N. Ludwig, Kinderbuchverlag, Berlin 1968, S. 93

448 Ivan Sviták: *Unwissenschaftliche Anthropologie,* Hrsg. P. Kruntorad, Frankfurt/M. 1972, S. 60. Abdruck erfolgt mit Genehmigung der S. Fischer GmbH, Frankfurt am Main

449 Hans Peter Richter: *Gut und Böse,* Thienemanns Verlag, Stuttgart 1980, S. 23

450 Georg Simmel: *Fragmente und Aufsätze*, Hrsg. G. Kantorowicz, Georg Olms Verlag, Hildesheim 1967, S. 9f.

451 Roger Garaudy: *Menschenwort*, Verlag Fritz Molden, Wien/München/Zürich 1976, S. 136

452 Gudrun Diem: »Friedrich Nietzsche«, in: M. Landmann, *De Homine*, Verlag Karl Alber, Freiburg/München 1962, S. 525

453 Hans-Joachim Iwand: *Nachgelassene Werke*, Bd. II, Hrsg. H. Gollwitzer u. a., Christian Kaiser Verlag, München 1966, S. 283

454 Joseph Ratzinger: *Einführung in das Christentum*, 5. Aufl., Kösel-Verlag, München 1968, S. 193f.

455 Karl Barth: *Kirchliche Dogmatik. Bd. 3,2: Die Lehre von der Schöpfung. Zweiter Teil: Das Geschöpf*, 4. Aufl. © Theologischer Verlag, Zürich 1979, S. 526

456 Hans-Joachim Iwand: *Nachgelassene Werke*, Bd. I, Hrsg. H. Gollwitzer u. a., Christian Kaiser Verlag, München 1962, S. 214

457 Hans-Eduard Hengstenberg: *Philosophische Anthropologie*, 4. Aufl., Universitätsverlag Anton Pustet, Salzburg 1984, S. 115

458 Jean Améry: »Träger der Freiheit«, in: *Wer ist das eigentlich – der Mensch?*, Hrsg. E. Stammler, Kösel-Verlag, München 1973, S. 18

459 Elias Canetti: *Aufzeichnungen*. © Suhrkamp Verlag, Frankfurt/M. 1978, S. 18

460 Eugen Fink: *Grundphänomene des menschlichen Daseins*, Hrsg. E. Schütz/F.-A. Schwarz, Verlag Karl Alber, Freiburg/München 1979, S. 345

461 Joseph Ratzinger: *Einführung in das Christentum*, 5. Aufl., Kösel-Verlag, München 1968, S. 192f.

462 Michael Theunissen: »Sören Kierkegaard«, in: M. Landmann, *De Homine*, Verlag Karl Alber, Freiburg/München 1962, S. 505

463 Novalis: *Werke*, Bd. III, *Fragmente II*, Hrsg. E. Wasmuth, Verlag Lambert Schneider, Heidelberg 1957, S. 139

464 Hermann Levin Goldschmidt: *Selbstentfaltung und Selbstanalyse*, Novalis Verlag, Schaffhausen 1980, S. 8f.

465 Emil Brunner: *Dogmatik. Bd. 2: Die christliche Lehre von Schöpfung und Erlösung*, 3. Aufl., © Theologischer Verlag, Zürich 1972, S. 92

466 Hans-Joachim Schoeps: *Was ist der Mensch?*, Muster-Schmidt Verlag, Göttingen/Berlin/Frankfurt/M. 1960, S. 18

467 Immanuel Hermann Fichte: *Seelenfortdauer*, Jena o. J., S. 22

468 Ludwig Feuerbach: *Ausgewählte Schriften (Anthropologischer Materialismus)*, Bd. I, Hrsg. A. Schmidt, Ullstein Verlag, Frankfurt/M./Berlin/Wien 1985, S. 32

469 Franz Marc: *Schriften*, Hrsg. K. Lankheit, DuMont Buchverlag, Köln 1978, S. 188

470   *Evangelischer Erwachsenenkatechismus*, Hrsg. W. Jentsch/H. Jetter/M.
       Kießig/H. Reller, 3. Aufl., Gütersloher Verlagshaus Gerd Mohn, Güters-
       loh 1977, S. 221

471   Michael Landmann: *Fundamental-Anthropologie*, Bouvier Verlag, Bonn
       1979, S. 140

472   Alfred Döblin: *Unser Dasein*, Hrsg. W. Muschg, Walter-Verlag, Olten/
       Freiburg i. Br. 1964, S. 190

473   Gerhart Hauptmann: *Sämtliche Werke*, Bd. VI, Hrsg. H.-E. Hass, Prophy-
       läen-Verlag, Frankf./M.-Berlin, 1963, S. 997. © Verlag Ullstein GmbH,
       Berlin 1989

474   Emerich Coreth: *Was ist der Mensch?*, Verlagsanstalt Tyrolia, 4. Aufl.,
       Innsbruck 1986, S. 181

475   Helmut Thielicke: *Mensch sein – Mensch werden. Entwurf einer christli-
       chen Anthropologie*, München 1976, S. 179. © R. Piper & Co. Verlag,
       München 1976

476   Alexis Carrel: *Der Mensch – das unbekannte Wesen*, Deutsche Verlags-
       Anstalt, Stuttgart 1950, S. 354

477   Ivan Sviták: *Unwissenschaftliche Anthropologie*, Hrsg. P. Kruntorad,
       Frankfurt/M. 1972, S. 12. Abdruck erfolgt mit Genehmigung der S. Fischer
       GmbH, Frankfurt am Main

478   Alexis Carrel: *Der Mensch – das unbekannte Wesen*, Deutsche Verlags-
       Anstalt, Stuttgart 1950, S. 226

479   Michael Landmann: *Fundamental-Anthropologie*, Bouvier Verlag, Bonn
       1979, S. 151

480   *Der große Brockhaus*, Bd. VII, F. A. Brockhaus Verlag, Wiesbaden 1955

481   Immanuel Kant: *Werke*, Bd. VIII, Hrsg. E. Cassirer, Berlin 1923, S. 3

482   Friedrich Schlegel: *Kritische Ausgabe, Philosophische Vorlesungen*,
       2. Teil, Bd. XIII, Hrsg. J.-J. Anstett, Verlag Ferdinand Schöningh, Mün-
       chen/Paderborn/Wien 1964, S. 13

483   Emil Brunner: *Der Mensch im Widerspruch. Die christliche Lehre vom
       wahren und vom wirklichen Menschen*, 5. Aufl. © Theologischer Verlag,
       Zürich 1985, S. 29

484   Maksim Gorkij: *Skizzen*, Aufbau-Verlag, Berlin 1956, S. 356

485   Immanuel Kant: *Werke*, Bd. VIII, Hrsg. E. Cassirer, Berlin 1923, S. 219

486   Ludwig Feuerbach: *Ausgewählte Schriften (Anthropologischer Materialis-
       mus)*, Bd. I, Hrsg. A. Schmidt, Frankfurt/M./Berlin/Wien 1985, S. 96

487   Adalbert Stifter: *Gesammelte Werke in 14 Bänden*, Bd. XIV, Hrsg. K.
       Steffen, Birkhäuser Verlag, Basel, Stuttgart 1972, S. 239

488   Emil Brunner: *Dogmatik. Bd. 2: Die christliche Lehre von Schöpfung und
       Erlösung*, 3. Aufl. © Theologischer Verlag, Zürich 1972, S. 80

489 Igor A. Caruso: *Die Trennung der Liebenden*, Verlag Hans Huber, Bern 1968, S. 301

490 Erich Fromm: *Psychoanalyse und Ethik. Gesamtausgabe (Analytische Charaktertheorie)*, Bd. II, Hrsg. R. Funk, Deutsche Verlags-Anstalt, Stuttgart 1980, S. 19.

491 Max Scheler: *Die Stellung des Menschen im Kosmos*, 2. Aufl., München 1949, S. 56. © Nymphenburger Verlagshandlung, München

492 Ilse Schwidetzky: *Das Menschenbild der Biologie*, 2. Aufl., Gustav Fischer Verlag, Stuttgart 1971, S. 98

493 Michael Landmann: *Fundamental-Anthropologie*, Bouvier Verlag, Bonn 1979, S. 133

494 Eugen Fink: *Grundphänomene des menschlichen Daseins*, Hrsg. E. Schütz/F.-A. Schwarz, Verlag Karl Alber, Freiburg/München 1979, S. 198

495 Michael Landmann: *Der Mensch als Schöpfer und Geschöpf der Kultur*, Ernst Reinhardt Verlag, München/Basel 1961, S. 199

496 Helmut Thielicke: *Theologische Ethik*, Bd. I, Verlag J.C.B. Mohr (Paul Siebeck), Tübingen 1958, S. 706

497 Michael Landmann: *De Homine*, Verlag Karl Alber, Freiburg/München 1962, S. 276

498 Hermann Levin Goldschmidt: *Selbstentfaltung und Selbstanalyse*, Novalis Verlag, Schaffhausen 1980, S. 13 f.

499 Oswald Spengler: *Der Mensch und die Technik*, C.H. Beck'sche Verlagsbuchhandlung, München 1931, S. 17

500 Platon: *Sämtliche Werke*, Bd. VII, *Nomoi* 766a, Leipzig 1859

501 Johann Amos Comenius: *Große Didaktik*, Hrsg. A. Flitner, 4. Aufl., Verlag Helmut Küpper (vormals Georg Bondi), Düsseldorf/München 1970, S. 29

502 Blaise Pascal: *Über die Religion (Pensées), Nr. 510*, Hrsg. E. Wasmuth, 8. Aufl., Verlag Lambert Schneider, Heidelberg 1978, S. 230

503 Claude Adrien Helvétius: *Vom Menschen, seinen geistigen Fähigkeiten und seiner Erziehung*, Hrsg. G. Mensching. © Suhrkamp Verlag, Frankfurt/M. 1972, S. 472

504 Johann Heinrich Pestalozzi: *Sämtliche Werke*, Bd. XII, Hrsg. A. Buchenau u. a., Verlag Walter de Gruyter, Berlin 1938, S. 161

505 *Evangelischer Erwachsenenkatechismus*, Hrsg. W. Jentsch/H. Jetter/M. Kießig/H. Reller, 3. Aufl., Gütersloher Velagshaus Gerd Mohn, Gütersloh 1977, S. 504

506 Ernst Jünger: »Drei Kiesel« in: *Sämtliche Werke*, Bd. 13, *Essays VII: Fassungen II*, Klett-Cotta, Stuttgart 1981, S. 31

507 Plotin: *Schriften*, Bd. V, Verlag Felix Meiner, Leipzig 1937, S. 136

508 Aristoteles: *Die Nikomachische Ethik*, Artemis-Verlag, Zürich 1951, S. 270

509 Marsilio Ficino: *Theologica Platonica*, XIII 3

510 Günther Küchenhoff: *Naturrecht und Liebesrecht*, 2. Aufl., Georg Olms Verlag, Hildesheim 1962, S. 109

511 Claude Adrien Helvétius: *Vom Menschen, seinen geistigen Fähigkeiten und seiner Erziehung*, Hrsg. G. Mensching. © Suhrkamp Verlag, Frankfurt/M. 1972, S. 412

512 Johann Heinrich Pestalozzi: *Sämtliche Werke*, Bd. XII, Hrsg. A. Buchenau u. a., Verlag Walter de Gruyter, Berlin 1938, S. 100

513 Aristoteles: *Politik* 1253a, Deutscher Taschenbuch Verlag, München o. J.

514 Thomas Hobbes: *Grundzüge der Philosophie*, Bd. II: *Lehre vom Bürger*, Leipzig 1949, S. 75

515 Johann Gottfried Herder: *Ideen zur Philosophie der Geschichte der Menschheit*, Joseph Melzer Verlag, Darmstadt 1966, S. 127

516 Novalis: *Schriften*, Bd. II, Hrsg. R. Samuel, Wissenschaftl. Buchgesellschaft, Darmstadt 1965, S. 431

517 Novalis: *Schriften*, Bd. II, Hrsg. R. Samuel, Wissenschaftl. Buchgesellschaft, Darmstadt 1965, S. 268

518 Wilhelm von Humboldt: *Werke*, Bd. I, Hrsg. A. Flitner/K. Giel, Wissenschaftl. Buchgesellschaft, Darmstadt 1960, S. 346

519 Dieter Duhm: *Der Mensch ist anders*, 4. Aufl., Kübler Verlag, Lampertheim 1979, S. 219. © Kübler & Akselrad Verlag, Heidelberg

520 Friedrich Schlegel: *Kritische Ausgabe seiner Werke (Philosophische Lehrjahre I)*, Bd. XVIII, Hrsg. E. Behler, Verlag Ferdinand Schöningh, München/Paderborn/Wien 1963, S. 131

521 Novalis: *Werke*, Bd. III, *Fragmente II*, Hrsg. E. Wasmuth, Verlag Lambert/Schneider, Heidelberg 1957, S. 142

522 Friedrich Schlegel: *Kritische Ausgabe seiner Werke (Philosophische Lehrjahre I)*, Bd. XVIII, Hrsg. E. Behler, Verlag Ferdinand Schöningh, München/Paderborn/Wien 1963, S. 108

523 Ludwig Feuerbach: *Ausgewählte Schriften (Anthropologischer Materialismus)*, Bd. I, Hrsg. A. Schmidt, Ullstein Verlag, Frankfurt/Berlin/Wien 1985, S. 98

524 Martin Luther King: *Kraft zum Lieben*, Christliche Verlagsanstalt, Konstanz 1983, S. 152

525 Wilhelm Dilthey: *Schriften zur Pädagogik*, Verlag Ferdinand Schöningh, Paderborn 1971, S. 114

526 Charles Darwin: *Die Abstammung des Menschen*, 4. Aufl., Kröner Verlag, Stuttgart 1982, S. 136

527 Christian Morgenstern: *Aphorismen (Jubiläumsausgabe*, Bd. III), *Sprüche und andere Aufzeichnungen*, Hrsg. C. Heselhaus, R. Piper & Co. Verlag, München 1979, S. 22

528 Gudrun Diem: »Joseph Hillebrand«, in: M. Landmann, *De Homine*, Verlag Karl Alber, Freiburg/München 1962, S. 406 f.

529 Ernst Cassirer: *Was ist der Mensch?*, W. Kohlhammer Verlag, Stuttgart 1960, S. 282

530 Zenta Maurina: *Auf der Schwelle zweier Welten*, Maximilian Dietrich Verlag, Memmingen 1959, S. 31

531 Philipp Lersch: *Der Mensch als soziales Wesen*, Verlag Johann Ambrosius Barth, München 1964, S. 224. © Springer Verlag, Heidelberg 1989

532 Mahatma Gandhi: *Ausgewählte Texte*, Hrsg. R. Attenborough, Goldmann Verlag, München 1983, S. 88

533 Hans-Eduard Hengstenberg: *Philosophische Anthropologie*, 4. Aufl., Universitätsverlag Anton Pustet, Salzburg 1984, S. 104

534 Gudrun Diem: »Hermann Lotze«, in: M. Landmann, *De Homine*, Verlag Karl Alber, Freiburg/München 1962, S. 458

535 Hans-Eduard Hengstenberg: *Philosophische Anthropologie*, 4. Aufl., Universitätsverlag Anton Pustet, Salzburg 1984, S. 111

536 Ernst Cassirer: *Was ist der Mensch?*, W. Kohlhammer Verlag, Stuttgart 1960, S. 283

537 Johann Wilhelm Ritter: *Fragmente aus dem Nachlaß eines jungen Physikers*, Verlag Freies Geistesleben, Stuttgart 1968, S. 78

538 Charles Darwin: *Die Abstammung des Menschen*, 4. Aufl., Kröner Verlag, Stuttgart 1982, S. 137

539 Michael Landmann: *Fundamental-Anthropologie*, Bouvier Verlag, Bonn 1979, S. 160

540 Emerich Coreth: *Was ist der Mensch?*, 4. Aufl., Verlagsanstalt Tyrolia, Innsbruck 1986, S. 174 f.

541 Helmut Thielicke: *Mensch sein – Mensch werden. Entwurf einer christlichen Anthropologie*, München 1976, S. 291. © R. Piper & Co. Verlag, München 1976

542 Kurt Tucholsky: *Gesammelte Werke*. © Rowohlt Verlag GmbH, Reinbek bei Hamburg 1960

543 Friedrich Hebbel: *Der Mensch und die Mächte*, Hrsg. E. Vincent, Alfred Kröner Verlag, Leipzig o. J., S. 367

544 Karl Barth: *Kirchliche Dogmatik. Bd. 3,2: Die Lehre von der Schöpfung. Zweiter Teil: Das Geschöpf*, 4. Aufl., © Theologischer Verlag, Zürich 1979, S. 344

545 Georg Simmel: *Brücke und Tür*, Hrsg. M. Landmann/M. Susman, K. F. Koehler Verlag, Stuttgart 1957, S. 6

546   Huldrych Blanke: *Das Menschenbild in der modernen Literatur als Frage an die Kirche*, Flamberg Verlag, Zürich/Stuttgart 1966, S. 32

547   Gottfried Benn: *Sämtliche Werke* – Stuttgarter Ausgabe, Band 4: Prosa II, Klett-Cotta, Stuttgart 1989

548   Martin Buber: *Das Problem des Menschen*, 5. Aufl., Verlag Lambert Schneider, Heidelberg 1982, S. 30

549   Conrad Felixmüller: *Von ihm – über ihn*, Hrsg. G. Söhn, Edition GS, Düsseldorf 1977, S. 39

550   Gottfried Richter: *Ideen zur Kunstgeschichte*, 4. Aufl., Urachhaus Verlag, Stuttgart 1937, S. 90

551   Zenta Maurina: *Welteinheit und die Aufgabe des Einzelnen*, Maximilian Dietrich Verlag, Memmingen 1963, S. 127

552   Alois Hicklin: *Begegnung und Beziehung*, Benteli Verlag, Bern 1982, S. 29 f.

553   Martin Buber: *Das dialogische Prinzip*, 5. Aufl., Verlag Lambert Schneider, Heidelberg 1984, S. 290

554   Emil Brunner: *Der Mensch im Widerspruch. Die christliche Lehre vom wahren und vom wirklichen Menschen*, 5. Aufl., Theologischer Verlag, Zürich 1985, S. 275

555   Margaret Mead: *Hoffnung und Überleben der Menschheit*, Reihe MdM (vergriffen), Kreuz Verlag, Stuttgart 1972, S. 8 f.

556   Theophrastus Paracelsus: *Werke*, Bd. III, Hrsg. W.-E. Peuckert, Wissenschaftl. Buchgesellschaft, Darmstadt 1967, S. 137

557   Hugo von Hofmannsthal: *Aufzeichnungen*, Hrsg. H. Steiner, S. Fischer Verlag, Frankfurt/M. 1959, S. 172

558   Alexis Carrel: *Der Mensch – Das unbekannte Wesen*, Deutsche Verlags-Anstalt, Stuttgart 1950, S. 127

559   Friedrich Dürrenmatt: *Werkausgabe in 30 Bänden,* Bd. XXIX, Diogenes Verlag AG, Zürich 1980, S. 194

560   Hermann Keyserling: *Betrachtungen der Stille und Besinnlichkeit,* Jena 1941, S. 27. © Eugen Diederichs Verlag, München 1989

561   Jürgen Moltmann: *Mensch*, 3. Aufl., Kreuz Verlag, Stuttgart 1977, S. 71

562   Helmut Hofer/Günter Altner: *Die Sonderstellung des Menschen*, Gustav Fischer Verlag, Stuttgart 1972, S. 211

563   Christa Meves: »Gerufen zu individueller Bestimmung«, in: *Wer ist das eigentlich – der Mensch?*, Hrsg. E. Stammler, Kösel-Verlag, München 1973, S. 161

564   Hermann Broch: *Massenwahntheorie.* © Suhrkamp Verlag, Frankfurt/M. 1979, S. 188

565   Helmut Thielicke: *Mensch sein – Mensch werden. Entwurf einer christlichen Anthropologie*, R. Piper Verlag, München 1976, S. 268. © R. Piper & Co. Verlag, München 1976

566   Hans-Joachim Schoeps: *Was ist der Mensch?*, Muster-Schmidt Verlag, Göttingen/Berlin/Frankfurt/M. 1960, S. 246 f.

567   Gudrun Diem: »Karl Ludwig Pörschke«, in: M. Landmann, *De Homine*, Verlag Karl Alber, Freiburg/München 1962, S. 397

568   Paul Lüth: *Der Mensch ist kein Zufall*, Fischer TB, Frankfurt/M. 1984, S. 441. © Deutsche Verlags-Anstalt, Stuttgart 1989

569   Erich Kästner: *Gesammelte Schriften*, Bd. V, Verlag Kiepenheuer & Witsch, Köln 1959, S. 122. © Erich Kästner Erben, München

570   Joseph Beuys: *Kunst im Wirtschaftsbereich*, (Vortrag am 8. 2. 1974 in Hannover). © Achberger Verlag, Achberg

571   Jürgen Rausch: *Der Mensch als Märtyrer und Monstrum*, Deutsche Verlags-Anstalt, Stuttgart 1957, S. 178

572   Alfred Adler: *Menschenkenntnis*, Fischer TB, Frankfurt/M. 1983, S. 54

573   Wolfgang Trillhaas: *Vom Wesen des Menschen*, Schwab Verlag, Stuttgart 1949, S. 64

574   Hans-Joachim Iwand: *Nachgelassene Werke*, Bd. II, Hrsg. H. Gollwitzer u. a., Christian Kaiser Verlag, München 1966, S. 293

575   Rudolf Hagelstange: *Offen gesagt*, Ullstein Verlag, Frankfurt/M. 1958, S. 152

576   Ludwig Eckstein: *Den Menschen zum Menschen erziehen*, Verlag Dürrsche Buchhandlung, Bad Godesberg 1961, S. 48

577   Immanuel Kant: *Kritik der praktischen Vernunft* I 1,3, Leipzig 1869

578   Johann Heinrich Pestalozzi: *Ausgewählte Schriften*, Hrsg. W. Flitner, 3. Aufl., Verlag Helmut Küpper (vormals Georg Bondi), Düsseldorf/München 1961, S. 107

579   Gotthilf Heinrich Schubert: *Allgemeine Naturgeschichte*, 1826

580   Ludwig Feuerbach: *Ausgewählte Schriften (Anthropologischer Materialismus)*, Bd. I, Hrsg. A. Schmidt, Ullstein Verlag, Frankfurt/M./Berlin/Wien 1985, S. 98

581   Georg Christoph Lichtenberg: *Aphorismen*, Bd. III, Hrsg. A. Leitzmann, B. Behr's Verlag, Berlin 1906, S. 96

582   Johann Heinrich Pestalozzi: *Ausgewählte Schriften*, Hrsg. W. Flitner, 3. Aufl., Verlag Helmut Küpper (vormals Georg Bondi), Düsseldorf/München 1961, S. 139

583   Albert Schweitzer: *Kultur und Ethik*, C. H. Beck'sche Verlagsbuchhandlung, München 1960, S. 71

584   Johannes Schwartländer: *Der Mensch ist Person*, W. Kohlhammer Verlag, Stuttgart 1968

585 Martin Buber: *Das dialogische Prinzip (Ich und Du)*, 5. Aufl., Verlag Lambert Schneider, Heidelberg 1984, S. 67

586 Emerich Coreth: *Was ist der Mensch*, 4. Aufl., Verlagsanstalt Tyrolia, Innsbruck 1986, S. 168

587 Romano Guardini: *Welt und Person*, 6. Aufl., Matthias-Grünewald-Verlag, Mainz, und Verlag Ferdinand Schöningh, Paderborn 1988, S. 42

588 Emil Brunner: *Der Mensch im Widerspruch. Die christliche Lehre vom wahren und vom wirklichen Menschen*, 5. Aufl., © Theologischer Verlag, Zürich 1985, S. 262

589 Emerich Coreth: *Was ist der Mensch?*, 4. Aufl., Verlagsanstalt Tyrolia, Innsbruck 1986, S. 53

590 Marcel Légaut: *Meine Erfahrung mit dem Menschen*, Herder Verlag, Freiburg/Basel/Wien 1973, S. 50

591 Lew Nikolajewitsch Tolstoj: *Tagebuch 1895–1898*, Hrsg. L. Rubiner, Rascher Verlag, Zürich/Leipzig/Stuttgart 1929, S. 165 f.

592 Ernesto Cardenal: *Das Buch von der Liebe*, Peter Hammer Verlag, Wuppertal 1985, S. 119

593 Hinrich Knittermeyer: *Grundgegebenheiten des menschlichen Daseins*, Ernst Reinhardt Verlag, München/Basel 1963, S. 73

594 Julian Huxley: *Der Mensch in der modernen Welt*, Nest Verlag, Nürnberg 1950, S. 36

595 Jürgen Moltmann: *Mensch*, 3. Aufl., Kreuz Verlag, Stuttgart 1977, S. 113

596 Aristoteles: *Die Nikomachische Ethik*, Artemis-Verlag, Zürich 1951, S. 187

597 *Die Bibel* (übersetzt v. M. Luther), Genesis 3,22, Deutsche Bibelgesellschaft, Stuttgart 1985

598 Lucius Annaeus Seneca: *Epistulae morales ad Lucilium*, 92 § 29 f.

599 Michel de Montaigne: *Essais* II, 20, Zürich 1953

600 Blaise Pascal: *Über die Religion (Pensées), Nr. 100*, Hrsg. E. Wasmuth, 8. Aufl., Verlag Lambert Schneider, Heidelberg 1978, S. 68

601 in: *Leibniz*, Ausgew. und eingel. v. F. Heer, Fischer TB, Frankfurt/M. 1958, S. 110

602 Immanuel Kant: *Werke*, Bd. VIII, Hrsg. E. Cassirer, Berlin 1923, S. 502

603 Georg Wilhelm Friedrich Hegel: *Werke*, Bd. XVII, Hrsg. E. Moldenhauer u. a., Suhrkamp Verlag, Frankfurt/M. 1969, S. 253

604 Immanuel Kant: *Werke*, Bd. VIII, Hrsg. E. Cassirer, Berlin 1923, S. 503

605 Johann Heinrich Pestalozzi: *Sämtliche Werke*, Bd. XII, Hrsg. A. Buchenau u. a., Verlag Walter de Gruyter, Berlin 1938, S. 62

606 Jean Paul: *Sämtliche Werke*, 2. Abt. Bd. V, Hrsg. Preußische Akademie der Wissenschaften, Weimar 1936, S. 31

607 Charles Baudelaire: *Gesammelte Schriften*, Bd. VI, Abi Melzer Productions, Dreieich 1981, S. 37

608 Friedrich Nietzsche: *Werke*, 6. Abt. Bd. I, Hrsg. G. Colli/M. Montinari, Verlag Walter de Gruyter, Berlin/New York 1968, S. 270

609 Sigmund Freud: *Studienausgabe*, Bd. IX, Hrsg. A. Mitscherlich u. a., Frankfurt/M. 1974, S. 241. Abdruck erfolgt mit Genehmigung der S. Fischer Verlag GmbH, Frankfurt am Main

610 Jürgen Rausch: *Der Mensch als Märtyrer und Monstrum*, Deutsche Verlags-Anstalt, Stuttgart 1957, S. 187

611 Friedrich Nietzsche: *Werke*, 4. Abt. Bd. II, Hrsg. G. Colli/M. Montinari, Verlag Walter de Gruyter, Berlin/New York 1967, S. 131

612 Jean Gebser: *Gesamtausgabe*, Bd. III, Novalis Verlag, Schaffhausen 1978, S. VI

613 Bertolt Brecht: *Gesammelte Werke: Die Dreigroschenoper.* © Suhrkamp Verlag, Frankfurt am Main 1967, S. 44

614 Erich Fromm: *Haben oder sein, Gesamtausgabe* Bd. II, *(Analytische Charaktertheorie)*, Hrsg. R. Funk, Deutsche Verlags-Anstalt, Stuttgart 1980, S. 246

615 Emil Brunner: *Dogmatik. Bd. 2: Die christliche Lehre von Schöpfung und Erlösung*, 3. Aufl. © Theologischer Verlag, Zürich 1972, S. 130

616 Kurt Tucholsky: *Ausgewählte Werke*, Bd. VI, Ullstein Verlag, Berlin 1973, S. 198

617 Michael Landmann: *Fundamental-Anthropologie*, Bouvier Verlag, Bonn 1979, S. 15

618 Hans Kasper: *Mitteilungen über den Menschen*, Econ Verlag, Düsseldorf/Wien 1978, S. 155

619 Joachim Illies: *Kulturbiologie des Menschen. Der Mensch zwischen Gesetz und Freiheit*. München 1978, S. 181. © R. Piper & Co. Verlag, München 1978

620 George G. Simpson: *Biologie und Mensch.* © Suhrkamp Verlag, Frankfurt/M. 1972, S. 181

621 Hans-Eduard Hengstenberg: *Philosophische Anthropologie*, 4. Aufl., Universitätsverlag Anton Pustet, Salzburg 1984, S. 56

622 Helmut Thielicke: *Theologische Ethik*, Bd. I, Verlag J. C. B. Mohr (Paul Siebeck), Tübingen 1958, S. 26

623 Michael Landmann: *De Homine*, Verlag Karl Alber, Freiburg/München 1962, S. 51

624 Martin Luther King: *Kraft zum Lieben*, Christliche Verlagsanstalt, Konstanz 1983, S. 145

625 Emil Brunner: *Die christliche Lehre von Schöpfung und Erlösung (Dogmatik Bd. II)*, 3. Aufl., Theologischer Verlag, Zürich 1972, S. 120

626 Peter Hille: *Ein Leben unterwegs,* Hrsg. F. Kienecker, Paderborn/München/Wien/Zürich 1979, S. 103

627 Theophrastus Paracelsus: *Werke,* Bd. IV, Hrsg. W.-E. Peuckert, Wissenschaftl. Buchgesellschaft Darmstadt 1967, S. 171

628 Friedrich Schiller: *Sämtliche Werke,* Bd. I, Hrsg. E. v. d. Hellen, J. G. Cotta'sche Buchhandlung, Stuttgart/Berlin 1904, S. 163

629 Gerhart Hauptmann: *Ausgewählte Werke,* Bd. VII, Hrsg. H. Mayer, Aufbau Verlag, Berlin 1962, S. 395. © Verlag Ullstein GmbH 1989

630 Johann Wolfgang von Goethe: *Gedenkausgabe,* Bd. VI, Hrsg. E. Beutler, 2. Aufl., Artemis Verlag, Zürich 1962, S. 240

631 Georg Christoph Lichtenberg: *Aphorismen,* Bd. IV, Hrsg. A. Leitzmann, B. Behr's Verlag, Berlin 1908, S. 216

632 Friedrich Schlegel: *Kritische Ausgabe seiner Werke*, Bd. XIII, (*Philosophische Vorlesungen,* 2. Teil), Hrsg. J.-J. Anstett, Verlag Ferdinand Schöningh, München/Paderborn/Wien 1964, S. 19

633 Johann Gottfried Herder: *Ideen zur Philosophie der Geschichte der Menschheit,* Joseph Melzer Verlag, Darmstadt 1966, S. 117

634 Friedrich Schlegel: *Kritische Ausgabe seiner Werke,* Bd. XIII, (*Philosophische Vorlesungen,* 2. Teil), Hrsg. J.-J. Anstett, Verlag Ferdinand Schöningh, München/Paderborn/Wien 1964, S. 15

635 Ludwig Feuerbach: *Ausgewählte Schriften (Anthropologischer Materialismus),* Bd. I, Hrsg. A. Schmidt, Ullstein Verlag, Frankfurt/M./Berlin/Wien 1985, S. 154 f.

636 Friedrich Schlegel: *Kritische Ausgabe seiner Werke,* Bd. XII, (*Philosophische Vorlesungen,* 1. Teil), Hrsg. J.-J. Anstett, Verlag Ferdinand Schöningh, München/Paderborn/Wien 1964, S. 72 f.

637 Lew Nikolajewitsch Tolstoj: *Tagebuch 1895–1898,* Hrsg. L. Rubiner, Rascher Verlag, Zürich/Leipzig/Stuttgart 1929, S. 229

638 Paul Hazard: *Die Herrschaft der Vernunft,* Hoffmann & Campe Verlag, Hamburg 1949, S. 485 f.

639 Friedrich Gogarten: *Der Mensch zwischen Gott und Welt,* Friedrich Vorwerk Verlag, Stuttgart 1956, S. 150

640 Paul Hazard: *Die Krise des Europäischen Geistes 1680–1715,* Hoffmann & Campe Verlag, Hamburg 1939, S. 179

641 Georg Simmel: *Brücke und Tür,* Hrsg. M. Landmann/M. Susman, K. F. Koehler Verlag, Stuttgart 1957, S. 125

642 Hans-Eduard Hengstenberg: *Philosophische Anthropologie,* 4. Aufl., Universitätsverlag Anton Pustet, Salzburg 1984, S. 40

643 Friedrich Gogarten: *Der Mensch zwischen Gott und Welt,* Friedrich Vorwerk Verlag, Stuttgart 1956, S. 243

644 Emil Brunner: *Der Mensch im Widerspruch. Die christliche Lehre vom wahren und vom wirklichen Menschen,* 5. Aufl. © Theologischer Verlag, Zürich 1985, S. 255

645 Werner Sombart: *Vom Menschen,* 2. Aufl., Verlag Duncker & Humblot, Berlin 1956, S. 52

646 Hinrich Knittermeyer: *Grundgegebenheiten des menschlichen Daseins,* Ernst Reinhardt Verlag, München/Basel 1963, S. 179

647 José Ortega y Gasset: *Die Hauptwerke,* Ullstein Verlag, Berlin/Frankfurt/M./Wien 1983, S. 404

648 *Evangelischer Erwachsenenkatechismus,* Hrsg. W. Jentsch/H. Jetter/M. Kießig/H. Reller, 3. Aufl., Gütersloher Verlagshaus Gerd Mohn, Gütersloh 1977, S. 202

649 Bettina von Arnim: *Die Günderode,* Hrsg. E. Bronfen, Matthes u. Seitz Verlag, München 1982, S. 294

650 Jean Mouroux: *Größe und Elend des Menschen,* Verlag Herder, Wien o. J., S. 195

651 Eugen Fink: *Grundphänomene des menschlichen Daseins,* Hrsg. E. Schütz/F.-A. Schwarz, Verlag Karl Alber, Freiburg/München 1979, S. 265

652 Stanisław Jerzy Lec: *Alle unfrisierten Gedanken,* Hrsg. und übersetzt von Karl Dedecius, Carl Hanser Verlag, München/Wien 1982, S. 112. © 1982 Carl Hanser Verlag, München/Wien

653 Bhagwan Rajneesh Chandra Mohan : *Beziehungsdrama oder Liebesabenteuer,* Sannyas Verlag, Margarethenried 1981, S. 74

654 Fritz März: *Problemgeschichte der Pädagogik,* Bd. I, Verlag Julius Klinkhardt, Bad Heilbrunn/Obb. 1978, S. 69

655 Demokrit: *Fragment* 34

656 Thomas von Aquin: *Summe gegen die Heiden,* Bd. II, Hrsg. K. Albert/P. Engelhardt, Wissenschaftl. Buchgesellschaft, Darmstadt 1982, S. 239

657 Theophrastus Paracelsus: *Werke,* Bd. III, Hrsg. W.-E. Peuckert, Wissenschaftl. Buchgesellschaft, Darmstadt 1967, S. 101

658 Friedrich Schiller: *Nationalausgabe, Werke,* Bd. V, Hrsg. J. Petersen/H. Schneider, Hermann Böhlaus Nachf., Weimar 1957, S. 6

659 Max Frisch: *Tagebuch 1946–1949.* © Suhrkamp Verlag, Frankfurt/M. 1950, S. 82

660 zit. in: U. Gerber u. a., *Was ist der Mensch?,* GTB Siebenstern, Gütersloh 1979, S. 69

661 Antoine de Saint-Exupéry: *Die Stadt in der Wüste,* Karl Rauch Verlag, Düsseldorf 1956, S. 136

662 Wolfgang Trillhaas: *Vom Wesen des Menschen,* Schwab Verlag, Stuttgart 1949, S. 54

663 Eugen Fink: *Grundphänomene des menschlichen Daseins*, Hrsg. E. Schütz/F.-A. Schwarz, Verlag Karl Alber, Freiburg/München 1979, S. 445

664 Günther Anders: *Die Antiquiertheit des Menschen*, Bd. I, 5. Aufl., C. H. Beck'sche Verlagsbuchhandlung, München 1980, S. 267

665 Peter Altenberg: *Ausgewählte Werke in zwei Bänden*, Bd. II, Hrsg. D. Simon, Carl Hanser Verlag, München 1979, S. 55. © 1979 Carl Hanser Verlag, München/Wien

666 Carl Friedrich von Weizsäcker: *Der Garten des Menschlichen*, 7. Aufl., München/Wien 1980, S. 154. © 1977 Carl Hanser Verlag, München/Wien

667 Paul Lüth: *Der Mensch ist kein Zufall*, Fischer TB, Frankfurt/M. 1984, S. 231 f. © Deutsche Verlags Anstalt, Stuttgart 1989

668 Carl Friedrich von Weizsäcker: *Der Garten des Menschlichen*, 7. Aufl., München/Wien 1980, S. 244. © 1977 Carl Hanser Verlag, München/Wien

669 Reinhold Ruthe: *Formen der Partnerschaft*, Herder Verlag, Freiburg i. Br./Basel/Wien 1979, S. 12

670 Joseph Beuys: »Interview mit Joseph Beuys«, in: V. Harlan/R. Rappmann/P. Schata, *Soziale Plastik*, 3. Aufl., Achberger Verlag, Achberg 1984, S. 12

671 Emil Brunner: *Der Mensch im Widerspruch. Die christliche Lehre vom wahren und vom wirklichen Menschen*, 5. Aufl. © Theologischer Verlag, Zürich 1985, S. 479

672 Jürgen Moltmann: *Mensch*, 3. Aufl., Kreuz Verlag, Stuttgart 1977, S. 24

673 Alexis Carrel: *Der Mensch – das unbekannte Wesen*, Deutsche Verlags-Anstalt, Stuttgart 1950, S. 325

674 Dieter Duhm: *Der Mensch ist anders*, 4. Aufl., Kübler Verlag, Lampertheim 1979. © Kübler & Akselrad Verlag, Heidelberg

675 Aristoteles: *Nikomachische Ethik*, III. Buch, 5. Kap., 5, in: *Die Ethik des Aristoteles in 10 Bänden*, Hrsg. D. Jenisch, Danzig 1791

676 Theophrastus Paracelsus: *Werke*, Bd. IV, Hrsg. W.-E. Peuckert, Wissenschaftl. Buchgesellschaft, Darmstadt 1967, S. 131

677 Aristoteles: »Psychologie«, in: *Hauptwerke in Auswahl*, Alfred Kröner Verlag, Stuttgart 1953, S. 14

678 Theophrastus Paracelsus: *Werke*, Bd. IV, Hrsg. W.-E. Peuckert, Wissenschaftl. Buchgesellschaft, Darmstadt 1967, S. 195

679 in: *Arabische Weisheiten*, Hrsg. M. Kluge, Heyne Verlag, München 1980, S. 52

680 in: *Deutsches Sprichwörter-Lexikon. Ein Hausschatz für das deutsche Volk*, Bd. III, Hrsg. K. F. W. Wander, Leipzig 1873, Nr. 166

681 Johann Amos Comenius: *Große Didaktik,* Hrsg. A. Flitner, Verlag Helmut Küpper (vormals Georg Bondi), 4. Aufl., Düsseldorf/München 1970, S. 46

682 Theophrastus Paracelsus: *Werke,* Bd. IV, Hrsg. W.-E. Peuckert, Wissenschaftl. Buchgesellschaft, Darmstadt 1967, S. 135

683 Georg Christoph Lichtenberg: *Aphorismen,* Bd. V, Hrsg. A. Leitzmann, B. Behr's Verlag, Berlin 1908, S. 5

684 Friedrich Schlegel: *Kritische Ausgabe seiner Werke,* Bd. II, *(Charakteristiken und Kritiken I),* Hrsg. H. Eichner, Verlag Ferdinand Schöningh, München/Paderborn/Wien 1967, S. 258

685 in: Bettina v. Arnim, *Clemens Brentanos Frühlingskranz,* Winkler-Verlag, München 1967, S. 19

686 Johann Wolfgang von Goethe: *Wilhelm Meisters Wanderjahre,* Teil I, 3. Aufl., Deutscher Taschenbuch Verlag, München 1975, S. 71

687 Rudolf Steiner: *Allgemeine Menschenkunde als Grundlage der Pädagogik,* GA.-Bibl.-Nr. 293, Dornach 1980, S. 59

688 Ivan Sviták: *Unwissenschaftliche Anthropologie,* Hrsg. P. Kruntorad, Frankfurt/M. 1972, S. 12. Abdruck erfolgt mit Genehmigung der S. Fischer GmbH, Frankfurt am Main

689 Wilhelm von Humboldt: *Gesammelte Werke in 17 Bänden, (Theorie der Menschenkenntnis),* Hrsg. Berliner Akademie der Wissenschaften, Berlin 1903–1936

690 Friedrich Heinrich Jacobi: *Fliegende Blätter,* Hrsg. R. Gumpert, Sauer-Verlag, Heidelberg 1965, S. 31

691 zit. in: J. Drechsler, *Anthropologie und Pädagogik,* Aloys Henn Verlag, Ratingen 1965, S. 15

692 in: *Deutsches Sprichwörter-Lexikon. Ein Hausschatz für das deutsche Volk,* Bd. III, Hrsg. K. F. W. Wander, Leipzig 1873, Nr. 168

693 Friedrich Schiller: *Nationalausgabe,* Bd. VIII, Hrsg. J. Petersen/H. Schneider, Hermann Böhlaus Nachf., Weimar 1949, S. 238

694 Friedrich Dessauer: *Was ist der Mensch?,* Verlag Josef Knecht, Frankfurt/M. 1959, S. 11. © 1959 Verlag Josef Knecht, Frankfurt

695 Hermann Poppelbaum: *Mensch und Tier,* Fischer TB, Frankfurt/M. 1981, S. 28. © Philosophisch-Anthroposophischer Verlag am Goetheanum, Dornach (Schweiz) 1989

696 George G. Simpson: *Biologie und Mensch.* © Suhrkamp Verlag, Frankfurt/M. 1972, S. 118

697 Jacob Bronowski: *Der Aufstieg des Menschen,* Ullstein Verlag, Frankfurt/M./Berlin/Wien 1976, S. 19

698 Eugen Fink: *Grundphänomene des menschlichen Daseins,* Hrsg. E. Schütz/F.-A. Schwarz, Verlag Karl Alber, Freiburg/München 1979, S. 307 f.

699 Marcel Légaut: *Meine Erfahrung mit dem Menschen,* Herder Verlag, Freiburg/Basel/Wien 1973, S. 124

700 Jean Paul Sartre: »Ist der Existentialismus ein Humanismus?«, in: *Drei Essays,* Ullstein Verlag, Frankfurt/Berlin 1975, S. 11

701 Friedrich Gogarten: *Der Mensch zwischen Gott und Welt,* Friedrich Vorwerk Verlag, Stuttgart 1956, S. 21

702 Michael Landmann: *Fundamental-Anthropologie,* Bouvier Verlag, Bonn 1979, S. 11

703 *Evangelischer Erwachsenenkatechismus,* Hrsg. W. Jentsch/H. Jetter/M. Kießig/H. Reller, 3. Aufl., Gütersloher Verlagshaus Gerd Mohn, Gütersloh 1977, S. 704

704 Hermann Broch: *Massenwahntheorie.* © Suhrkamp Verlag, Frankfurt/M. 1979, S. 203

705 Eugen Fink: *Grundphänomene des menschlichen Daseins,* Hrsg. E. Schütz/F.-A. Schwarz, Verlag Karl Alber, Freiburg/München 1979, S. 212f.

706 Ursula von Mangoldt: *Das Menschenbild,* Verlag O. W. Barth, München-Planegg 1956, S. 166. © Scherz Verlag, Bern 1989

707 Marcel Légaut: *Summe meines Lebens,* Lahn-Verlag, Limburg 1980, S. 198

708 Wolfgang Trillhaas: *Ethik,* Verlag Walter de Gruyter, Berlin 1970, S. 558

709 Erich Kästner: *Gesammelte Schriften,* Bd. V, Verlag Kiepenheuer & Witsch, Köln 1959, S. 22. © Kästner-Erben, München

710 Albert Zimmermann: *Der Mensch in der modernen Philosophie,* Ludgerus Verlag, Essen 1975, S. 71

711 Lin Yutang: *Weisheit des lächelnden Lebens,* Deutsche Verlags-Anstalt, Stuttgart 1982, S. 93

712 Nicolai Hartmann: *Ethik,* 4. Aufl., Verlag Walter de Gruyter, Berlin 1962, S. 11

713 Hans-Eduard Hengstenberg: *Philosophische Anthropologie,* 4. Aufl., Universitätsverlag Anton Pustet, Salzburg 1984, S. 113

714 Friedrich Nietzsche: *Werke,* 8. Abt. Bd. I, Hrsg. G. Colli/M. Montinari, Verlag Walter de Gruyter, Berlin/New York 1974, S. 36

715 D. G. Cooper/R. D. Laing, *Vernunft und Gewalt.* © Suhrkamp Verlag, Frankfurt a. M. 1973, S. 95

716 Franz Marc: »Brief vom 18. 4. 1915 an seine Frau«, in: Franz Marc: *Briefe, Aufzeichnungen und Aphorismen,* Bd. I, Berlin 1920, S. 52 ff.

717 Karl Barth: *Kirchliche Dogmatik, Bd. 3,2: Die Lehre von der Schöpfung, Zweiter Teil: Das Geschöpf,* 4. Aufl. © Theologischer Verlag, Zürich 1979, S. 214f.

718 Helmut Thielicke: *Theologische Ethik*, Bd. I, Verlag J.C.B. Mohr (Paul Siebeck), Tübingen 1958, S. 716

719 Friedrich Nietzsche: *Werke*, 4. Abt. Bd. II, Hrsg. G. Colli/M. Montinari, Verlag Walter de Gruyter, Berlin/New York 1974, S. 125

720 Antoine de Saint-Exupéry: *Die Stadt in der Wüste*, Karl Rauch Verlag, Düsseldorf 1956, S. 111 f.

721 Herbert W. Franke: *Der Mensch stammt doch vom Affen ab.* © Kindler Verlag, München 1966, S. 37

722 Michael Landmann: *Fundamental-Anthropologie*, Bouvier Verlag, Bonn 1979, S. 179

723 Theodor Litt: *Die Sonderstellung des Menschen im Reiche des Lebendigen*, Dieterich'sche Verlagsbuchhandlung, Wiesbaden 1948, S. 45

724 Adolf Disterweg: *Schriften und Reden*, Bd. I, Hrsg. H. Deiters, Verlag Volk und Wissen, Berlin/Leipzig 1950, S. 37

725 Ivan Sviták: *Unwissenschaftliche Anthropologie*, Hrsg. P. Kruntorad, Frankfurt/M. 1972, S. 270. Abdruck erfolgt mit Genehmigung der S. Fischer GmbH, Frankfurt am Main

726 Rabindranath Tagore: *Das Heim und die Welt. Erzählungen und Essays*, Berlin 1961

727 Lew Nikolajewitsch Tolstoj: *Tagebuch 1895–1898*, Hrsg. L. Rubiner, Rascher Verlag, Zürich/Leipzig/Stuttgart 1929, S. 151

728 Paul Hazard: *Die Herrschaft der Vernunft*, Hoffmann & Campe Verlag, Hamburg 1949, S. 471 f.

729 in: Horst Janssen: *Ich komme weiter. Zeichnungen und Radierungen 1969–1975. Auswahl aus dem graphischen Werk*. Mit Texten von Horst Janssen, Wieland Schmied und Gerhard Schack. © Hans Christians Verlag, Hamburg 1976

730 Herbert Meier: *Der verborgene Gott*, Verlag Glock & Lutz, Sigmaringendorf 1963, S. 14

731 in: U. Gerber u. a., *Was ist der Mensch?*, GTB Siebenstern, Gütersloh 1979, S. 46

732 Erich Rothacker: *Probleme der Kulturanthropologie*, 3. Aufl., Bouvier Verlag, Bonn 1968, S. 9

733 Karol Wojtyła/Andrzej Szostek/Tadeusz Styczeń: *Der Streit um den Menschen*, Butzon & Bercker Verlag, Kevelaer 1979, S. 27

734 Karol Wojtyła/Andrzej Szostek/Tadeusz Styczeń: *Der Streit um den Menschen*, Butzon & Bercker Verlag, Kevelaer 1979, S. 46

735 Johannes Hemleben: *Biologie und Christentum*, Urachhaus Verlag, Stuttgart 1971, S. 144 f.

736 Liä Dsi: *Das wahre Buch vom quellenden Urgrund*. Aus dem Chinesischen übertragen und erläutert von Richard Wilhelm, (Diederichs Gelbe

Reihe, Bd. 28), Diederichs Verlag, Düsseldorf/Köln 1980, S. 17. © 1967 Eugen Diederichs Verlag, Köln

737 *Evangelischer Erwachsenenkatechismus,* Hrsg. W. Jentsch/H. Jetter/M. Kießig/H. Reller, 3. Aufl., Gütersloher Verlagshaus Gerd Mohn, Gütersloh 1977, S. 693

738 Jacob Bronowski: *Der Aufstieg des Menschen,* Ullstein Verlag, Frankfurt/M./Berlin/Wien 1976, S. 91

739 Martin Buber: *Das Problem des Menschen,* 5. Aufl., Verlag Lambert Schneider, Heidelberg 1982, S. 83

740 Günther Anders: *Die Antiquiertheit des Menschen,* Bd. I, 5. Aufl., C. H. Beck'sche Verlagsbuchhandlung, München 1980, S. 34

741 Ernst Krieck: *Völkisch politische Anthropologie,* Bd. I, Armanen-Verlag, Leipzig 1936, S. 72

742 Heinrich Weinstock: *Die Tragödie des Humanismus.* © Verlag Quelle & Meyer, Heidelberg/Wiesbaden 1953, S. 336

743 Jürgen Rausch: *Der Mensch als Märtyrer und Monstrum,* Deutsche Verlags-Anstalt, Stuttgart 1957, S. 34

744 Helmut Thielicke: *Mensch sein – Mensch werden. Entwurf einer christlichen Anthropologie,* München 1976, S. 372. © R. Piper & Co. Verlag, München 1976

745 Henri Bergson: *Denken und schöpferisches Werden,* Westkultur-Verlag/Anton Hain, Meisenheim 1948, S. 76 f.

746 Heinrich Schirmbeck: *Ihr werdet sein wie Götter,* Düsseldorf/Köln 1966, S. 265. © Eugen Diederichs Verlag, München 1989

747 Marc Oraison: *Meditationen über den Sinn des Lebens,* Matthias-Grünewald-Verlag, Mainz 1972, S. 90

748 Emerich Coreth: *Was ist der Mensch?,* Verlagsanstalt Tyrolia, Innsbruck 1973, S. 19

749 Helmut Thielicke: *Theologische Ethik,* Bd. I, Verlag J. C. B. Mohr (Paul Siebeck), Tübingen 1958, S. 638

750 Hans-Jürg Braun: *Ludwig Feuerbachs Lehre vom Menschen,* Friedrich Frommann Verlag (G. Holzboog), Stuttgart-Bad Cannstatt 1971, S. 10

751 Martin Heidegger: *Holzwege,* 3. Aufl., Vittorio Klostermann Verlag, Frankfurt/M. 1957, S. 343

752 Karol Wojtyła/Andrzej Szostek/Tadeusz Styczeń: *Der Streit um den Menschen,* Butzon & Bercker Verlag, Kevelaer 1979, S. 98

753 Hermann Wein: *Kentaurische Philosophie,* R. Piper Verlag, München 1968, S. 125

754 Friedrich Schlegel: *Kritische Ausgabe seiner Werke (Philosophische Lehrjahre I),* Bd. XVIII, Hrsg. E. Behler, Verlag Ferdinand Schöningh, München/Paderborn/Wien 1963, S. 255

755 Johann Gottfried Herder: *Ideen zur Philosophie der Geschichte der Menschheit,* Joseph Melzer Verlag, Darmstadt 1966, S. 114

756 Georg Forster: *Kleine Schriften u. Briefe,* Hrsg. C. Träger, Verlag Philipp Reclam jun., Leipzig 1964, S. 118

757 Bettina von Arnim: *Werke und Briefe,* Bd. III, Hrsg. G. Konrad, Frechen/Köln 1963, S. 102

758 Friedrich Nietzsche: *Werke,* 6. Abt. Bd. I, Hrsg. G. Colli/M. Montinari, Verlag Walter de Gruyter, Berlin/New York 1968, S. 259

759 Friedrich Nietzsche: *Werke,* 6. Abt. Bd. I, Hrsg. G. Colli/M. Montinari, Verlag Walter de Gruyter, Berlin/New York 1968, S. 355

760 Mircea Eliade: *Geschichte der religiösen Ideen,* Bd. I, Herder Verlag, Freiburg/Basel/Wien 1978, S. 16

761 Helmut Hofer/Günter Altner: *Die Sonderstellung des Menschen,* Gustav Fischer Verlag, Stuttgart 1972, S. 136

762 Johann Heinrich Pestalozzi: *Sämtliche Werke,* Bd. XII, Hrsg. A. Buchenau u. a., Verlag Walter de Gruyter, Berlin 1938, S. 49

763 Friedrich Nietzsche: *Werke,* 6. Abt. Bd. I, Hrsg. G. Colli/M. Montinari, Verlag Walter de Gruyter, Berlin/New York 1968, S. 269

764 Friedrich Hebbel: *Der Mensch und die Mächte,* Hrsg. E. Vincent, Alfred Kröner Verlag, Leipzig o. J., S. 69

765 Erich Rothacker: *Philosophische Anthropologie,* 2. Aufl., Bouvier Verlag, Bonn 1966, S. 43

766 Eugen Fink: *Grundphänomene des menschlichen Daseins,* Hrsg. E. Schütz/F.-A. Schwarz, Verlag Karl Alber, Freiburg/München 1979, S. 368

767 Antoine de Saint-Exupéry: *Die Stadt in der Wüste,* Karl Rauch Verlag, Düsseldorf 1956, S. 403

768 Robert Musil: *Gesammelte Werke,* Bd. II, Hrsg. A. Frisé. © Rowohlt Verlag GmbH, Reinbek b. Hamburg 1978, S. 909

769 Zenta Maurina: *Die Langeweile und der gehetzte Mensch,* Maximilian Dietrich Verlag, Memmingen 1962, S. 50

770 Hans Arp: *Unsern täglichen Traum,* Zürich 1958, S. 93. © Verlags AG Die Arche, Zürich 1958

771 Friedrich Hebbel: *Der Mensch und die Mächte,* Hrsg. E. Vincent, Alfred Kröner Verlag, Leipzig o. J., S. 34

772 Eugen Fink: *Grundphänomene des menschlichen Daseins,* Hrsg. E. Schütz/F.-A. Schwarz, Verlag Karl Alber, Freiburg/München 1979, S. 364

773 Herbert W. Franke: *Der Mensch stammt doch vom Affen ab.* © Kindler Verlag, München 1966, S. 213

774 Jürgen Rausch: *Der Mensch als Märtyrer und Monstrum,* Deutsche Verlags-Anstalt, Stuttgart 1957, S. 198

775 J. Beuys: »Eintritt in ein Lebewesen«, in: V. Harlan/R. Rappmann/P. Schata, *Soziale Plastik*, 3. Aufl., Achberger Verlag, Achberg 1984, S. 125

776 in: *Was der Mensch braucht,* Hrsg. H. J. Schultz, 3. Aufl., Kreuz Verlag, Stuttgart 1979, S. 273. © Peter Wapnewski 1989

777 El Lissitzky: *Proun und Wolkenbügel,* Hrsg. S. Lissitzky-Küppers/J. Lissitzky, Verlag der Kunst, Dresden 1977, S. 13

778 Conrad Felixmüller: *Von ihm – über ihn,* Hrsg. G. Söhn, Edition GS, Düsseldorf 1977, S. 54

779 Irenäus Eibl-Eibesfeldt: *Der vorprogrammierte Mensch,* Verlag Fritz Molden, Wien/München/Zürich 1973, S. 30. © Verlag Orion-Heimreiter, Kiel 1989

780 Paul Lüth: *Der Mensch ist kein Zufall,* Fischer TB, Frankfurt/M. 1984. © Deutsche Verlags-Anstalt, Stuttgart 1989

781 Platon: *Theätet,* 151 Ef, S. 394

782 Stanisław Jerzy Lec: *Alle unfrisierten Gedanken,* Hrsg. und übersetzt von Karl Dedecius, München/Wien 1976, S. 20. © 1982 Carl Hanser Verlag, München/Wien

783 *Syr. Baruch* 14,8

784 Martin Luther: *Lektüre für Augenblicke,* Ausw. und Nachw. v. W. Sparn, Frankfurt/M. 1983, S. 176

785 Johann Wolfgang von Goethe: *Versuch einer allgemeinen Vergleichslehre,* in: *Berliner Ausgabe,* Bd. 20 *(Schriften zur bildenden Kunst II),* Aufbau Verlag, Berlin o. J.

786 Johann Caspar Lavater: *Physiognomische Fragmente,* Bd. IV, Leipzig/Winterthur 1778, S. 478

787 zit. in: M. L. King, *Kraft zum Lieben,* Christliche Verlagsanstalt, Konstanz 1983, S. 162 f.

788 Friedrich Schlegel: *Kritische Ausgabe seiner Werke,* Bd. XVIII (Philosophische Lehrjahre I), Hrsg. E. Behler, Verlag Ferdinand Schöningh, München/Paderborn/Wien 1963, S. 506

789 Johann Gottfried Herder: *Ideen zur Philosophie der Geschichte der Menschheit,* Joseph Melzer Verlag, Darmstadt 1966, S. 121

790 Johann Wolfgang von Goethe: *Berliner Ausgabe,* Bd. XVIII, Hrsg. S. Seidel, Aufbau-Verlag, Berlin/Weimar 1972, S. 530

791 Peter Christian Ludz: »Michel de Montaigne«, in: Michael Landmann, *De Homine,* Verlag Karl Alber, Freiburg/München 1962, S. 216

792 in: *Weisheiten der Zigeuner,* Hrsg. M. Bonsack, Wiesbaden 1982, S. 39

793 Johann Gottfried Herder: *Mensch und Welt,* zusammengestellt von E. Ruprecht, Eugen Diederichs Verlag, Jena, Leipzig 1942, S. 100

794 Charles Darwin: *Die Abstammung des Menschen,* 4. Aufl., Kröner Verlag, Stuttgart 1982, S. 55

795 Johann Gottfried Herder: *Mensch und Welt,* zusammengestellt von E. Ruprecht, Eugen Diederichs Verlag Jena, Leipzig 1942, S. 110

796 Ludwig Eckstein: *Den Menschen zum Menschen erziehen,* Verlag Dürrsche Buchhandlung, Bad Godesberg 1961, S. 202

797 Emil Brunner: *Dogmatik. Bd. 2: Die christliche Lehre von Schöpfung und Erlösung,* 3. Aufl. © Theologischer Verlag, Zürich 1972, S. 81

798 Emil Brunner: *Der Mensch im Widerspruch. Die christliche Lehre vom wahren und vom wirklichen Menschen,* 5. Aufl. © Theologischer Verlag, Zürich 1985, S. 402

799 *Evangelischer Erwachsenenkatechismus,* Hrsg. W. Jentsch/H. Jetter/M. Kießig/H. Reller, 3. Aufl., Gütersloher Verlagshaus Gerd Mohn, Gütersloh 1977, S. 181

800 Hans-Joachim Kraus: *Reich Gottes: Reich der Freiheit,* Neukirchener Verlag, Neukirchen-Vluyn 1975, S. 142

801 Emil Brunner: *Der Mensch im Widerspruch. Die christliche Lehre vom wahren und vom wirklichen Menschen,* 5. Aufl. © Theologischer Verlag, Zürich 1985, S. 244

802 Emil Brunner: *Dogmatik. Bd. 2: Die christliche Lehre von Schöpfung und Erlösung,* 3. Aufl. © Theologischer Verlag, Zürich 1972, S. 213

803 Platon: *Hippias I und II, Ion,* Hrsg. O. Apelt, Leipzig 1918, S. 201

804 Helmut Thielicke: *Theologische Ethik,* Bd. II/1, Verlag J. C. B. Mohr (Paul Siebeck), Tübingen 1955, S. 333

805 Julien Offray de Lamettrie: *L'homme machine,* Leiden 1748

806 Claude Adrien Helvétius: *Vom Menschen, seinen geistigen Fähigkeiten und seiner Erziehung,* Hrsg. G. Mensching. © Suhrkamp Verlag, Frankfurt/M. 1972, S. 119

807 Walter Kempowski: *Aus großer Zeit.* © Albrecht Knaus Verlag GmbH, München, Hamburg 1978, S. 246

808 Johann Gottfried Herder: *Ideen zur Philosophie der Geschichte der Menschheit,* Joseph Melzer Verlag, Darmstadt 1966, S. 225

809 Johann Wolfgang von Goethe: *Berliner Ausgabe,* Bd. XVIII, Hrsg. S. Seidel, Aufbau-Verlag, Berlin/Weimar 1972, S. 588

810 Arthur Hafink: *Hergebrachtes,* Schlegel-Verlag, Wuppertal 1969, S. 19

811 Helmut Thielicke: *Theologische Ethik,* Bd. I, Verlag J. C. B. Mohr (Paul Siebeck), Tübingen 1958, S. 278

812 Erich Fromm: *Wege aus einer kranken Gesellschaft, Gesamtausgabe,* Bd. IV, *(Gesellschaftstheorie),* Hrsg. R. Funk, Deutsche Verlags-Anstalt, Stuttgart 1980, S. 125

813 Jean Améry: »Träger der Freiheit«, in: *Wer ist das eigentlich – der Mensch?,* Hrsg. E. Stammler, Kösel-Verlag, München 1973, S. 13

814 Anton Wildgans: *Ein Leben in Briefen,* Bd. I, Hrsg. L. Wildgans, Frick Verlag, Wien 1947, S. 147

815 Hans Henny Jahnn: *Werke und Tagebücher,* Bd. VII, Hrsg. Th. Freeman/ Th. Scheuffelen, Verlag Hoffmann & Campe, Hamburg 1974, S. 469

816 Erich Fromm: *Freuds Modell des Menschen und seine gesellschaftlichen Determinanten, Gesamtausgabe Bd. VIII (Psychoanalyse),* Hrsg. R. Funk, Deutsche Verlags-Anstalt, Stuttgart 1981, S. 244

817 Helmut Thielicke: *Mensch sein – Mensch werden. Entwurf einer christlichen Anthropologie,* München 1976, S. 320. © R. Piper & Co. Verlag, München 1976

818 Hans-Eduard Hengstenberg: *Philosophische Anthropologie,* 4. Aufl., Universitätsverlag Anton Pustet, Salzburg 1984, S. 34

819 Stanisław Jercy Lec: *Alle unfrisierten Gedanken,* Hrsg. Karl Dedecius, Carl Hanser Verlag, München/Wien 1982, S. 86. © 1982 Carl Hanser Verlag, München/Wien

820 Baltasar Gracián y Morales: *Mensch und Mitmensch. Gedanken aus dem Handorakel,* Edition Langewiesche-Brandt, Ebenhausen b. München 1970, S. 27

821 Novalis: *Werke,* Bd. III, *Fragmente* II, Hrsg. E. Wasmuth, Verlag Lambert Schneider, Heidelberg 1957, S. 104

822 Friedrich Hölderlin: *Sämtliche Werke und Briefe,* Bd. II, Berlin/Weimar 1970, S. 176

823 in: *Der Briefwechsel zwischen Bettina Brentano und Max Prokop von Freyberg,* Hrsg. S. v. Steinsdorff, Verlag Walter de Gruyter, Berlin/New York 1972, S. 102

824 zit. in: P. Kluckhohn: *Die Auffassung der Liebe in der Literatur des 18. Jahrhunderts und in der deutschen Romantik,* Verlag v. Max Niemeyer, Halle (Saale) 1922, S. 517

825 Jean Mouroux: *Größe und Elend des Menschen,* Verlag Herder, Wien o. J., S. 247 f.

826 Emil Brunner: *Der Mensch im Widerspruch. Die christliche Lehre vom wahren und vom wirklichen Menschen,* 5. Aufl. © Theologischer Verlag, Zürich 1985, S. 80

827 Ernesto Cardenal: *Das Buch von der Liebe,* Peter Hammer Verlag, Wuppertal 1985, S. 40

828 Paul Valéry: *Schlimme Gedanken und andere.* © Insel Verlag, Frankfurt/ M. 1963, S. 168

829 Lin Yutang: *Weisheit des lächelnden Lebens,* Deutsche Verlags-Anstalt, Stuttgart 1982, S. 219

830 Antoine de Saint-Exupéry: *Die Stadt in der Wüste,* Karl Rauch Verlag, Düsseldorf 1956, S. 30

831 Ernesto Cardenal: *Das Buch von der Liebe,* Peter Hammer Verlag, Wuppertal 1985, S. 39

832 Emil Brunner: *Der Mensch im Widerspruch,* 5. Aufl., Theologischer Verlag, Zürich 1985, S. 197f.

833 Gisbert Kranz: *Was Menschen gern tun,* Kösel-Verlag, München 1979, S. 11

834 Giacomo Casanova: *Geschichte meines Lebens,* Bd. IV, Hrsg. E. Loos, 2001-Verlag, Frankfurt/M. o. J., S. 43. © Verlag Ullstein GmbH, Berlin 1989

835 Stendhal: *Über die Liebe,* 3. Aufl., © Insel Verlag, Frankfurt/M. 1979, S. 52

836 Sigmund Freud: *Gesammelte Werke,* Bd. VI, Hrsg. A. Freud u. a., 6. Aufl., Frankfurt/M. 1978, S. 142. Abdruck erfolgt mit Genehmigung der S. Fischer Verlag GmbH, Frankfurt am Main

837 Ivan Goll/Claire Goll: *Briefe,* Florian Kupferberg Verlag, Mainz 1966, S. 72

838 Jean Mouroux: *Größe und Elend des Menschen,* Verlag Herder, Wien o. J., S. 207

839 Robert Walser: *Das Gesamtwerk,* Bd. I, Hrsg. J. Greven. © Suhrkamp Verlag, Zürich/Frankfurt/M. 1978, S. 8

840 Sri A. Ghose Aurobindo/Die Mutter: *Über die Liebe,* Ausg. und eingel. von B. P. Saint-Hilaire, 2. Aufl., Sri Aurobindo Ashram Publication, Pondicherry 1977, S. 32

841 Antoine de Saint-Exupéry: *Die Stadt in der Wüste,* Karl Rauch Verlag, Düsseldorf 1956, S. 404

842 Paul Ricœur: *Die Fehlbarkeit des Menschen,* Verlag Karl Alber, Freiburg/München 1971, S. 20

843 Michael Landmann: *De Homine,* Verlag Karl Alber, Freiburg/München 1962, S. 147

844 Paul Ricœur: *Die Fehlbarkeit des Menschen,* Verlag Karl Alber, Freiburg/München 1971, S. 182

845 Emil Brunner: *Der Mensch im Widerspruch. Die christliche Lehre vom wahren und vom wirklichen Menschen,* 5. Aufl. © Theologischer Verlag, Zürich 1985, S. 362

846 Thorwald Dethlefsen: *Schicksal als Chance,* 9. Aufl., Goldmann Verlag, München 1984, S. 123f. © 1979 C. Bertelsmann Verlag GmbH, München

847 Martin Kessel: *Aphorismen,* Rowohlt Verlag, Stuttgart/Hamburg/Baden-Baden 1948, S. 70. © Martin Kessel, Berlin 1989

848 in: *Deutsches Sprichwörter-Lexikon. Ein Hausschatz für das deutsche Volk,* Bd. III, Hrsg. K. F. W. Wander, Leipzig 1873, Nr. 144

849 Jean Marolleau: *Die Zukunftsgesellschaft,* Econ Verlag, Düsseldorf/Wien 1971, S. 114

850 Blaise Pascal: *Über die Religion (Pensées), Nr. 416,* Hrsg. E. Wasmuth, 8. Aufl., Verlag Lambert Schneider, Heidelberg 1978, S. 186

851 Friedrich Hebbel: *Der Mensch und die Mächte,* Hrsg. E. Vincent, Alfred Kröner Verlag, Leipzig o. J., S. 89

852 Jean Mouroux: *Größe und Elend des Menschen,* Verlag Herder, Wien o. J., S. 177

853 Karl Philipp Moritz: *Werke,* Bd. III, Hrsg. H. Günther, Insel-Verlag, Frankfurt/M. 1981, S. 21

854 Johann Wolfgang von Goethe: *Die Leiden des jungen Werther,* (Romantische Romane), Diogenes Verlag, Zürich 1986

855 Bettina von Arnim: *Die Günderode,* Hrsg. E. Bronfen, München 1982, S. 112

856 Friedrich Hölderlin: *Sämtliche Werke und Briefe,* Bd. II, Berlin/Weimar 1970, S. 108

857 Friedrich Nietzsche: *Werke,* 4. Abt. Bd. II, Hrsg. G. Colli/M. Montinari, Verlag Walter de Gruyter, Berlin/New York 1967, S. 121

858 Wolfgang Trillhaas: *Ethik,* Verlag Walter de Gruyter, Berlin 1970, S. 21

859 Nikolaj M. Karamsin: *Briefe eines russischen Reisenden,* Verlag Rütten & Loening, Berlin 1977, S. 663

860 Werner Sombart: *Vom Menschen,* 2. Aufl., Verlag Duncker & Humblot, Berlin 1956, S. 4

861 Antoine de Saint-Exupéry: *Die Stadt in der Wüste,* Karl Rauch Verlag, Düsseldorf 1956, S. 149

862 Julian Huxley: *Der Mensch in der modernen Welt,* Nest Verlag, Nürnberg 1950, S. 293

863 Hermann Hesse: *Gesammelte Schriften,* Bd. VII *(Betrachtungen und Briefe).* © Suhrkamp Verlag, Frankfurt/M. 1957, S. 427

864 Lin Yutang: *Weisheit des lächelnden Lebens,* Deutsche Verlags-Anstalt, Stuttgart 1982, S. 461 f.

865 Emil Brunner: *Der Mensch im Widerspruch. Die christliche Lehre vom wahren und vom wirklichen Menschen,* 5. Aufl. © Theologischer Verlag, Zürich 1985, S. 487

866 Ivan Sviták: *Unwissenschaftliche Anthropologie,* Hrsg. P. Kruntorad, Frankfurt/M. 1972, S. 202. Abdruck erfolgt mit Genehmigung der S. Fischer GmbH, Frankfurt am Main

867 Emil Brunner: *Der Mensch im Widerspruch. Die christliche Lehre vom wahren und vom wirklichen Menschen,* 5. Aufl. © Theologischer Verlag, Zürich 1985, S. 26

868 Ivan Sviták: *Unwissenschaftliche Anthropologie,* Hrsg. P. Kruntorad, Frankfurt/M. 1972, S. 207. Abdruck erfolgt mit Genehmigung der S. Fischer GmbH, Frankfurt am Main

869 Werner Sombart: *Vom Menschen,* 2. Aufl., Verlag Duncker & Humblot, Berlin 1956, S. 53

870 Johann Heinrich Pestalozzi: *Ausgewählte Schriften,* Hrsg. W. Flitner, 3. Aufl., Verlag Helmut Küpper (vormals Georg Bondi), Düsseldorf/München 1961, S. 79

871 Christian Morgenstern: *Aphorismen, Sprüche und andere Aufzeichnungen (Jubiläumsausgabe,* Bd. III), Hrsg. C. Heselhaus, R. Piper & Co. Verlag, München 1979, S. 12

872 Karlfried Graf Dürckheim: *Mächtigkeit, Rang und Stufen des Menschen,* 2. Aufl., Aurum Verlag, Freiburg i. Br. 1983, S. 40

873 Gottfried Benn: *Provoziertes Leben (Eine Auswahl aus den Prosaschriften),* Ullstein Verlag, Darmstadt 1962, S. 84

874 Igor A. Caruso: *Die Trennung der Liebenden,* Verlag Hans Huber, Bern 1968, S. 178

875 Hans Egon Holthusen: *Der unbehauste Mensch. Motive und Probleme der modernen Literatur,* 3. Aufl., München 1955, S. 25. © R. Piper & Co. Verlag, München 1951

876 Joachim Bodamer: *Der Mensch ohne Ich,* Herder Verlag, Freiburg i. Br. 1981, S. 21

877 Gérard Bélanger: *Über das Unbehagen des Menschen,* Lahn-Verlag, Limburg 1969, S. 7

878 Suzanne Brøgger: *... sondern erlöse uns von der Liebe,* Econ Verlag, Düsseldorf/Wien 1978, S. 270

879 Ernst Bloch: *Das Prinzip Hoffnung,* Kap. XVII, © Suhrkamp Verlag, Frankfurt/M. 1959, S. 224

880 Marcel Proust: *Auf der Suche nach der verlorenen Zeit,* übersetzt von Eva Rechel-Mertens. © Suhrkamp Verlag, Frankfurt am Main

881 Peter Bamm: *Eines Menschen Einfälle,* Hrsg. W. Stehli, Jan Tholenaar Verlag, Düsseldorf 1980, S. 125. © Deutsche Verlags-Anstalt, Stuttgart 1987

882 Max Müller: *Philosophische Anthropologie,* Hrsg. W. Vossenkuhl, Verlag Karl Alber, Freiburg/München 1974, S. 62

883 Paul Johannes Tillich: *Wesen und Wandel des Glaubens,* Ullstein Verlag, Frankfurt/M./Berlin/Wien 1975, S. 9

884 Heinrich Weinstock: *Die Tragödie des Humanismus.* © Verlag Quelle & Meyer, Heidelberg/Wiesbaden 1953, S. 163

885 Martin Luther King: *Kraft zum Lieben,* Christliche Verlagsanstalt, Konstanz 1983, S. 147

886   in: *Als die Surrealisten noch recht hatten,* Hrsg. G. Metken, Reclam Verlag, Stuttgart 1976, S. 80

887   Martin Luther King: *Kraft zum Lieben,* Christliche Verlagsanstalt, Konstanz 1983, S. 141

888   Khalil Gibran: *Sand und Schaum,* Walter-Verlag, Olten/Freiburg-Br. 1976, S. 63

889   Karin Struck: *Lieben,* 3. Aufl., © Suhrkamp Verlag, Frankfurt/M. 1981, S. 189

890   Otto Friedrich Bollnow: *Mensch und Raum,* 3. Aufl., W. Kohlhammer Verlag, Stuttgart/Berlin/Köln/Mainz 1976, S. 91

891   Hans Kasper: *Mitteilungen über den Menschen,* Econ Verlag, Düsseldorf/ Wien 1978, S. 214

892   Elias Canetti: *Aufzeichnungen.* © Suhrkamp Verlag, Frankfurt/M. 1978, S. 161

893   Peter Lauster: *Lassen Sie der Seele Flügel wachsen,* Rowohlt Verlag, Reinbek b. H. 1980, S. 36. © Econ Verlag, Düsseldorf/Wien 1978

894   Idries Shah: *Die Sufis,* (Diederichs Gelbe Reihe Bd. 27), Eugen Diederichs Verlag, Düsseldorf/Köln 1980, S. 174. © Eugen Diederichs Verlag, Köln

895   Max Müller: *Philosophische Anthropologie,* Hrsg. W. Vossenkuhl, Verlag Karl Alber, Freiburg/München 1974, S. 75

896   Hans-Eduard Hengstenberg: *Seinsüberschreitung und Kreativität,* Universitätsverlag Anton Pustet, Salzburg 1979, S. 95

897   Idries Shah: *Die Sufis,* (Diederichs Gelbe Reihe Bd. 27), Eugen Diederichs Verlag, Düsseldorf/Köln 1980, S. 121. © Eugen Diederichs Verlag, Köln

898   Hans Kasper: *Mitteilungen über den Menschen,* Econ Verlag, Düsseldorf/ Wien 1978, S. 49

899   Georg Simmel: *Fragmente und Aufsätze,* Hrsg. G. Kantorowicz, Georg Olms Verlag, Hildesheim 1967, S. 11

900   in: *Deutsches Sprichwörter-Lexikon. Ein Hausschatz für das deutsche Volk,* Bd. III, Hrsg. K. F. W. Wander, Leipzig 1873, Nr. 160

901   Anonym: Zur Kenntnis genommen im Sept. '84 als *Graffitti auf der Herrentoilette* der Mensa in Marburg/Lahn

902   in: *Deutsches Sprichwörter-Lexikon. Ein Hausschatz für das deutsche Volk,* Bd. III, Hrsg. K. F. W. Wander, Leipzig 1873, Nr. 148

903   Henry Miller: *Meine Jugend hat spät begonnen,* Fischer TB, Frankfurt/M. 1973, S. 84. © Agence Hoffman, München/Paris 1989

904   Ivan Sviták: *Unwissenschaftliche Anthropologie,* Hrsg. P. Kruntorad, Frankfurt/M. 1972, S. 11. Abdruck erfolgt mit Genehmigung der S. Fischer GmbH, Frankfurt am Main

905   Gérard Bélanger: *Über das Unbehagen des Menschen,* Lahn-Verlag, Limburg 1969, S. 8

906   Alexis Carrel: *Der Mensch – das unbekannte Wesen,* Deutsche Verlags-Anstalt, Stuttgart 1950, S. 369
907   Erich Kästner: *Gesammelte Schriften,* Bd. V, Verlag Kiepenheuer & Witsch, Köln 1959, S. 223. © Kästner Erben, München
908   Seneca: *An Marcia,* 11
909   Homer: *Ilias* 17, 446f.
910   zit. in: W. Sombart, *Vom Menschen,* 2. Aufl., Verlag Duncker u. Humblot, Berlin 1956, S. 5
911   Erich Mühsam: *War einmal ein Revoluzzer,* Hrsg. H. Bemmann, Rowohlt Verlag, Reinbek 1978, S. 87. © Henschel Verlag, Berlin-Ost 1989
912   Friedensreich Hundertwasser: *Schöne Wege,* Hrsg. W. Schurian, Deutscher Taschenbuch Verlag, München 1983, S. 87
913   Kurt Tucholsky: *Schnipsel,* Hrsg. M. Gerold-Tucholsky/F. J. Raddatz, 2. Aufl., Reinbek b. H. 1973, S. 56. © Rowohlt Verlag GmbH, Reinbek bei Hamburg 1960
914   Martin Kessel: *Aphorismen,* Rowohlt Verlag, Stuttgart/Hamburg/Baden-Baden 1948, S. 14. © Martin Kessel, Berlin 1989
915   Jean Paul: *Sämtliche Werke,* 2. Abt. Bd. V, Hrsg. Preußische Akademie der Wissenschaften, Hermann Böhlaus Nachf., Weimar 1936, S. 38
916   Immanuel Kant: *Kant Brevier,* Hrsg. J. Pfeiffer, 3. Aufl., Marion v. Schröder Verlag, Hamburg 1956, S. 275
917   Karl Philipp Moritz: *Werke,* Bd. III, Hrsg. H. Günther, Insel Verlag, Frankfurt/M. 1981, S. 382
918   Friedrich Georg Jünger: *Gespräche,* Vittorio Klostermann Verlag, Frankfurt/M. 1948, S. 35
919   Georg Simmel: *Fragmente und Aufsätze,* Hrsg. G. Kantorowicz, Georg Olms Verlag, Hildesheim 1967, S. 17
920   Friedrich Nietzsche: *Zur Genealogie der Moral,* Leipzig 1887
921   Egon Friedell: *Kulturgeschichte der Neuzeit,* C. H. Beck'sche Verlagsbuchhandlung, München 1979, S. 1519
922   Hinrich Knittermeyer: *Grundgegebenheiten des menschlichen Daseins,* Ernst Reinhardt Verlag, München/Basel 1963, S. 162
923   Rudolf Steiner: *Der Mensch als Zusammenklang des schaffenden, bildenden und gestaltenden Weltenwortes,* GA.-Bibl. – Nr. 230, 4. Aufl. Dornach 1970, S. 17f.
924   Rudolf Hagelstange: *Offen gesagt,* Ullstein Verlag, Frankfurt/M. 1958, S. 57
925   Theophrastus Paracelsus: *Werke,* Bd. III, Hrsg. W.-E. Peuckert, Wissenschaftl. Buchgesellschaft, Darmstadt 1967, S. 479

926 Friedrich Schlegel: *Kritische Ausgabe seiner Werke,* Bd. XVIII, (*Philoso-phische Lehrjahre* I), Hrsg. E. Behler, Verlag Ferdinand Schöningh, München/Paderborn/Wien 1963, S. 287

927 Helmut Thielicke: *Mensch sein – Mensch werden. Entwurf einer christli-chen Anthropologie,* München 1976, S. 497 © R. Piper & Co. Verlag, München 1976

928 Friedrich Nietzsche: *Werke,* 6. Abt. Bd. I, Hrsg. G. Colli/M. Montinari, Verlag Walter de Gruyter, Berlin/New York 1968, S. 7

929 Christian Morgenstern: *Gesammelte Werke in einem Band,* Hrsg. M. Mor-genstern, 14. Aufl., Verlag R. Piper & Co., München/Zürich 1981, S. 477

930 Friedrich Nietzsche: *Werke,* 6. Abt. Bd. I, Hrsg. G. Colli/M. Montinari, Verlag Walter de Gruyter, Berlin/New York 1968, S. 8

931 Ernst Kretschmer: *Mensch und Lebensgrund,* Hrsg. W. Kretschmer, Wun-derlich Verlag, Tübingen 1966, S. 257 f.

932 Ernst Penzoldt: *Die schönsten Erzählungen,* Bd. V. © Suhrkamp Verlag, Frankfurt/M. 1981, S. 212

933 Christian Morgenstern: *Aphorismen, Sprüche und andere Aufzeichnun-gen* (*Jubiläumsausgabe* Bd. III), Hrsg. C. Heselhaus, Verlag R. Piper & Co., München 1979, S. 88

934 Gisbert Kranz: *Was Menschen gern tun,* Kösel-Verlag, München 1979, S. 91 f.

935 Ernst Penzoldt: *Die schönsten Erzählungen,* Bd. V. © Suhrkamp Verlag, Frankfurt/M. 1981, S. 212

936 Alfred Döblin: *Unser Dasein,* Hrsg. W. Muschg, Walter-Verlag, Olten/Freiburg i. Br. 1964, S. 70

937 Ivan Sviták: *Unwissenschaftliche Anthropologie,* Hrsg. P. Kruntorad, Franfurt/M. 1972, S. 21. © Abdruck erfolgt mit Genehmigung der S. Fi-scher GmbH, Frankfurt am Main

938 Emil Brunner: *Der Mensch im Widerspruch. Die christliche Lehre vom wahren und vom wirklichen Menschen,* 5. Aufl. © Theologischer Verlag, Zürich 1985, S. 303

939 Max Müller: *Philosophische Anthropologie,* Hrsg. W. Vossenkuhl, Verlag Karl Alber, Freiburg/München 1974, S. 95

940 Max Müller: *Philosophische Anthropologie,* Hrsg. W. Vossenkuhl, Verlag Karl Alber, Freiburg/München 1974, S. 188

941 Egon Friedell: *Kulturgeschichte der Neuzeit,* C. H. Beck'sche Verlags-buchhandlung, München 1979, S. 317 f.

942 Arthur Koestler: *Der Mensch – Irrläufer der Evolution,* 2. Aufl., Scherz Verlag, Bern/München 1978

943 Arthur Hafink: *Hergebrachtes,* Schlegel-Verlag, Wuppertal 1969, S. 90

944 Gabriel Laub: *Denken verdirbt den Charakter,* Carl Hanser Verlag, München/Wien 1984, S. 16. © Carl Hanser Verlag, München/Wien

945 Hans Arp: *Unsern täglichen Traum,* Verlag Die Arche, Zürich 1958, S. 93. © 1958 Verlags AG Die Arche, Zürich

946 Herbert Meier: *Der verborgene Gott,* Verlag Glock & Lutz, Nürnberg 1963, S. 76 f.

947 Kurt Tucholsky: »Der Mensch«, in: *Zwischen Gestern und Morgen. Gesammelte Werke.* © Rowohlt Verlag, Reinbek bei Hamburg 1960

948 Hans Arp: *Unsern täglichen Traum,* Verlag Die Arche, Zürich 1958, S. 92. © 1958 Verlags AG Die Arche, Zürich

949 Lin Yutang: *Weisheit des lächelnden Lebens,* Deutsche Verlags-Anstalt, Stuttgart 1982, S. 31

950 Thomas Hobbes: *Leviathan,* Oxford 1957

951 Theophrastus Paracelsus: *Werke,* Bd. III, Hrsg. W.-E. Peuckert, Wissenschaftl. Buchgesellschaft, Darmstadt 1967, S. 427

952 Hans Arp: *Unsern täglichen Traum,* Zürich 1958, S. 92. © 1958 Verlags AG Die Arche, Zürich

953 Ernst Barlach: *Leben und Werk in seinen Briefen,* Hrsg. F. Droß, R. Piper Verlag, München 1952, S. 84

954 Erich Kästner: *Gesammelte Schriften,* Bd. V, Verlag Kiepenheuer & Witsch, Köln 1959, S. 493. © Erich Kästner Erben, München

955 Eugen Fink: *Grundphänomene des menschlichen Daseins,* Hrsg. E. Schütz/F.-A. Schwarz, Verlag Karl Alber, Freiburg/München 1979, S. 233

956 *Evangelischer Erwachsenenkatechismus,* Hrsg. W. Jentsch/H. Jetter/M. Kießig/H. Reller, 3. Aufl., Gütersloher Verlagshaus Gerd Mohn, Gütersloh 1977, S. 861

957 Heinrich Heine: *Sämtliche Werke,* Bd. X, Hrsg. O. Walzel, Insel Verlag, Leipzig 1915, S. 10

958 Erich Fromm: *Anatomie der menschlichen Destruktivität, Gesamtausgabe (Aggressionstheorie),* Bd. VII, Hrsg. R. Funk, Deutsche Verlags-Anstalt, Stuttgart 1980, S. 93

959 Arthur Koestler: *Der Mensch – Irrläufer der Evolution,* 2. Aufl., Scherz Verlag, Bern/München 1978, S. 16

960 George Orwell: *Farm der Tiere,* Fischer TB, Frankfurt/M./Hamburg 1958, S. 10. © Diogenes Verlag AG, Zürich 1982

961 Multatuli: *Woutertje Pieterse,* Verlag Neues Leben, Berlin 1955, S. 183

962 Wolfgang Trillhaas: *Ethik,* Verlag Walter de Gruyter, Berlin 1970, S. 21

963 Erich Fromm: *Anatomie der menschlichen Destruktivität, Gesamtausgabe* Bd. VII *(Aggressionstheorie),* Hrsg. R. Funk, Deutsche Verlags-Anstalt, Stuttgart 1980, S. 4

964   Sigmund Freud: *Gesammelte Werke,* Bd. XIV, Hrsg. A. Freud u. a.,
      3. Aufl., Frankfurt/M. 1963, S. 470. Abdruck erfolgt mit Genehmigung der
      S. Fischer GmbH, Frankfurt am Main

965   Hans Arp: *Unsern täglichen Traum,* Verlag Die Arche, Zürich 1958, S. 92.
      © Verlags AG Die Arche, Zürich

966   Erich Fromm: *Anatomie der menschlichen Destruktivität, Gesamtausgabe*
      Bd. VII *(Aggressionstheorie),* Hrsg. R. Funk, Deutsche Verlags-Anstalt,
      Stuttgart 1980, S. 165

967   Kurt Tucholsky: »Der Mensch«, in: *Zwischen Gestern und Morgen.*
      Gesammelte Werke. © Rowohlt Verlag, Reinbek bei Hamburg 1960

968   Jacob Bronowski: *Der Aufstieg des Menschen,* Ullstein Verlag, Frankfurt/
      M./Berlin/Wien 1976, S. 54

969   Elias Canetti: *Aufzeichnungen.* © Suhrkamp Verlag, Frankfurt/M. 1978,
      S. 16

970   Paul Valéry: *Schlimme Gedanken und andere.* © Insel Verlag, Frankfurt/
      M. 1963, S. 148

971   Helmut Thielicke: *Theologische Ethik,* Bd. I, Verlag J. C. B. Mohr (Paul
      Siebeck), Tübingen 1958, S. 642

972   *Die Bibel* (übersetzt v. Martin Luther), Hiob 14, 1–3, Deutsche Bibelge-
      sellschaft, Stuttgart 1985

973   *Die Bibel* (übersetzt v. Martin Luther), Psalm 144,4; Deutsche Bibelgesell-
      schaft, Stuttgart 1985

974   in: *Deutsches Sprichwörter-Lexikon. Ein Hausschatz für das deutsche*
      Volk, Bd. III, Hrsg. K. F. W. Wander, Leipzig 1873, Nr. 155

975   Theophrastus Paracelsus: *Werke,* Bd. III, Hrsg. W.-E. Peuckert, Wissen-
      schaftl. Buchgesellschaft, Darmstadt, S. 171

976   Helmut Thielicke: *Mensch sein – Mensch werden. Entwurf einer christli-*
      chen Anthropologie. München 1976, S. 386. © R. Piper & Co. Verlag,
      München 1976

977   Heinrich Weinstock: *Die Tragödie des Humanismus.* © Verlag Quelle &
      Meyer, Heidelberg/Wiesbaden 1953, S. 53

978   Eugen Fink: *Grundphänomene des menschlichen Daseins,* Hrsg.
      E. Schütz/F.-A. Schwarz, Karl Alber, Freiburg/München 1979, S. 114

979   Eugen Fink: *Grundphänomene des menschlichen Daseins,* Hrsg.
      E. Schütz/F.-A. Schwarz, Karl Alber, Freiburg/München 1979, S. 203

980   Eugen Fink: *Grundphänomene des menschlichen Daseins,* Hrsg.
      E. Schütz/F.-A. Schwarz, Karl Alber, Freiburg/München 1979, S. 424

981   Marsilio Ficino: *Über die Liebe oder Platons Gastmahl,* Hrsg. P. R. Blum,
      Felix Meiner Verlag, Hamburg 1984, S. 103

982   Angelus Silesius: *Cherubinischer Wandersmann,* Hrsg. W.-E. Peuckert,
      Dieterich'sche Verlagsbuchhandlung, Wiesbaden 1948, S. 3

983   Ernst Krieck: *Völkisch politische Anthropologie,* Bd. I, Armanen-Verlag, Leipzig 1936, S. 110

984   Johann Gottfried Herder: *Ideen zur Philosophie der Geschichte der Menschheit,* Joseph Melzer Verlag, Darmstadt 1966, S. 130

985   Ch. Morgenstern: *Gesammelte Werke in einem Band,* Hrsg. M. Morgenstern, 14. Aufl., Verlag R. Piper & Co., München/Zürich 1981, S. 474

986   Ch. Morgenstern: *Gesammelte Werke in einem Band,* Hrsg. M. Morgenstern, 14. Aufl., Verlag R. Piper & Co., München/Zürich 1981, S. 496

987   Ivan Sviták: *Unwissenschaftliche Anthropologie,* Hrsg. P. Kruntorad, Frankfurt/M. 1972, S. 242. Abdruck erfolgt mit Genehmigung der S. Fischer Verlag GmbH, Frankfurt am Main

988   Alexis Carrel: *Der Mensch – das unbekannte Wesen,* Deutsche Verlags-Anstalt, Stuttgart 1950, S. 261

989   Albert Steffen: *Kunst als Weg zur Einweihung,* Frankfurt/M. 1984, S. 189. Abdruck erfolgt mit Genehmigung der S. Fischer Verlag GmbH, Frankfurt am Main

990   Ivan Sviták: *Unwissenschaftliche Anthropologie,* Hrsg. P. Kruntorad, Frankfurt/M. 1972, S. 65. Abdruck erfolgt mit Genehmigung der S. Fischer Verlag GmbH, Frankfurt am Main

991   Joseph Höffner: *Christliche Gesellschaftslehre,* 8. erw. Auflage, Verlag Butzon & Bercker, Kevelaer 1983, S. 31 ff.

992   Carl Friedrich von Weizsäcker: *Der Garten des Menschlichen,* 7. Aufl., München/Wien 1980, S. 140. © 1977 Carl Hanser Verlag, München/Wien

993   Igor A. Caruso: *Die Trennung der Liebenden,* Verlag Hans Huber, Bern 1968, S. 218

994   Erich Fromm: *Wege aus einer kranken Gesellschaft, Gesamtausgabe* Bd. IV *(Gesellschaftstheorie),* Hrsg. R. Funk, Deutsche Verlags-Anstalt, Stuttgart 1980, S. 25

995   Fritz März: *Problemgeschichte der Pädagogik,* Bd. I, Verlag Julius Klinkhardt, Bad Heilbrunn/Obb. 1978, S. 135 f.

996   Arthur Hafink: *Hergebrachtes,* Schlegel-Verlag, Wuppertal 1969, S. 120

997   Thomas von Aquin: *Summe gegen die Heiden,* Bd. II, Hrsg. K. Albert/P. Engelhard, Wissenschaftl. Buchgesellschaft, Darmstadt 1982, S. 413

998   Nicolaus von Cues: *Vom verborgenen Gott,* Hrsg. E. Hoffmann, Verlag Felix Meiner, Leipzig 1940, S. 53

999   Theophrastus Paracelsus: *Werke,* Bd. III, Hrsg. W.-E. Peuckert, Wissenschaftl. Buchgesellschaft, Darmstadt 1967, S. 240

1000   Liä Dsi: *Das wahre Buch vom quellenden Urgrund,* Aus dem Chinesischen übertragen und erläutert von Richard Wilhelm, (Diederichs Gelbe Reihe, Bd. 28), Eugen Diederichs Verlag, Düsseldorf/Köln 1980, S. 17

1001   in: G. Ebeling, *Lutherstudien,* Bd. II, *Disputatio De Homine,* 1. Teil, Verlag J. C. B. Mohr (Paul Siebeck), Tübingen 1977, S. 19

1002   Theophrastus Paracelsus: *Werke,* Bd. III, Hrsg. W.-E. Peuckert, Wissenschaftl. Buchgesellschaft, Darmstadt 1967, S. 307

1003   Angelus Silesius: *Cherubinischer Wandersmann,* Hrsg. W.-E. Peuckert, Dieterich'sche Verlagsbuchhandlung, Wiesbaden 1948, S. 100

1004   Friedrich Schlegel: *Kritische Ausgabe seiner Werke,* Bd. XIII, *(Philosophische Vorlesungen II),* Hrsg. J.-J. Anstett, München/Paderborn/Wien 1964, S. 5

1005   Georg Wilhelm Friedrich Hegel: *Werke,* Bd. XVII, Hrsg. E. Moldenhauer/K. M. Michel, Suhrkamp Verlag, Frankfurt/M. 1969, S. 95

1006   Johann Gottfried Herder: *Ideen zur Philosophie der Geschichte der Menschheit,* Joseph Melzer Verlag, Darmstadt 1966, S. 124

1007   Georg Wilhelm Friedrich Hegel: *Werke,* Bd. XVII, Hrsg. E. Moldenhauer/K. M. Michel, Suhrkamp Verlag, Frankfurt/M. 1969, S. 96

1008   Emil Brunner: *Der Mensch im Widerspruch. Die christliche Lehre vom wahren und vom wirklichen Menschen,* 5. Aufl. © Theologischer Verlag, Zürich 1985, S. 48

1009   Emil Brunner: *Dogmatik, Bd. 2: Die christliche Lehre von Schöpfung und Erlösung,* 3. Aufl. ©Theologischer Verlag, Zürich 1972, S. 131

1010   Masahisa Goi: *Gott und Mensch,* Byakko Verlag, o. O., o. J., S. 14

1011   Christian Morgenstern: *Aphorismen, Sprüche und andere Aufzeichnungen (Jubiläumsausgabe,* Bd. III), Hrsg. C. Heselhaus, Verlag R. Piper & Co., München 1979, S. 80

1012   Charles Baudelaire: *Gesammelte Schriften,* Bd. V, Abi Melzer Productions, Dreieich 1981, S. 88

1013   Martin Luther King: *Kraft zum Lieben,* Christliche Verlagsanstalt, Konstanz 1983, S. 184

1014   Emanuel von Bodman: *Die gesamten Werke,* Bd. III, Hrsg. K. Preisendanz, Reclam Verlag, Stuttgart 1951, S. 204

1015   Karl Barth: *Kirchliche Dogmatik, Bd. 3,2: Die Lehre von der Schöpfung,* 4. Aufl. © Theologischer Verlag, Zürich 1979, S. 419

1016   Karl Barth: *Die Lehre von der Schöpfung,* 4. Aufl. © Theologischer Verlag, Zürich 1979, S. 146

1017   Hans-Eduard Hengstenberg: *Philosophische Anthropologie,* 4. Aufl., Universitätsverlag Anton Pustet, Salzburg 1984, S. 306

1018   Hans-Joachim Iwand: *Nachgelassene Werke,* Bd. IV, Hrsg. H. Gollwitzer u. a., Christian Kaiser Verlag, München 1964, S. 348 f.

1019   Luise Rinser / Oswald Kettenberger: *Nach seinem Bild,* Echter Verlag, Würzburg 1969, S. 27

1020 Emil Brunner: *Der Mensch im Widerspruch. Die christliche Lehre vom wahren und vom wirklichen Menschen,* 5. Aufl. © Theologischer Verlag, Zürich 1985, S. 95

1021 Dietrich Bonhoeffer: *Gesammelte Schriften,* Bd. III, Hrsg. E. Bethge, Christian Kaiser Verlag, München 1960, S. 75

1022 Ernesto Cardenal: *Das Buch von der Liebe,* Peter Hammer Verlag, Wuppertal 1985, S. 24

1023 Zenta Maurina: *Um des Menschen Willen,* Maximilian Dietrich Verlag, Memmingen 1955, S. 157

1024 Hans-Joachim Iwand: *Nachgelassene Werke,* Bd. V, Hrsg. H. Gollwitzer u. a., Christian Kaiser Verlag, München 1974, S. 207

1025 Joseph Ratzinger: *Einführung in das Christentum,* 5. Aufl., Kösel-Verlag, München 1968, S. 190

1026 Friedrich Gogarten: *Der Mensch zwischen Gott und Welt,* Friedrich Vorwerk Verlag, Stuttgart 1956, S. 435

1027 Max Müller: *Philosophische Anthropologie,* Hrsg. W. Vossenkuhl, Verlag Karl Alber, Freiburg/München 1974, S. 25

1028 Salvador Dalí: *So wird man Dalí,* Hrsg. A. Parinaud, Verlag Fritz Molden, Wien/München/Zürich 1974, S. 182

1029 Ernesto Cardenal: *Das Buch von der Liebe,* Peter Hammer Verlag, Wuppertal 1985, S. 135

1030 Gottfried Richter: *Ideen zur Kunstgeschichte,* 4. Aufl., Urachhaus Verlag, Stuttgart 1937, S. 174

1031 Helmut Thielicke: *Mensch sein – Mensch werden. Entwurf einer christlichen Anthropologie,* München 1976, S. 103. © R. Piper & Co. Verlag, München 1976

1032 Friedrich Dessauer: *Was ist der Mensch?,* Frankfurt/M. 1959, S. 38. © 1959 Verlag Josef Knecht, Frankfurt/M.

1033 Theodor Haecker: *Was ist der Mensch?,* Kösel-Verlag, München 1949, S. 123

1034 Werner Sombart: *Vom Menschen,* 2. Aufl., Verlag Duncker & Humblot, Berlin 1956, S. 21

1035 Jean-Paul Sartre: *Was ist Literatur?,* 2. Aufl., Hamburg 1959, S. 17. © Rowohlt Verlag, Reinbek bei Hamburg 1951

1036 Angelus Silesius: *Cherubinischer Wandersmann,* Hrsg. W.-E. Peuckert, Dieterich'sche Verlagsbuchhandlung, Wiesbaden 1948, S. 35

1037 Nicolaus von Cues: *De coniecturis* II, 14, in: *Opera omnia,* Bd. III, Hrsg. J. Koch, Hamburg 1965

1038 *Martin Luther: Lutherlexikon,* Hrsg. K. Aland, 3. Aufl., Göttingen 1983, S. 228

1039 Angelus Silesius: *Cherubinischer Wandersmann*, Hrsg. W.-E. Peuckert, Dieterich'sche Verlagsbuchhandlung, Wiesbaden 1948, S. 117

1040 Theophrastus Paracelsus: *Werke*, Bd. III, Hrsg. W.-E. Peuckert, Wissenschaftl. Buchgesellschaft, Darmstadt 1967, S. 8

1041 Friedrich Schlegel: *Kritische Ausgabe seiner Werke*, Bd. XVIII, *(Philosophische Lehrjahre I)*, Hrsg. E. Behler, Verlag Ferdinand Schöningh, München/Paderborn/Wien 1963, S. 326

1042 Karl Philipp Moritz: *Werke*, Bd. III, Hrsg. H. Günther, Insel Verlag, Frankfurt/M. 1981, S. 257

1043 Novalis: *Werke*, Bd. III, *Fragmente II*, Hrsg. E. Wasmuth, Verlag Lambert Schneider, Heidelberg 1957, S. 111

1044 Jean Améry: »Träger der Freiheit«, in: *Wer ist das eigentlich – der Mensch?*, Hrsg. E. Stammler, Kösel-Verlag, München 1973, S. 15

1045 Wolfgang Trillhaas: *Ethik*, Verlag Alfred Töpelmann, Berlin 1959, S. 25

1046 Angelus Silesius: *Cherubinischer Wandersmann*, Hrsg. W.-E. Peuckert, Dieterich'sche Verlagsbuchhandlung, Wiesbaden 1948, S. 62

1047 Johann Amos Comenius: Große *Didaktik*, 4. Aufl., Verlag Helmut Küpper (vormals Georg Bondi), Hrsg. A. Flitner, Düsseldorf/München 1970, S. 16

1048 Friedrich Schlegel: *Kritische Ausgabe seiner Werke*, Bd. XVIII, *(Philosophische Lehrjahre I)*, Hrsg. E. Behler, Verlag Ferdinand Schöningh, München/Paderborn/Wien 1963, S. 43

1049 Giacomo Casanova: *Geschichte meines Lebens*, Bd. VIII, Hrsg. E. Loos, 2001-Verlag, Frankfurt/M. o. J., S. 267. © Verlag Ullstein GmbH, Berlin 1989

1050 Friedrich Hebbel: *Der Mensch und die Mächte*, Hrsg. E. Vincent, Alfred Kröner Verlag, Leipzig o. J., S. 270

1051 Friedrich Hebbel: *Der Mensch und die Mächte*, Hrsg. E. Vincent, Alfred Kröner Verlag, Leipzig o. J., S. 266

1052 Christian Morgenstern: *Gesammelte Werke in einem Band*, Hrsg. M. Morgenstern, 14. Aufl., Verlag R. Piper & Co., München/Zürich 1981, S. 459

1053 Friedrich Hebbel: *Der Mensch und die Mächte*, Hrsg. E. Vincent, Alfred Kröner Verlag, Leipzig o. J., S. 258

1054 Gisbert Kranz: *Was Menschen gern tun*, Kösel-Verlag, München 1979, S. 199

1055 Helmut Thielicke: *Mensch sein – Mensch werden. Entwurf einer christlichen Anthropologie*, München 1976, S. 371. © R. Piper & Co. Verlag, München 1976

1056 Paul Tillich: *Wesen und Wandel des Glaubens*, Ullstein Verlag, Frankfurt/M./Berlin/Wien 1975, S. 18

1057   Hermann Hesse: *Gesammelte Schriften,* Bd. VII, *(Betrachtungen und Briefe).* © Suhrkamp Verlag, Frankfurt/M. 1957, S. 16

1058   Masahisa Goi: *Gott und Mensch,* Byakko Verlag, o. O., o. J., S. 128

1059   Hans Henny Jahnn: *Werke und Tagebücher,* Bd. VII, Hrsg. Th. Freemann/Th. Scheuffelen, Hoffmann & Campe, Hamburg 1974, S. 412

1060   Martin Luther: *Lektüre für Augenblicke,* Ausw. u. Nachw. v. W. Sparn, Frankfurt/M. 1983, S. 177

1061   Theophrastus Paracelsus: *Werke,* Bd. IV, Hrsg. W.-E. Peuckert, Wissenschaftl. Buchgesellschaft, Darmstadt 1967, S. 104

1062   Jacob Böhme: *Sämtliche Schriften,* Bd. I, Hrsg. W.-E. Peuckert, Fr. Frommanns Verlag, Stuttgart 1955, S. 141 f.

1063   Hans-Joachim Iwand: *Nachgelassene Werke,* Bd. I, Hrsg. H. Gollwitzer u. a., Christian Kaiser Verlag, München 1962, S. 158

1064   Johann Heinrich Pestalozzi: *Sämtliche Werke,* Bd. XII, Hrsg. A. Buchenau u. a., Verlag Walter de Gruyter, Berlin 1938, S. 47 f.

1065   Friedrich Christoph Oetinger: *Etwas Ganzes vom Evangelium,* Hrsg. G. Spindler, Ernst Franz Verlag, Metzingen-Württ. 1982, S. 273

1066   Emil Brunner: *Dogmatik, Bd. 2: Die christliche Lehre von Schöpfung und Erlösung,* 3. Aufl. © Theologischer Verlag, Zürich 1972, S. 120

1067   Wolfgang Trillhaas: *Vom Wesen des Menschen,* Schwab Verlag, Stuttgart 1949, S. 49

1068   Hans-Eduard Hengstenberg: *Philosophische Anthropologie,* 4. Aufl., Universitätsverlag Anton Pustet, Salzburg 1984, S. 114

1069   Emil Brunner: *Der Mensch im Widerspruch. Die christliche Lehre vom wahren und vom wirklichen Menschen,* 5. Aufl. © Zürich 1985, S. 283

1070   Otto Weber: *Grundlagen der Dogmatik,* Bd. II, 6. Aufl., Neukirchener Verlag, Neukirchen-Vluyn, 1983, S. 246

1071   Dietrich Bonhoeffer: *Gesammelte Schriften,* Bd. III, Hrsg. E. Bethge, Christian Kaiser Verlag, München 1960, S. 439 f.

1072   Friedrich Gogarten: *Der Mensch zwischen Gott und Welt,* Friedrich Vorwerk Verlag, Stuttgart 1956, S. 18

1073   Helmut Thielicke: *Theologische Ethik,* Bd. I, Verlag J. C. B. Mohr (Paul Siebeck), Tübingen 1958, S. 146

1074   Martin Luther King: *Kraft zum Lieben,* Christliche Verlagsanstalt, Konstanz 1983, S. 145

1075   Emil Brunner: *Der Mensch im Widerspruch. Die christliche Lehre vom wahren und vom wirklichen Menschen,* 5. Aufl. © Theologischer Verlag, Zürich 1985, S. 169

1076   Thorwald Dethlefsen: *Schicksal als Chance,* 9. Aufl., Goldmann Verlag, München 1984, S. 190. © 1979 C. Bertelsmann Verlag GmbH, München

1077 Rudolf Hagelstange: *Offen gesagt*, Ullstein Verlag, Frankfurt/M. 1958, S. 168

1078 Emil Brunner: *Der Mensch im Widerspruch. Die christliche Lehre vom wahren und vom wirklichen Menschen*, 5. Aufl. © Theologischer Verlag, Zürich 1985, S. 167

1079 Emil Brunner: *Der Mensch im Widerspruch. Die christliche Lehre vom wahren und vom wirklichen Menschen*, 5. Aufl. © Theologischer Verlag, Zürich 1985, S. 171

1080 Karl Barth: *Kirchliche Dogmatik, Bd. 3,2: Die Lehre von der Schöpfung. Zweiter Teil: Das Geschöpf*, 4. Aufl. © Theologischer Verlag, Zürich 1979, S. 200

1081 Erich Rothacker: *Philosophische Anthropologie*, 2. Aufl., Bouvier Verlag, Bonn 1966, S. 44

1082 Johann Amos Comenius: *Große Didaktik*, Hrsg. A. Flitner, 4. Aufl., Verlag Helmut Küpper (vormals Georg Bondi), Düsseldorf/München 1970, S. 154

1083 Friedrich Nietzsche: *Werke*, 6. Abt. Bd. I, Hrsg. G. Colli/M. Montinari, Verlag Walter de Gruyter, Berlin/New York 1968, S. 10

1084 Heinrich Heine: *Sämtliche Werke in zehn Bänden*, Bd. IV, Hrsg. O. Walzel, Insel-Verlag, Leipzig 1912, S. 374

1085 Wilhelm Keller: *Einführung in die philosophische Anthropologie*, Francke Verlag, München 1971, S. 30

1086 Theodor Haecker: *Was ist der Mensch?*, Kösel-Verlag, München 1949, S. 112

1087 Christian Morgenstern: *Aphorismen, Sprüche und andere Aufzeichnungen (Jubiläumsausgabe, Bd. III)*, Hrsg. C. Heselhaus, Verlag R. Piper & Co., München 1979, S. 92

1088 Emil Brunner: *Der Mensch im Widerspruch. Die christliche Lehre vom wahren und vom wirklichen Menschen*, 5. Aufl. © Theologischer Verlag, Zürich 1985, S. 200

1089 Ferdinand Krenzer (Hrsg.): *Morgen wird man wieder glauben*, 33. Aufl., Lahn-Verlag, Limburg 1987, S. 23

1090 Bhagwan Rajneesh Chandra Mohan: *Beziehungsdrama oder Liebesabenteuer*, Sannyas Verlag, Margarethenried 1981, S. 15

1091 in: *Arabische Weisheiten*, Hrsg. M. Kluge, Heyne Verlag, München 1980, S. 72

1092 Thomas von Aquin: *Summa contra gentiles* III, 135, Leiden 1587

1093 Theophrastus Paracelsus: *Werke*, Bd. III, Hrsg. W.-E. Peuckert, Wissenschaftl. Buchgesellschaft, Darmstadt 1967, S. 72

1094 Bettina von Arnim: *Werke und Briefe*, Bd. III, Hrsg. G. Konrad, Frechen/Köln 1963, S. 162

1095   Blaise Pascal: *Über die Religion (Pensées), Nr. 358*, Hrsg. E. Wasmuth, 8. Aufl., Verlag Lambert Schneider, Heidelberg 1978, S. 170

1096   Johann Gottfried Herder: *Mensch und Welt*, zusammengestellt von E. Ruprecht, Eugen Diederichs Verlag, Jena, Leipzig 1942, S. 100

1097   Friedrich Dessauer: *Was ist der Mensch?*, Frankfurt/M. 1959, S. 40. © 1959 Verlag Josef Knecht, Frankfurt/M.

1098   Theophrastus Paracelsus: *Werke*, Bd. III, Hrsg. W.-E. Peuckert, Wissenschaftl. Buchgesellschaft, Darmstadt 1967, S. 71

1099   Johann Gottfried Herder: *Mensch und Welt*, zusammengestellt von E. Ruprecht, Eugen Diederichs Verlag, Jena, Leipzig 1942, S. 109

1100   Emanuel von Bodman: *Die gesammten Werke*, Bd. III, Hrsg. K. Preisendanz, Reclam Verlag, Stuttgart 1951, S. 195

1101   Kurt Tucholsky: »Der Mensch«, in: *Zwischen Gestern und Morgen, Gesammelte Werke.* © Rowohlt Verlag, Reinbek bei Hamburg 1960

1102   Blaise Pascal: *Über die Religion (Pensées)* Nr. 125, Hrsg. E. Wasmuth, 5. Aufl., Verlag Lambert Schneider, Heidelberg 1954, S. 74

1103   Richard Wagner: *Dichtungen und Schriften*, Bd. VI, Hrsg. D. Borchmeyer, Insel Verlag, Frankfurt/M. 1983, S. 32

1104   Lin Yutang: *Weisheit des lächelnden Lebens*, Deutsche Verlags-Anstalt, Stuttgart 1982, S. 39

1105   Friedrich Dessauer: *Was ist der Mensch?*, Frankfurt/M. 1959, S. 9. © 1959 Verlag Josef Knecht, Frankfurt

1106   Johann Gottfried Herder: *Mensch und Welt*, zusammengestellt von E. Ruprecht, Eugen Diederichs Verlag Jena, Leipzig 1942, S. 145

1107   Arthur Jores: *Menschsein als Auftrag*, Verlag Hans Huber, Bern/Stuttgart 1964, S. 66

1108   Otto Friedrich Bollnow: *Mensch und Raum*, 3. Aufl., W. Kohlhammer Verlag, Stuttgart/Berlin/Köln/Mainz 1976, S. 106

1109   Friedrich Gogarten: *Der Mensch zwischen Gott und Welt*, Friedrich Vorwerk Verlag, Stuttgart 1956, S. 231

1110   Hans-Hasso von Veltheim-Ostrau: *Was wir schauen das werden wir sein*, 2. Aufl., Atharva-Verlag, Frankfurt/M. 1963, S. 81

1111   Martin Kessel: *Aphorismen*, Rowohlt Verlag, Stuttgart/Hamburg/Baden-Baden 1948, S. 30. © Martin Kessel, Berlin 1989

Abbildungsnachweis

Seite 17: Grandville, *Vergleich zwischen Menschen- und Tierköpfen*, in: *Le Magasin Pittoresque*, Jg. 1844, Bd. 12, Heft 34

Seite 36: Hans Luft, *Das alte Weltbild*, in: *Luther-Bibel* von 1534

Seite 55: *Wanderer am Weltenrand*, Holzstich, Mitte 16. Jh., in: Camille Aammarion, *L'Atmosphère-Meteorologie populaire*, o. J.

Seite 80: *Das Stufenalter des Menschen*, Volkstümlicher Bilderbogen des 19. Jh. © Archiv Günter Böhmer

Seite 97: *Titelbild der englischen Ausgabe des »Leviathan«* (Ausschnitt), London 1750

Seite 120: *Das spielende Jahrhundert*, aus: Wiener Theaterzeitung (o. J.). © Archiv Günter Böhmer

Seite 141: *Amorum Emblemata. Figuris Aeneis incisa. Studio othonis vaeni antuerpia M.DC.IIX.* © Bayrische Staatsbibliothek München

Seite 166: *Die Verkündigung*, Miniatur aus dem *Stundenbuch des Duc de Berry*, 15. Jahrhundert

Register

Die Ziffern beziehen sich auf die Nummern der Zitate.

Was ist
KUNST..?

1o8o ZITATE
GEBEN 1o8o
ANTWORTEN

◆

ANDREAS MÄCKLER
DUMONT TASCHENBÜCHER

Was ist Kunst ...?

1080 Zitate geben 1080 Antworten
Herausgegeben von Andreas Mäckler. 231 Seiten, Bibliographie,
Personenregister, kartoniert (DuMont Taschenbücher, Band 197)

»Andreas Mäckler hat 1080 Definitionen und Aphorismen aus den
letzten 2000 Jahren zusammengetragen. Herausgekommen sind
1080 verschiedenste Meinungen. Die Liste der Zitierten reicht von
Seneca bis Beuys, von Adorno bis Dagobert Duck (›Für mich ist es
keine Kunst, Geld zu machen.‹). Die schönste Antwort stammt vom
Existentialisten-Idol Albert Camus: ›Die Kunst ist eine in Form
gebrachte Forderung nach Unmöglichem.‹« *Stern*

Was ist Liebe ...?

1001 Zitate geben 1001 Antworten
Herausgegeben von Andreas Mäckler. 218 Seiten, Bibliographie,
Personenregister, kartoniert (DuMont Taschenbücher, Band 215)

» ›Was ist Liebe? Liebe ist ... Ach was! Liebe ist Liebe!‹ – dieses Zitat
Erich Mühsams könnte das Fazit einer Lektüre dieser originellen,
vergnüglichen und nachdenklichen Anthologie von Andreas Mäckler lauten. In jahrelanger Arbeit hat er vielfältige (teils widersprüchli-
che) Aussagen zu einem umstrittenen Begriff zusammengetragen.
Das Buch ist in zwölf Kapitel, die sich mit je einem Begriff beschäfti-
gen, eingeteilt, wobei die Fülle des gesammelten Materials zum
Nachdenken, Diskutieren und nicht zuletzt zum Schmunzeln
anregt.« *Nürtinger Zeitung*

DuMont Taschenbücher